New Voices In
Latin American Literature

Nuevas voces en
la literatura latinoamericana

OLLANTAY PRESS
LITERATURE/Conversation Series, Vol. III

New Voices In
Latin American Literature

Nuevas voces en
la literatura latinoamericana

Essays commissioned by
OLLANTAY Center for the Arts
under the coordination of
Dr. Silvio Torres-Saillant

Edited by
Miguel Falquez-Certain

Editor-in-Chief and Publisher
Pedro R. Monge-Rafuls

Editor
Miguel Falquez-Certain

Proofreading
José Corrales
Kathryn Tejada

Production & Printing
Compass Comps

Published by
OLLANTAY Center for the Arts
P. O. Box 636
Jackson Heights, N.Y. 11372

Copyright © 1993 **OLLANTAY Center for the Arts**

Library of Congress Catalog Card Number 93-85756
ISBN 0-9625127-0-2

This publication is made possible, in part, with public
funds from The New York State Council on the Arts,
The Department of Cultural Affairs of New York City
and The National Endowment for the Arts.

For Gregory Kolovakos
In memoriam

Contents/Indice

On Drama/De la dramaturgia

On Fiction/De la narrativa

On Literature/De la literatura

Writers' Encounter

Pedro R. Monge-Rafuls

This book has a dual purpose: It is intended to depict attitudes toward "Hispanic"[1] writers in the area of New York as well as to portray the changing roles this group of writers have assumed. New York's Latin American writers possess a noticed vitality that we can today, undoubtedly, attribute to the Literature Program of **OLLANTAY Center for the Arts**. Before this program was in existence, only a few "Hispanic" writers were invited to sporadic literary presentations. The scarce interest shown by a reduced number of institutions was concentrated mainly in the so-called "Boom" of Latin American writers living south of the Río Grande. The **OLLANTAY**'s Literature Program started in 1977 with the sole purpose of researching New York's "Latino" writers community and then presenting them and their works through readings of their creative writings. The concept of working *only* with these writers was received with apathy by the arts public agencies at the city, state and federal levels and, what is even worse, with a certain degree of suspicion on the part of the same "Hispanic" writers for whom the effort was being made. They didn't know one another. To a certain extent, the only noticeable literary efforts being done in the city at the time was that of the *Nuyoricans* because the other groups were scattered all over the place living within their own closed regional or national groups. Even some of them were published authors but no one knew or cared for their books. Who are those writers with whom we are trying to work? Where are they? Can a community of immigrants produce works of artistic quality? I knew where they were. I was also aware of their variety in style and quality.

We then began to encounter many difficulties when trying to organize poetry readings (poets were the majority), and sometimes we invited fiction writers and playwrights to read from their works. However, I

---

1 I use quotations marks when writing "Hispanic" or "Latino" because these are incorrect generic terms of identification for a diverse group of people with cultural differences among themselves.

soon realized that readings, in the midst of an oftentimes aggressive, intellectual society such as ours, was not the best way of spreading the news about a little known community of writers. All of a sudden, it dawned on me: We needed to study them, make people aware of what they are saying and how, in order to make them more interesting when reading their works. What is going to happen when these writers die or move out of the city? How can we prevent happening the same thing that happened to other Cuban and Puerto Rican writers who lived in New York City at the end of the 19th century and during the first quarter of the 20th century? It's very difficult to find their works or find out what their activities were since no one preserved them for posterity. Well, the answer came to me after listening to an analytical lecture read by Professor Oscar Fernández de la Vega at **OLLANTAY** in 1982, on the Cuban novel *Cecilia Valdés*, which denounced the slaves' dismal conditions more than a decade before Harriet Beecher Stowe's *Uncle Tom's Cabin*, a novel that was written in New York where its author, Cirilo Villaverde, lived. The interest on the part of the audience in knowing further details and in reading the novel afterwards due to the discussions generated by the lecture was the key for the new organization of **OLLANTAY**'s literary activities.

Later on, we managed to locate a large number of Latin American writers and, with Laureano Corcés's help, I organized the "First Latin American Writers' Conference" in New York in 1987. The series of lectures gathered together dozens of writers to discuss important literary issues for three days. The guest panelists as well as the general public sought solutions to problems troubling the "Hispanic" literary community and the results allowed **OLLANTAY** to plan its future activities more in tune with the writers' needs. We started to organize colloquia with writers revolving around a selected theme to shed light on this literature. We were soon hosting panels devoted to works by New York Chilean and Dominican writers and the problems involved when choosing a language: English or Spanish? But the Program gained its highest profile under the direction of Prof. Silvio Torres-Saillant when our task was strengthened by an effort to make that literature and its criticism available to the community in a somewhat usable and permanent form. We organized conferences about all sorts of issues from

"Latino Literature and the U.S. Mainstream" to "Sex, Gender, and Immigration in Literature." Some of the most important successes in establishing the presence of New York City "Hispanic" writers were the "First Colombian Writers' Conference in New York" and the "First Dominican Writers' Conference in New York." Both of these conferences got together, for the first time, a group of authors who lived in the same city and, more often than not, didn't know one another. Besides meeting one another, the conference allowed them to start working together in future activities and to start being recognized even in their countries of origin. Anthologies and papers by scholars are now being published here and abroad as a direct result of these seminars. Other important achievements were the successful organization of two conferences on the subject of literature by Cuban exiles: an issue that is very little understood since it is always opposed to the literature written by Cubans living on the island. We published two volumes[2] collecting these lectures and we are preparing three separate volumes concentrating on essays by Dominican, Cuban, and Puerto Rican writers.

In this volume, **OLLANTAY** has collected some of the lectures given during those symposia. Our aim is to provide sufficient research material and tools for the study of the "Hispanic" writers' community since we have noticed that scholars interested in these authors' work are sometimes unable to locate it to use it either for research papers, articles or in the classroom for lacking an organized background information.

It's been a long way since 1977 when we first started. In 1993, thank God, we have several Spanish literary magazines and we have some literary competitions that discover and honor new authors or recognize those who have been here for some time. We have scholars interested in what we write, and we saw the creation of the "Latin American Writers Institute," witnessing how they changed from events with writers living abroad to writers living in the United States, mainly in New York City, our chosen place of residence. Important things have happened in between: Nick Dante received a Pulitzer Prize for his play *A Chorus Line* and Oscar Hijuelos, after winning the fiction Pulitzer

---

2   Editor, Silvio Torres-Saillant, *Hispanic Immigrant Writers and the Question of Identity* (New York: **OLLANTAY** Press, Literature/Conversation Series, 1989, Vol. I) and Editor, Silvio Torres-Saillant, *Hispanic Immigrant Writers and the Family* (New York: **OLLANTAY** Press, Literature/Conversation Series, 1989, Vol. II).

Prize in 1990, stopped being a "Hispanic" writer to become, in the eyes of mainstream U.S.A., an American writer. And there's more: Dominican Viriato Sención became the first "Hispanic" writer to become a best-seller novelist in his country of origin, winning the National Award of Literature in the Dominican Republic. These items show how New York's Latin American literature is growing in quantity, quality as well as in prestige.

I am proud of having kept my faith and vision in this group of authors. I am also proud that **OLLANTAY** continues to offer literary events, playwriting workshops, the only national "Hispanic" theater magazine, networking the Chicano, Puerto Rican, Cuban and Hispanic American theater staged across the country. I would like to thank the late Gregory Kolovakos who supported **OLLANTAY** and its activities as soon as he understood what my purposes were. I would also like to thank all the writers who contributed with their themes and expertise in making these symposia possible. And thanks to all without whom this book would not have been possible: Jewelle Gomes, Kathy Hughes, Vivian Linares, Norma Torres, and the man who organized the symposia, Dr. Silvio Torres-Saillant. Also thanks to **OLLANTAY**'s Board of Directors. Finally, I would like to especially thank those who were directly involved in the making of this book: José Corrales and Kathy Tejada who proofread each page with love, to Héctor Santiago, and, of course, Miguel Falquez-Certain who edited this third volume of the "Conversation Series" with devotion. We all invite you to know more about New York's "Hispanic" literature. You will be glad you did.

Encuentro de escritores

Pedro R. Monge Rafuls

La literatura «hispana»[1] de los Estados Unidos puede clasificarse en «antes» y «después» del nacimiento del programa literario del **Centro para las Artes OLLANTAY**. Antes que **OLLANTAY** comenzara sus actividades en 1977, la comunidad de escritores latinoamericanos residentes en los Estados Unidos era completamente desconocida, limitada a lecturas esporádicas de un pequeñísimo número de escritores—casi todos nacidos en los Estados Unidos—de descendencia puertorriqueña. Los escritores más importantes de ese entonces en Nueva York eran los del movimiento poético y teatral *nuyorican*. Las universidades y los centros neoyorquinos del *mainstream* dedicado a la cultura «hispana» sólo se ocupaban de los escritores que vivían o escribían en América Latina, pudiéndose decir que el mal llamado *Boom* de la literatura latinoamericana toma auge en Park Avenue de Nueva York, desde donde se presentaron y discutieron esos escritores y sus obras. Aún continúan haciéndolo.

El Programa de Literatura de **OLLANTAY Center for the Arts** se dedica desde sus comienzos a encontrar y presentar exclusivamente a los artistas «hispanos» residentes en el área de Nueva York. El concepto era revolucionario en el momento y sobre todo polémico para el New York State Council on the Arts, dirigido por Gregory Kolovakos, uno de los impulsadores del *Boom*. Salvo la novedad de trabajar con los escritores «del patio» y sus obras, el programa no presentaba ningún cambio en la forma de realizar las actividades literarias en el mundo anglo o «hispano» del momento, que consistía en la lectura de poesía por los autores. Sin embargo, **OLLANTAY** ofrecía otra novedad en la comunidad «hispana» pues comenzó a presentar a autores de distintos orígenes latinoamericanos que hasta el momento sólo se movían en determinados círculos de

---

1 El gentilicio «hispano» está usado incorrectamente en los Estados Unidos. Con él se ha cobijado a todos los individuos naturales de cualquier país latinoamericano que viven en los Estados Unidos o a sus descendientes. Actualmente el gentilicio es constantemente cuestionado. Pongo la palabra entre comillas para llamar la atención sobre este hecho.

amistades. Algunos pocos habían publicado algún libro de poesía pero no eran conocidos fuera de ese círculo limitado.

En 1979 convencimos al Queens Council on the Arts que dedicara su revista literaria *Source*[2] a los poetas latinoamericanos que habían leído en **OLLANTAY**. Un hecho insólito hasta entonces en Nueva York: escritores «hispanos» en una revista anglosajona. Todo esto iba sucediendo mientras buscaba en mi mente un concepto que me permitiera idear un tipo de actividad literaria adecuada para nuestra agitada vida en «la jungla de acero» y que, sobre todo, trascendiera la simple lectura de la obra creativa. En ese momento, el profesor Oscar Fernández de la Vega me ofrece realizar una actividad de comentarios de apreciación crítica, que se realizó el 20 de noviembre de 1982 para conmemorar el aniversario de *Cecilia Valdés*, la máxima novela cubana del siglo XIX, que denunció la esclavitud una década antes que lo hiciera *La cabaña del tío Tom* de Harriet Beecher Stowe. Cirilo Villaverde había escrito la novela en Nueva York y eso, naturalmente, le ofrecía una perspectiva a la conferencia que contó con un público interesado y, sobre todo, abundante. La conferencia sobre Villaverde y su *Cecilia Valdés* me permitió apreciar el desconocimiento que existía sobre los escritores que habían trabajado en Nueva York y a través de sus preguntas me mostró el interés del público por enterarse de lo que se hacía en la ciudad. Era necesario crear un programa de investigación y difusión sobre la presencia de los escritores «hispanos» del área de Nueva York y su obra. Sólo así podríamos hablar de literatura «hispana» y comenzar un proceso de selección por parte de los críticos y los académicos que debe terminar en el lector. Todo este proceso nos ayudaría a despertar el interés por la literatura «hispana» de Nueva York en el lector y, lo que es tan importante, en los mismos escritores que no se conocían entre sí.

Hasta el momento no había antecedentes. Algunos de los trabajos sueltos eran prácticamente imposible de localizar y los escritores estaban esparcidos, luchando por ser invitados a alguna actividad que les permitiera hacer conocer su obra, sobre todo la poética que al principio era la más abundante. Teníamos que comenzar desde cero. Después de varios intentos por encontrar un coordinador con la suficiente visión (e interés) para emprender la empresa, conocí al profesor dominicano

---

2 *Source* (New York: Queens Council on the Arts, 1979), Vol.2, No.1.

Silvio Torres-Saillant cuando vino a **OLLANTAY** a dictar una conferencia sobre la literatura dominicana que se hacía en Nueva York. Pronto invité a Torres-Saillant para que comenzara a organizar paneles de discusión crítica sobre la literatura de los latinoamericanos neoyorquinos. Agrupados bajo un tema específico, los escritores y los académicos comenzaron a encontrarse con la obra de los autores «del patio» y a interesarse por ella. Al principio nos ofrecían conferencias sobre los peruanos Vallejo y Vargas Llosa, el cubano Alejo Carpentier, el colombiano García Márquez, etc., pero inmediatamente se veían obligados a trabajar con las obras—que nosotros les proporcionábamos—de desconocidos escritores. Hoy muchos de esos profesores trabajan sobre todo en la obra de esos escritores «locales» que no conocían hasta que nosotros los pusimos en contacto. Si damos un vistazo rápido nos damos cuenta que mucho se ha realizado desde entonces, muchos escritores se han conocido entre sí o han leído la obra de otros desconocidos. Otras instituciones «hispanas» o no-«hispanas» de literatura comenzaron a dejar a un lado al escritor del *Boom* latinoamericano que no es parte de nuestra comunidad neoyorquina y comenzaron a presentar la obra de los autores «hispanos». Actualmente se convoca a concursos de todos los géneros (excepto teatro) y existen varias revistas y una feria del libro que, contrario a sus comienzos, se preocupan principalmente por los autores de Nueva York. Hoy estos autores forman un grupo heterogéneo que sin perder sus diferencias se agrupan con un interés intelectual común. El sueño de llevar a cabo encuentros regionales que permitieran la discusión de temas comunes se hizo realidad en **OLLANTAY** y permitió, por ejemplo, que los autores colombianos se reunieran en el «Primer Encuentro de Escritores Colombianos en Nueva York» el 30 de abril de 1989. Este encuentro permitió que los literatos y el público colombiano de Nueva York se congregaran durante todo un día a leer y escuchar poesías y cuentos, y a discutir temas de su interés (algunas de esas ponencias se recogen en este volumen). El hecho fue increíble. Quisimos llevarlo al corazón de la comunidad colombiana y el «Centro cívico colombiano», que nos había prestado sus salones, estuvo lleno durante todo el día, las discusiones dentro y fuera del edificio fueron importantes y la prensa «hispana» local—y hasta la de Colombia—le hicieron despliegues a este acontecimiento. El resultado ha sido positivo. Muchos escritores se conocieron y comenzaron a intercambiar experiencias que continúan hasta hoy. El estudioso de la literatura colombiana, el angloamericano Jonathan Tittler, reconociendo la importancia de este encuentro y su contacto con un mundo desconocido, ha comenzado a estudiar este grupo y a publicar ensayos sobre ellos tales como «La literatura neo-colombiana: hacia un canon suelto» en la revista colombiana *Huellas* en agosto de 1992. Lo mismo ha sucedido con el «Primer Encuentro de Escritores Dominicanos en Nueva York», el «Encuentro de Escritores Cubanos» y los que los han seguido. Hemos tenido asimismo un encuentro de escritores chilenos y paneles de discusión sobre el lenguaje, la sexualidad, la familia, etc. en la literatura «hispana». Hoy recogemos en este volumen gran parte de esas conferencias.[3] Por otro lado hemos ofrecido talleres de poesía, cuento y dramaturgia, muchas veces produciendo las obras teatrales que han resultado de esos talleres. Hemos publicado asimismo el primer y, hasta ahora, único *Directory of Latin American Writers in the New York Metropolitan Area*[4]. El Programa de Literatura de **OLLANTAY** continúa en su afán de investigar y criticar para las generaciones presentes y preservar, con sus publicaciones, para las generaciones futuras. Nuestro propósito es real y duradero, y está surtiendo efecto: presentamos a nuestros escritores y sus obras a través de ellos mismos y sus puntos de vista y no contribuimos, de esta forma, a que nuestra labor literaria pase a ser reportada por personas que desconocen la idiosincracia «hispana» que la puedan tergiversar.

Pocas cosas hay tan útiles como reunir en un solo volumen trabajos dispersos que han ido apareciendo de manera ocasional en conferencias o encuentros literarios. La vertiginosa celeridad de nuestro tiempo muchas veces impide que las personas interesadas en la literatura puedan acudir a todos los encuentros o presentaciones literarias, y mucho menos que recuerden en forma ordenada lo que dijo tal o cual escritor para en momentos determinados poder usarlos como referencia o para deleite personal. **El Centro para las Artes OLLANTAY,** consciente de

3   Dos volúmenes preceden a éste: Editor, Silvio Torres-Saillant, *Escritores inmigrantes hispanos y la identidad* (New York: **OLLANTAY** Press, Literature/Conversation Series, 1989, Vol. I) y Editor, Silvio Torres-Saillant, *Escritores inmigrantes hispanos y la familia* (New York: **OLLAN-TAY** Press, Literature/Conversation Series, 1989, Vol. II).

4   Editor, Julio Marzán, *Directory of Latin American Writers in the New York Area* (New York: **OLLANTAY** Press, 1989). Publicado con una contribución del National Endowment for the Arts.

esa realidad, ha creado esta serie «Conversaciones» para continuar con la difusión de nuestra literatura latinoamericana neoyorquina. Sólo a través de la crítica tendrá el lector (y el escritor) opiniones que le llevarán a decidir por su cuenta, y a forjarse su propia opinión de la obra. Al mismo tiempo, aumentará el interés por un fenómeno del cual se discute. Y por último, podrá mejorar su capacidad dialéctica y razo-nadora. Hoy, la literatura «hispana» neoyorquina se encuentra en una posición muy distinta a la que tenía en 1977, cuando comenzamos. Muchos eventos curiosos han ocurrido como, por ejemplo, el caso de Oscar Hijuelos quien pasó de ser un escritor «hispano» a ser un autor americano después de haber ganado el Premio Pulitzer en 1990 (ya Conrado Morales, mejor conocido como Nick Dante, lo había ganado por su obra de teatro *A Chorus Line*) y el dominicano Viriato Sención se convierte en un éxito de ventas en su país con la novela *Los que falsificaron la firma de Dios*, pero **OLLANTAY** continúa ofreciendo lo que nadie ofrece, y continúa ayudando a que nos sintamos orgullosos de pertenecer a una literatura importante que necesita ser conocida y respetada en los países americanos, incluyendo a los Estados Unidos donde residimos.

Estas conferencias no hubiesen sido posible sin la ayuda de Gregory Kolovakos del New York State Council on the Arts, que tuvo la visión para apoyarnos—después de los primeros contratiempos—en nuestra proyección artística e histórica. Tampoco hubiese sido posible sin el apoyo de los escritores y académicos que participaron en ellas. La publicación le agradece mucho el respaldo de Jewelle Gomes, Kathy Hughes, Vivian Linares y Norma Torres, así como también a la junta directiva del **Centro para las artes OLLANTAY**. Nuestro agradecimiento a muchos otros que colaboraron en el proceso: José Corrales y Kathryn Tejada en la corrección de pruebas, Héctor Santiago y sobre todo al Dr. Silvio Torres-Saillant que coordenó los encuentros de escritores que aparecen en este tercer volumen de conversaciones y a Miguel Falquez-Certain, quien editó este volumen. Es para mí motivo de orgullo que al leer este libro usted también contribuirá «a hacer historia».

El Programa de Literatura de OLLANTAY

Silvio Torres-Saillant

En el curso de varias temporadas el Programa de Literatura de **OLLANTAY Center for the Arts** se impuso la tarea de intentar estimular el discurso crítico en torno a la producción literaria de los latinos de Nueva York y zonas aledañas. Fue esa la directriz que me identificó con el Director Ejecutivo y Artístico de **OLLANTAY**, Pedro R. Monge Rafuls, cuando en junio de 1988 me entrevistaba para el puesto, entonces vacante, de coordinador del programa de literatura. Desde entonces me ha guiado la creencia, compartida y apoyada por Monge Rafuls, de que si se quiere ampliar el ámbito en que se desenvuelve el quehacer literario de los hispanos en el área de Nueva York hay que incrementar los esfuerzos de difusión tanto cuantitativa como cualitativamente.

Hay que reconocer que no basta con montar lecturas de cuento, de poesía, o de ningún otro género. Tales lecturas, no obstante lo intrínsecamente valiosos que puedan ser los autores invitados, no atraen más que un reducido número de amantes de las letras. Suelen meramente llamar la atención de un escaso y selecto público que, a fin de cuentas, ni siquiera requiere de nuestros humildes recursos. Pues dado el interés que como iniciados los motiva, irían a cualquier parte a presenciar actos literarios si no existiéramos nosotros.

Así diseñamos las actividades del programa de literatura de tal manera que brindaran a los asistentes la oportunidad no sólo de responder a la experiencia estética de vivir la obra de tal o cual escritor, sino también de poder llegar a un cierto entendimiento de esa experiencia y, de esa manera, poder dialogar con los escritores sobre sus peculiares formas de plasmar dicha experiencia.

Hemos visto, pues, la urgencia de presentar la literatura de los hispanos como una entidad sobre la cual es lícito y deseable conversar. Optamos por poner de manifiesto que la literatura atañe a muchos y es apta para muchos y no sólo para los especialistas. Al esgrimir esta actitud de apertura en el programa, hemos extendido la posibilidad de participación a un público mayor que el que acostumbra a asistir a tales eventos.

Sabiendo, además, que el potencial de asistencia y de participación aumenta proporcionalmente en la medida en que logremos suministrar un aura de interés y significación que resulte asequible aún a los no expertos, hemos buscado establecer un grado razonable de coherencia intelectual entre las diversas actividades de las temporadas. Decidimos, así, ubicar todos nuestros eventos de literatura dentro de un marco que nos sirviera de foro para explorar distintos aspectos referentes a la relación entre el quehacer literario que ocupa a nuestros escritores y la experiencia inmigratoria que nos afecta a todos, escritores o no.

Este tipo de razonamiento fue lo que dio forma a los tres renglones en que se dividieron las actividades de nuestro programa literario. El primero de estos renglones constó de una serie de paneles y conferencias en los que se procuró examinar aspectos importantes de la experiencia inmigratoria y la medida en que éstos se hacen visibles en la obra de nuestros escritores. Se les pidió a los escritores presentar una combinación de ponencia y lectura, es decir, comenzar con una pequeña reflexión sobre la forma cómo ellos entienden el asunto del panel, la identidad, explicando cómo el mismo les afecta personalmente, y luego leer selecciones de su obra creativa que de alguna manera reflejen una preocupación con dicho tema.

El éxito del formato escogido se hizo obvio de inmediato dada la calurosa intervención del público asistente, cuyo diálogo con los escritores duró tanto tiempo como las presentaciones mismas. Ese componente del programa, por la eficacia con que se prestaba al diálogo entre los escritores y el público, optamos por llamarlo «Serie Literatura/ Conversación». Los panelistas fueron entonces invitados para evaluar críticamente la situación actual de la literatura latina, analizando, respectivamente, los inicios de la expresión literaria de nuestras comunidades, los logros que ya se le pueden atribuir en el proceso de desarrollo y las posibilidades de esa literatura para el futuro. El programa de literatura de **OLLANTAY** generó mucho entusiasmo y constituye, hasta donde sepamos, el primer esfuerzo sistemático que hasta ahora se haya hecho por considerar la literatura producida por los inmigrantes hispanos como una entidad digna de ocupar la atención de la erudición y la crítica literaria. Al concluir esta faceta de nuestro trabajo presentada en este libro estamos seguros de haber contribuido algo importante.

El segundo componente del programa ha sido la publicación de los textos presentados en la «Serie Literatura/Conversación». Así hemos laborado arduamente en la preparación para la imprenta de los textos correspondientes a los primeros paneles de la décimo segunda temporada, los que abordaron los temas de la identidad cultural y la familia. Los mismos han sido reunidos en dos volúmenes separados.[1] Cada uno se compone de las presentaciones de los escritores, tanto sus palabras de introducción como sus textos creativos, y las largas conversaciones sostenidas con el público en cada una de las presentaciones. Con estos dos libros, y un directorio de escritores latinos[2], fueron pues tres los libros publicados por OLLANTAY durante su duodécima temporada. Los textos correspondientes a las demás presentaciones que hemos tenido durante varias temporadas son los que aparecen en este volumen, editado por Miguel Falquez-Certain, y que hoy ponemos a su disposición.

El tercer componente de nuestro programa no ha sido menos ambicioso. Se trata de la organización de encuentros de escritores de grupos nacionales específicos. Hemos pensado que el trabajo de exploración que hacemos a nivel de los inmigrantes hispanos en sentido global lo podemos y debemos complementar con el estudio del caso particular de cada comunidad nacional. De ahí que organizáramos, con la colaboración de la Casa Cultural Dominicana, y la valiosa asistencia de Franklin Gutiérrez, el «Primer encuentro de escritores dominicanos en Nueva York», celebrado el día 15 de abril de 1989 en los salones del «Club 30 de marzo», en el alto Manhattan. Consideramos apropiado para esta actividad realizar el evento en el seno de la comunidad dominicana para asegurarnos de que la comunidad asistiera. Otro tanto hicimos con respecto al «Primer encuentro de escritores colombianos en Nueva York» que realizáramos el día 30 de abril de 1989 en los salones del «Centro cívico colombiano», en medio de la comunidad colombiana

1   Editor, Silvio Torres-Saillant, *Escritores inmigrantes hispanos y la identidad* (New York: OLLAN-TAY Press, Literature/Conversation Series, 1989, Vol. I) y Editor, Silvio Torres-Saillant, *Escritores inmigrantes hispanos y la familia* (New York: OLLANTAY Press, Literature/Conversation Series, 1989, Vol. II).

2   Editor, Julio Marzán, *Directory of Latin American Writers in the New York Area* (New York: OLLANTAY Press, 1989). Publicado con una contribución del National Endowment for the Arts.

de Queens. A estos dos encuentros siguió la preparación del «Encuentro de escritores cubanos del área de Nueva York» el 17 de junio de 1989, organizado con la colaboración de LaGuardia Community College y la experta asistencia de Belkis Cuza-Malé. Seleccionamos a estos grupos para iniciar este proceso de exploración de la situación individual de cada comunidad hispana por considerar preciso empezar con los grupos de inmigrantes hispanos más numerosos en nuestra área.

La experiencia de estos encuentros de escritores de nacionalidades específicas ha sido altamente reveladora. En el caso de los dominicanos y de los colombianos, hemos sorprendido a esas comunidades que desconocían el hecho de que en su seno tenían a tantos escritores activos. Además nos hemos sorprendido nosotros mismos, pues al iniciar el trabajo en cada campo que nos requirió la organización de los encuentros jamás nos imaginamos que podríamos localizar a tantos nombres. El éxito de todos los encuentros, de hecho, ha superado nuestras expectativas. En poco tiempo hemos acumulado un enorme caudal de conocimientos (y material visual y auditivo que se conserva en **OLLANTAY Art Heritage Center**) sobre la quejosa situación que atraviesan nuestros escritores en la experiencia inmigratoria. Lo mucho que hemos aprendido, sin embargo, no hace más que sugerir cuánto más hay que aprender, lo cual da testimonio de cuán urgente es que otras instituciones apoyen o emulen la misión de **OLLANTAY** de dedicarse exclusivamente a la literatura producida por los hispanos fuera de sus países de origen y exigir que se tome tan en serio por los estudiosos como la de los escritores de Latinoamérica o de cualquier otra parte del mundo.

Nosotros estamos dispuestos a poner nuestro convencimiento en práctica, por lo que continuaremos dedicando la mayor parte de nuestros esfuerzos al estudio crítico de la literatura de nuestras comunidades. Coordinaremos un esfuerzo colectivo destinado a establecer, a través de estudios enjundiosos, la validez de la literatura de los hispanos como un *corpus* digno de ser representado en las academias y en las librerías donde se difunden las demás literaturas. Nuestra meta es contribuir, junto a otros, a que dentro de poco tiempo se le haga difícil al discurso crítico alegar ignorancia acerca de la producción de nuestra gente, es decir, obligar a la crítica a notar la ya ineludible presencia de la literatura de los hispanos en los Estados Unidos.

On Poetry
De la poesía

Las estancias logradas de algunos escritores colombianos en Nueva York[1]

Gabriel Jaime Caro

Lo que permanece lo fundan los poetas.

—*Johann Christian Friedrich Hölderlin*

SIGLO XIX

En un comienzo todo era un encanto. Los poetas de *Flores de varia poesía* empezaron a viajar a la capital de América, si bien una fábula de Pombo así lo decía. Rafael Pombo, nacido y criado en Bogotá, fue de los primeros poetas que lograron hacer capilla en la fría ciudad. De las elegías, poemas cursis, tal vez la elegía a «Elvira Tracy» sea memorable, a la fabulación destacable que continuó haciendo. Siguiendo a Samaniego e Iriarte, Pombo lograba calidad en sus fábulas infantiles. Vargas Vila decía que acaso nadie pueda parangonarse con él en este género. Digámosle a Vargas Vila que tal vez en Colombia sin un símil porque allí estaba la literatura fantástica de Poe y Melville. Y Pombo regresó victorioso. Compuso el poema «La hora de las tinieblas» de sesenta y una décimas en Nueva York el 16 de septiembre de 1855, gran poema romántico, escrito cuando el poeta tenía veintidós años.

I

¡Oh, que misterio espantoso
es este de la existencia!
¡Revélame algo, conciencia!
¡Háblame, Dios poderoso!
Hay no sé qué pavoroso

---

1 Conferencia leída el 30 de abril de 1989 en el «Primer encuentro de escritores colombianos en Nueva York».

en el ser de nuestro ser.
¿Por qué vine yo a nacer?
¿Quién a padecer me obliga?
¿Quién dio esa ley enemiga
de ser para padecer?

LII

La vida es sueño—¡callad,
oh Calderón! estáis loco:
hace veinte años que toco
su abrumante realidad;
yo te palpo ¡iniquidad!
¡Desgracia! no eres fingida,
que si al placer dí acogida,
un instante aquello *fue:*
que en ese instante olvidé
la realidad de la vida.

Luego viajarían el presidente Caro y sus hijos poetas: Antonio José Caro y Luis Alejandro Caro. «Flores de varia poesía».

José María Vargas Vila, también de Bogotá, se tomó a Nueva York antes de tomarse a París y al Madrid del noventa y ocho. Pío Baroja decía que era «un tipo raro, y que de dónde sacaba tantas ventajas»; pues de las cosmopolitas señor Pío. En Nueva York, fundó Vargas Vila la revista *Hispanoamérica*, que trató de Indias y luego de filosofía no trascendental. Unamuno traduce a Kierkegaard y Vargas Vila le monta una novela antirreligiosa. La gente empieza a leer de recorrido.

¿Sí existe una literatura colombiana en Nueva York? Bueno, algunas de las trescientas fábulas que escribió Pombo aquí y sus veinte cuentos publicados así lo confirman, nos dice el poeta colombiano Alfredo Ocampo Zamorano. ¿Y dónde están las elegías a Nueva York y sus doscientos mil carros modelo 1900? Había que esperar hasta los años sesenta porque ni Barba Jacob le hizo un verso...a la gran ciudad.

SIGLO XX

Porfirio Barba Jacob, cuando era don Ricardo Arenales, estuvo en Nueva York en el invierno de 1916 muy cubierto de pieles, y residenciado en Cavanagh. Desde esa residencia de la calle veintitrés sólo escribió cartas y vio pasar los doscientos mil, y a los marineros también con sus cien barcos, con el Hudson por todas partes.

Luego vendrían todos los poetas de «Piedra y cielo», ya fuera como poetas de alta alcurnia o como secretarios de la embajada, y fue poco lo que dijeron en sus sonetos modernistas.

En los años sesenta vinieron los Nadaistas Elmo Valencia y Amílcar Osorio, y empezaron a relatar con el nuevo estilo de la Bomba H lo que pasaba ahora en esta babel de hierro a calores de extrañas figuraciones. «El imperio judío en todo su esplendor», dice Valencia, mientras trabajaba de lavaplatos en un restaurante griego para poder comprarse un carro.

A sus veinte años Amílkar U. (Amílcar Osorio) ya se consideraba místico, siguiendo las enseñanzas de ¡sabios occidentales!: «Hay, ciertamente, lo inexplicable, lo que se muestra a sí mismo; esto es lo místico», decía Ludwig Wittgenstein. Armando Romero, poeta de Cali, decía que este jovencito fue quien mejor le sacó provecho a sus viajes neoyorquinos. Aquí inició Amílkar lo que él llamo «Vana stanza» en su selección antológica, así como también este poema Brooklyniano:

CARTA VACILANTE DEL OTOÑO [fragmento]

Quisiera que fuese desde el puente de Brooklyn,
arrojar esta bola de papel
que he hecho de su carta.

Penosamente he pasado el día
escribiéndola sin detenerme
y a la vez sin confiar en ella,
lenta y nerviosamente
como se desplaza ese ojo vacío
en el nivel del ingeniero.
Y es otoño,
arden las hojas en el patio,
chasquean los insectos,
surge el humo, huele a leños.

Y el poema «*Étude III*» de Amílkar U. de «Vana stanza» que dice:

> *No somos como el pez grande*
> *que se come al chico.*
> *Somos más bien como el chico que lustra la piel de las rémoras*
> *del día: los gestos salaces del comerciante, la caricia acosada*
> *de los mendicantes, las proposiciones oscuras del intelectual, las*
> *rúbricas solícitas de los cambistas: ilustra la piel con sus picos,*
> *mordiscos, con sus labios de pez chico.*
> *Y así somos*
> *dos peces bajo los arbotantes*
> *de esas catedrales coralinas de las Islas Vírgenes.*

¿Una literatura colombiana en Nueva York? Ah, sin olvidar al autor de *La vorágine*, José Eustacio Rivera, que vivió, como Germán Pardo García en México, su nostalgia de escritor en el exilio voluntarioso, que sucumbió a la soledad mágica de la isla de Long Island, sin poder terminar sus nuevos proyectos novelescos. Como poeta nos dejó *Tierra de promisión*. Murió cuando se trabajaba en la traducción al inglés de *La vorágine* y en la tercera edición de la misma en español.

Entonces sí hay algo: Pombo, Rivera, y los nadaístas.

Jaime Manrique Ardila, poeta de origen barranquillero, hace traducciones de poetas norteamericanos y gana el Concurso Nacional de Poesía Eduardo Cote Lamus de Colombia en 1976. Manrique vive en Nueva York desde hace trece años. Otros poetas colombianos en Nueva York: Harold Alvarado Tenorio y Miguel Falquez-Certain.

En los años ochenta la revista *Realidad aparte* se preocupa por la publicación de poetas colombianos, aquí y en Colombia, convirtiéndose en la publicación más destacada de poesía, hasta el punto de hacerles homenajes a los poetas previamente citados.

De mi libro *21 poemas* (Nueva York, 1983) leeré ahora «Campo de refugiados».

> New York es un campo de refugiados con
>   sonrisa implacable.
> Me desentona, cada desnudo lleva su som-
>   brero liberado.
> Sombreros salidos de un tal almacén polaco,

Controlado a pasos por judíos mudos y 13
  católicos ebalsamados.
Mientras recojo el ojo espía, ¿pudieran
  escuchar, largo tiempo mi canción?
La colección de amantes en la celda 82.

No hay rojo aventado, la niña maga que
  no sabe qué hacer en caso
de evacuación: sencilla inmanencia mi
  querido Carlos Enrique.

Un italiano en el teléfono no entiende a
  Mr. Hindú.

Los mundos políticos de tres poetas caribeños[1]

David Cortés Cabán

EL OBSESIONANTE MUNDO DE RAFAEL BORDAO

> *Voy colando enojos y ensillando caballos*
> *con un ruido de flejes desatados,*
> *con una brizna de alma luenga y luminosa*
> *semejante a una espada que ciñe mi mano.*
>
> *(Proyectura, p. 25)*

Así suena esta voz apocalíptica a través de esa geografía hirsuta, borrascosa, iluminadora del caos. Porque asomarse a *Proyectura* (Madrid: Editorial Catoblepas, 1986) es asomarse a la realidad angustiosa del hombre contemporáneo, es tantear abismos sobre abismos de un universo en «oscura desbandada», y abismarse también en ese otro micro-universo oculto y tenebroso que a veces, cada uno de nosotros, llevamos por dentro.

Al leer silenciosamente este primer libro de Rafael Bordao siento una sacudida tremenda dentro de mi ser. Un estremecimiento hondo agita mi sensibilidad de lector y de poeta. Sé que entro en un camino arriesgado, minado por el dolor y la incertidumbre. La misma cubierta del libro me insinúa el impreciso destino de una mujer o de un hombre arrebatado hacia el abismo por un remolino de humo y cuyos brazos, levantados en extraña meditación como trenzadas raíces, tratan de aprehender desesperadamente un infinito inasible.

Proyectura es un libro intenso, escrito en un lenguaje crudo y espontáneo, como si el poeta frente a la punzante realidad cotidiana buscara inútilmente la primigenia luz de miles de existencias fracasadas. Divi-

---

1 Ponencia leída el 28 de enero de 1990 durante la conferencia «Hombres hispánicos y su escritura».

dido en tres partes, y movido por un mismo eje unitario, el hablante nos sitúa frente al gran tema de la existencia. Su lenguaje, como un cauce profundo, sucesivamente va integrando las imágenes poéticas desde la orilla de este exilio doloroso, profundo, reconocible.

La primera parte («Ira de ángeles») está compuesta por una serie de seis poemas marcados con números romanos. Los poemas, más que diferir en el tono y la forma, confluyen en lo particular de los temas, en el tono duro e inexorable, en la corrosiva atmósfera que encierra cada verso y en la acre realidad que presentan. Desde el primer poema asistimos a la contemplación de un panorama sombrío, abatido y desesperanzado de la vida. Transcribo algunos versos:

La gente como una paradoja que altera el
vocabulario: siempre pasando. Como ejes de huesos
*   y planetas de estaño: girando.*
Algunos se detienen como relojes
con una hora de polvo
y un sonido de niño.

En el segundo poema se intensifica también esa imagen de la vida como el azaroso fluir de una humanidad impura, agitada por el vaivén de sus propios instintos:

La gente como un producto de manufactura,
como un plañir tangible y memorable,
como un subproducto combustible,
como un estado de conciencia, laberíntico,
como un eco de otras gentes...

Los últimos versos concretan ese desolador sentimiento de derrota, de inutilidad, de aniquilamiento: «los que cuelgan el alma sobre un perchero/y nunca más la utilizan».

El tercer poema (p. 13) abre con ese tono de inquietante mordacidad que acompaña la poesía de *Proyectura*:

En los urinarios públicos solloza la belleza
intensamente avergonzada: ¿Qué harán para redimirla?

Es como si el poeta se extasiara ante todo lo grotesco, ante todo lo extraño, ante todo lo olvidado y menospreciado de una zona donde la poesía comienza a revelársele como la fuerza ineludible de un contagioso espanto:

> *Payasos de corcho, fonomímicos, vanidosos, sibaritas,*
> *metálicos y sinópticos;*
> *pasean, cabalgan, ensucian y arañan*
> *con orgullo principesco*
> *y con necedad de simio,*
> *las pasivas y estereotípicas calles;*
> *calles cuyos constructores*
> *nunca recibieron medallas ni diplomas altisonantes*
> *y se diluyeron en un mudo y frío anonimato.*

En el cuarto poema (p. 15) se fija también la realidad perturbadora del hombre moderno. La vida del hombre contemporáneo vivida como una manifestación indiferente de la existencia humana:

> *Los hombres son antojos y restos de otros hombres:*
> *necesarios, apetitosos y unívocos.*
> *¿Adónde van en largas y chillonas procesiones?*

Las imágenes que integran el quinto poema (p. 17) como un cuadro surrealista van revelándonos el caos, la inminente caída del hombre en ese angustioso acontecer humano:

> *Caen los días dialécticos y rígidos*
> *sobre el conglomerado;*
> *caen clavos, algodones, galaxias, fetiches,*
> *inéditas distancias, y generaciones de difuntos;*
> *caen lustros de héroes y mariposas*
> *desnudos sobre el olvido;...*

En un lenguaje ceñido a la realidad que expresa, nada escapa a la mirada del poeta. Bordao no usa un lenguaje de frívolas anécdotas. Su perspectiva no es la del lenguaje de la contemplación, sino el de la mirada irritante que trasciende esa perturbadora distancia desde el espacio geográfico del exilio:

Hay una sensación de espada y de cadenas
enrareciendo el oxígeno;
hay un sabor a cactus y una expresión
de molusco y un calor de aguardiente
y una oración y un karma zumbando en los oídos;
hay una lágrima sólida como una campaña
y un olor a paloma descendiendo. (pp. 20, 21)

En la segunda sección del libro el sufrimiento, para alcanzar su más alta tensión, se eleva como un ave que tenebrosa va a estrellarse contra su propia sombra. Si en «Ira de ángeles» el hablante formulaba su deshumanizada visión de la vida desde una zona inmersa en el caos, en «Distancias» la vida misma del poeta es el centro de ese caos, de ese mundo áspero y hostil. Y en el espacio exterior de esa asfixiante realidad que el poeta desafía encontramos un lenguaje denso y agresivo, trágico y descarnado, que nos revela cada vez más de cerca la realidad:

He venido rodando como un aro de azogue planetario
desde un orbe de cáscaras estentóreas,
desde un origen de estopa y calabozos,
desde un ámbito de alambres y candados oxidados.
Mi destino de agua navega
entre las púas hirsutas de una historia
de alas subterráneas. (p. 25)

En el poema II reaparece la nostalgia. Irrumpe ahora una continua intensificación de un «yo lírico» que frente a la dureza del mundo, y desde el exilio geográfico en que vive, navega solitario hacia su propio encuentro, pero conociendo el engañoso brillo de la vida:

He crecido como un obelisco a fuerza de ebulliciones,
me vistieron de aniversarios y rubores
y de una condicional monomanía: hastío. (p. 27)

Desencantado de un pasado de experiencias negativas, y con un rayo de escepticismo en la mirada, va sin rumbo con su voz como una llama salvadora frente al cansancio del mundo que lo agobia:

> *¿Adónde voy ahora con esta voz erecta*
> *hollando ensombrecidos restos*
> *de gargantas sonoras?* (p. 28)

Sólo cuando aparece el recuerdo de la patria o la tierna presencia del amor, las palabras adquieren otro mágico esplendor:

> *Déjame escalarte con este hervor de versos*
> *y enarbolar mi bandera en tu zona más casta.* (p. 29)

o, por ejemplo, estos versos del mismo poema:

> *En ti la eternidad tiene un sabor a besos*
> *y una canción conforme a una gaviota entretenida.*

Los poemas que siguen a continuación, los que van de la página 30 a la 42, y que completan el ciclo de «Distancias», confluyen todos (a excepción del IX, dedicado a la madre) con esa visión desgarradora que encierra el destino del poeta, una visión anegada en la incertidumbre y en el recuerdo de la niñez, insertada también en el desamparo y el hastío del mundo circundante:

> *Anduve*
> *con un cúmulo de siluetas y pupilas adheridas*
> *en mi piel de embalsamadas esperanzas.* (p. 31)

o,

> *Tengo una edad*
> *hecha de aliento de botellas vacías*
> *y otra edad*
> *de nupcias, víveres y folletines.* (p. 33)

Lúcida y dolorosa es esa voz que vibra en *Proyectura*, esa voz que pasa de la inocente orilla de la infancia a descubrir su desnuda presencia en medio de un mundo desolado:

> *De mis sueños longevos conservo los ojos inocentes:*
> *desperté como un despojo vegetal a la deriva...* (p. 35)

Abrí la vida
una mañana de escobas subyacentes
y hallé
un imperio mudo de cigarras decapitadas. (p. 37)

O, por ejemplo:

  Estoy sobre una cumbre
        de espaldas aplastadas
  sin límite desnudo
        dando saltos y aullidos... (p. 41)

O este último poema que cierra «Distancias», y que nos sugiere esas ver-
daderas distancias, espacios geográficos, ciudades que el hablante ha
caminado convencido del doloroso crujir del universo, de esa pavorosa
realidad que azota como un soplo la vida:

  He gastado los pies
      de caminar descalzo
  sobre la piel del orbe,
      creciendo hacia otros mapas
  de híspidos relieves,
      navegando los sueños
  por oníricos puertos [...] (p. 42)

En "*Waverly Place*" un dejo de ironía golpea la sordidez de la vida. Y
aunque el hablante no ha podido liberarse de la experiencia angustiosa
que cifra su universo, un cambio de tono parece dominar la expresión
poética en los poemas que se agrupan bajo «Tres obsesiones y un canto».
Sin embargo, en los primeros poemas de esta sección el lenguaje sigue
siendo severo, resentido y reaccionario contra todo lo opresivo, lo negativo y lo absurdo de la vida. Transcribo algunos versos:

  Con treintaitrés años
  olemos a plaza pública
  y a restos de cigarros apagados,
  hemos ascendido varias millas
  en alienados elevadores,
  tanteamos la angustia con mansedumbre

y le extraemos de sus cuencas
el más sucio aniversario. (En «Hipótesis», pp. 47, 48)

A veces la burla y la ironía son elementos para mofarse de la capacidad del poeta mismo para desenmascarar la realidad circundante:

Lo primero que debe hacer
un auténtico poeta
es lavarse bien la boca
(autorrecetarse gárgaras)
y ponerse los zapatos
más estables y oscuros;
luego
echar a andar por el planeta
tomando el pulso de cada cosa...
(en «Instrucciones para un joven poeta», pp. 49, 50)

En «Reminiscencia» reaparece la experiencia devastadora del pasado. Esa conciencia aterradora que como un oleaje configura la estructura de los siguientes versos:

Yo fui una bahía tiznada
de navíos muertos
y de incautos temporales
de pasiones. (p. 51)

O ese acuchilleante dolor que se proyecta en cada cosa y que como la angustiosa imagen de un grito anónimo va a dar contra el vacío del mundo. Por ejemplo:

Debo ser un aro: alguna continuidad telúrica,
una astilla de palo, una fogata submarina,
una teja floja en la comba de un tejado.
(En «Nocturno», pp. 54, 55)

Solamente cuando el poeta tiende su mirada hacia España o a la América primigenia, el lenguaje recobra una inusitada ternura. Todo el oculto misterio de una naturaleza exótica, iluminada por la cálida luz de la naciente aurora, parece suavizar la cruda percepción de una realidad.

Ahora la mirada se proyecta hacia el pasado. España entra como un aroma suave: un silencioso esplendor germina en cada verso.

Con la mirada vuelta hacia el pasado, el poeta recoge esa amorosa visión de la España noble y heroica, de hombres esperanzados, seres visionarios en un continente mágico no devastado aún por la hiriente avaricia o por la infamia:

> *¿Te acuerdas, España?*
> *Eran sueños furiosos de menta*
> *en viejos navíos carcomidos por rutas salobres;*

o, por ejemplo:

> *¿Te acuerdas qué estruendo?*
> *Los remos estaban cansados de la travesía;*
> *las velas inflaban sus viejos pulmones de yodo;*
> *la biblia era un grano de aurora dormida*
> *en el vientre de secos barriles...* (pp. 56, 57)

Sin reproches y sin resentimientos va surgiendo ante los ojos del lector toda una emocionada visión de la historia. El poeta se concentra en la esencia misma de nuestro destino humano, y no en lo que hiere ni en lo que separa. Tras el recuerdo de ese paisaje va su voz como la transparente claridad de un río descubriéndonos sus tonos más diáfanos:

> *España: tú estás sumergida en las entrañas*
> *de estos versos que te escribo de prisa:*

o más allá del abismo del tiempo que separa a todo hombre del suelo nativo surge el recuerdo de España como un cielo límpido sobre el horizonte:

> *te descubro cuando alguien me nombra con tu voz*
> *en la anchura del orbe, cuando vuelvo orgulloso*
> *mis ojos hacia el cielo, y te veo en mis sueños*
> *de niño malhadado.* («Canto», pp. 60, 61)

Otros son los rasgos que caracterizan la poesía que encontramos en *Acrobacia del abandono* (Madrid: Editorial Betania, 1988). Del desgarrado acento que enmarca la densa zona poética de *Proyectura* pasamos ahora a la orilla de un paisaje más sereno. Es cierto, la soledad aún se desliza silenciosa sobre el libro y la luz se desvanece en colores sombríos. Pero también el poeta se nutre de una honda y tierna comunicación con el paisaje. «El paisaje, finalmente, se impone a Bordao. Lo ataca, lo envuelve, lo disuelve casi en lo anónimo circundante. A él parece rendirse, abandonarse».[2]

El entorno se abre como un refugio donde lo lejano y lo cercano se funden en la imagen del paisaje. Aún se vislumbra la angustia del vacío, pero poco a poco entra la virginal luz. Comienza a notarse una preferencia por el paisaje: «elevo una oración que la absorben los pinos,/y en el centro del área donde escribo,/(aire fresco y sol prudente),/crece por mi hombro», nos dice en «Impromptu» (p. 15). «Toda mi expresión emerge del follaje», nos dice en el poema «El acecho».

Acrobacia del abandono ofrece una nueva percepción de la realidad circundante. A veces el frío del mundo golpea la vida de los hombres, y un viento recio pasa sacudiendo las cosas. Pero el poeta ha ganado en experiencia y su mirada se pasea sobre el mundo y sus palabras van tejiendo otro sentido de la vida:

> *Y desde esa arista observo lo figurativo*
> > *lo inalterable*
> > *el ojo ajeno*
> > > *un trazo luctuoso de perspectiva.* (p. 26)

así nos dice en el poema («Acrobacia del abandono») que lleva el título del libro. Es decir, la poesía vista como un juego, como un arriesgado salto de acrobacia frente a ese silencioso acontecer de la vida humana «en medio de tanta inocencia mancillada».

Frente a lo negativo del mundo el paisaje emerge como un contraste y como elemento amortiguador. Con singular destreza va apareciendo la simple y dulce presencia de un árbol, o algún diminuto y sorpresivo pájaro en un soplo de brisa que como un remolino silencioso parece esparcir la angustia hacia otra orilla:

> *Al pie de un árbol satisfecho de gorriones*
> *crece tu voz antigua de rizoma,*
> *tu voz de polvo transformándose en alas...* (p. 30)

---

2 Angel Cuadra, «Prólogo» en *Acrobacia del abandono* (Madrid: Editorial Betania, 1988), p. 11.

Es verdad que no falta en *Acrobacia del abandono* la negativa sensación de desamparo y de angustia, y que en algunos poemas aún se manifiesta un doloroso estado de ánimo. Pero una distinta melodía comienza a integrarse a los versos y una agazapada luz transparenta las zonas más tristes. La desolación y el caos comienzan a quedar atrás. La inquietante voz del poeta busca una nueva esperanza: «quiero ser esas hojas que se evaden/y ya nada las detienen/esas que caen.../absueltas y depuradas».

Como sugiere el propio título del libro, *Proyectura* es un horizonte donde confluyen simultáneamente las imágenes de una visión grotesca del mundo. La realidad es dura y compleja. El natural goce de vivir la vida en toda su plenitud se ve afectado por una realidad borrascosa y de fría convivencia humana.

Proyectura no es un libro de júbilo o de gozo. Es hiriente la tensión que anima estos versos. Y es impresionante el gesto de esa mirada abarcadora que nos coloca frente a la realidad. El acto de vivir parece reducirse a un silencioso desamparo. Se camina sin saber a qué atenerse. Sólo cuando el hablante se aparta de esa percepción apesadumbradora del mundo sentimos el inefable rescate de un auténtico recuerdo que nos acerca a la pálida imagen de la infancia. O cuando desde la verde cima de un árbol la frágil luz comienza a iluminar el camino (en *Acrobacia del abandono*) y una esperanzada visión nace sobre el cenit de las cosas y comienza a fundirse en el silencioso misterio de la vida.

EL FRAGIL MUNDO DE JAN MARTINEZ

> *Poeta y lector son dos momentos de una misma realidad.*
> —Octavio Paz

La obra poética de Jan Martínez es el resultado de un proceso de inmersión en lo cotidiano y en los elementos de la naturaleza. Su poesía nos revela, deliberada o inconscientemente, la identidad de un mundo cuyos elementos están en constante transformación. Algunos de sus poemas son como esbozos de imágenes que sucesivamente ilustran este proceso de cambio, donde el objeto poetizado se convierte en una apasionada y trascendida interpretación de la realidad. De ahí que la óptica del poeta no sea indiferente a los hombres y a las cosas que hacen parte de nuestra habitual cotidianidad.

Apenas nos instalamos en la poesía de Jan Martínez sentimos esa relampagueante y coherente intuición de que lo nombrado se nos presenta saturado de ciertos atributos que trascienden su estado habitual. Las cosas están siempre vistas a través de un sentimiento que cala hondo en el corazón y la imaginación del lector. Algunos de los poemas de *Archivo de cuentas* (Lima, Perú: Lluvia Editores, 1987) son como embriones y larvas que ávidas de luz se escapan del pensamiento del poeta, pero siempre guiados por el invisible hilo de la lógica y la coherencia.

En la sección de «Homenajes», que compone una de las unidades estructurales del libro, notamos la intensa y sutil expresión de estas imágenes poéticas, su relación estética entre el plano real y el imaginario:

> *Basílica que en el viento*
> *bate sus vitrales.* («Mariposa», p. 39)

o,

> *En el camino, una mariposa de plata*
> *le persigna las espaldas.*
> («Pequeño homenaje al osito de cuerda», p. 40)

Los árboles

Uno de los procedimientos creativos en la poesía y en la mayoría de los poetas[3] es tomar una imagen de la naturaleza o un concepto del ámbito cotidiano inyectándole una nueva y apasionada vitalidad, trascendiendo el plano real y creando así una nueva metáfora. Jan Martínez conoce este procedimiento y en él nos acerca a su cosmovisión poética. Su poesía no es una poesía de fingidas pasiones, ni de rebuscadas anécdotas, ni de temas exóticos, sino una poesía hecha de sincera humanidad, aprendida y fundada en el diario vivir.

En el poema «El árbol», insertado en la primera sección del libro, se nos revela de inmediato el profundo sentimiento que el poeta siente hacia la naturaleza. Se censura la actitud destructora de los hombres en contraste con la silenciosa docilidad del árbol. Por eso en Jan Martínez la naturaleza es una presencia sensible y real que desencadena un entrañable diálogo:

---

3 Véase Dámaso Alonso, «Lo imaginativo, lo afectivo y lo conceptual, como objeto de la estilística», en *Poesía española: ensayo de métodos y límites estilísticos*, 2da reimpr., 1976, pp. 481-580.

Cuando llegaron sus verdugos
lo encontraron florecido
con ademán de vientre,
golpeáronlo despiadadamente
en su amoroso verde
y él de vez en cuando
soltaba un pájaro
o gemía mariposas.
Nadie lloró cuando alargó
sus raíces, acariciando aún con vida
la tierra cercana.
Y por el pasillo angosto
a él, que era alto y ancho,
sacáronlo en tandas.
Sólo sus arterias sollozaron
cuando una brisa pasajera
le desarmó las últimas ramas. (p. 18)

El árbol como símbolo de vida asediada, de vida que se deshoja, que cae en oculta soledad, es también—de algún modo—la medida angustiosa del hablante poético flagelado por el tedio, la monotonía y el hastío, síntomas constantes en nuestra sociedad.

Utilizando el poema «Sequía», que aparece al final del libro, en la página 68, podríamos establecer un tipo de correlación entre ambos poemas. Sin embargo, en éste es el elemento del tiempo el que interviene como una fuerza destructora. La imagen del «árbol» es simplemente un subterfugio para atenuar ese sentimiento de muerte y soledad:

Se fueron haciendo las ramas de los días
por los costados nuestros
aglomerando muertes
como frutos podridos
así nos construimos un árbol
para esgrimirlo verde
en el espacio diario
y como un árbol
que va deshaciendo
una a una
sus hojas

> *fuimos quedando solos*
> *secos*
> *en la llanura vacía.* (p. 68)

Todos nuestros actos y afanes, todos los sueños que construimos con las palabras que trazaron el camino de nuestra primera juventud van quedando a lo largo del tiempo sumergidos en el olvido y las sombras. Así el poeta se sume en un auténtico diálogo con el mundo circundante. Su mirada se centra en los objetos y en la naturaleza. Y desde su emocionada interioridad nos va brindando su humanísima visión del universo. Conoce que el hombre, como la naturaleza misma, no puede escapar del tiempo que lo vive y lo consume. De ahí que el sentimiento de soledad que se trasluce en algunos poemas de Jan Martínez va más allá de lo que conocemos como «la realidad social de la soledad» del hombre contemporáneo. Y aunque Jan Martínez no es un poeta nihilista, ni un poeta de la soledad, ni un poeta de la desolación, hay como un aire nostálgico que agita los espacios de esta poesía.

Otro poema que enlaza la imagen del árbol, formando así un tríptico de singular importancia en la configuración del libro, es el titulado «El bufón de madera». Este es un poema significativo porque late en él una mística de profunda intensidad. Es como si, quizás sin saberlo, el poeta condensara toda la angustia del paisaje en la deformada imagen del árbol:

> *Fuiste risa de madera atribulada*
> *tu cuerpo se hizo joroba sin rocío,*
> *soñaste en la ciudad*
> *ser juglar de pájaros claros*
> *y en la canción de la lluvia*
> *hacer süave mester de ala y sombra.*
> *Pero en tu torso de mentira*
> *ni las liras ni los romances*
> *sólo las navajas estamparon*
> *los deformes nombres del tedio.* (p. 17)

El uso del pretérito acentúa el estado lastimero y temporal de las cosas. Los verbos sitúan al protagonista del poema (el árbol) en contraste con el mundo real. A través de lo abstracto se evoca todo lo que el árbol hubiera querido ser, mientras que en el plano real se concreta la personificación del tedio y el deseo de permanencia sugerido por los nombres estampados en su tronco.

«El bufón de madera» es el árbol que vive aprisionado en las aceras, o que crece a la orilla del camino maltrecho y asediado por las bestias y los hombres, o ese que al borde del abismo, asfixiadas sus raíces por la erosión y el viento, se inclina contra el suelo como deseando su propia muerte, o ese otro que doblado por el peso de sus ramas parece besar el suelo, y nunca se levanta. «El bufón de madera» es el árbol que un día soñó bajo la tierna y clara lluvia ser ala y sombra y música de pájaros.

La tiranía del tiempo

En la poesía de Jan Martínez existen poemas no desprovistos de ironía y sugerencias sociopolíticas, pero existen, además, otros que se encuentran arraigados dentro de una postura metafísica. Por ejemplo, los que tratan el tema del tiempo.

El tiempo. El tiempo sentido como una esencia real, personificándose y destruyendo cada cosa. El tiempo irremediablemente perdido; ése que en algunas luminosas tardes del trópico presagió una ilusión o la esperanza de una pasión como una rosa roja abierta sobre el pecho. Y también ese otro que con su oculto ritmo se instala en nuestra vida hiriendo nuestro azaroso caminar y devorando cada objeto en que posamos la mirada.

Es obvio que el tiempo es también una realidad que determina la vida del poeta. El poeta no puede zafarse del tiempo. Por eso su poder de captación, de entender y sumergirse en la individualidad insustituible de cada cosa nos sitúa a veces frente a un hablante de conciencia filosófica.

En el poema «Las polillas» asistimos a la contemplación del derrumbamiento inminente de la materia. El lenguaje es sencillo y profundo. Lentamente, sin brusquedad, como el silencioso ritmo que anima la vida interna de cada palabra, la casa va desvencijándose. Es como la representación del doloroso espectáculo de la muerte ante los atónitos ojos del lector. Insensiblemente la polilla escarba la madera y la casa va transformándose, recortándose en el paisaje hasta convertirse en la inapresable sombra de una bandera:

> *La arenilla desteñida de las polillas*
> *finge goteras en las paredes*
> *apenas verticales de la casa.*
> *Caminar sobre estos corredores*
> *es tentar el vacío.*
> *Las maderas tienen un pellejo fácil,*
> *cubriendo las arrugas*
> *que las fibras afloran.*
> *Esta es una casa tan suave y alada*
> *por el choque de tan diminutos seres*
> *que pareciera que al arrullo del viento*
> *y entre los árboles secos que la circundan*
> *una bandera enferma y sin asta*
> *huyera del paisaje a la deriva.* (p. 56)

Frente a la vastedad y el vacío, las imágenes van haciéndose más frágiles, más imprecisas: «las paredes», «los corredores», «la madera» parecen diluirse en el paisaje al soplo del viento.

Este poema, igual que algunos otros de *Archivo de cuentas,* podría ser analizado desde varias perspectivas. Pero tal como está, prefiero interpretarlo como una singular visión desolada de la vida. El asunto del poema puede ser visto por cualquier lector como la memoria de una casa deshabitada y asediada por el tiempo. Para mí el poema encarna una visión desoladora del mundo. El gradual proceso de abandono y soledad se patentiza a través de una adjetivación de aspecto nostálgico y tensión ascendente: «arenilla desteñida», «pellejo fácil», «fibras afloran», «casa...suave y alada», «diminutos seres», «árboles secos», «bandera enferma», etc. No hay elementos esperanzadores en este poema. No hay colores brillantes. No hay luz. No hay alegría. La casa que suponía ser centro y bastión de renovada vitalidad se ha convertido en fragmentos y memorias esparcidas en un solitario viaje a la deriva.

Por último, otro poema que configura intensamente esa sensación de soledad, proyectada por la experiencia vital del hablante, es el titulado «Solitario». En éste la ironía es un recurso expresivo que el poeta maneja muy bien y que se agrega al último verso para amortiguar ese sentimiento. Notemos aquí que, además, la naturaleza misma es el escenario que nos comunica ese sentimiento de abandono y soledad. El tono metafísico del poema nace de la visión intimista de un hablante que se contempla en medio de un ambiente indiferente, agobiado por la incomunicación. Las imágenes que estructuran el poema corresponden a una naturaleza auténtica, a un mundo real en el que algunos lectores podrían identificar su propia realidad: el vértigo de la soledad, la incomunicación y el anonimato que hieren al hombre moderno en las grandes ciudades. Transcribo el texto para una mejor apreciación:

> *El sol deshabitó mis ventanas,*
> *el agua me observaba oculta*
> *y enterada de mis ojos*
> *volvía al cielo*
> *el vapor de su mirada.*
> *Las flores en las macetas*
> *sacaron sus ramas devastadas.*
> *Los pájaros secos y mortecinos*
> *en palor de porcelana*
> *olvidaron la brisa bajo sus alas.*
> *Algo de ausencia me fijaba a las paredes,*
> *un dedo acalorado*
> *arrimó la última mano posible*
> *y cuando miré hacia atrás*
> *escondida tras la pared*
> *hacíame burla una sombra.* (p. 34)

Como notamos en el poema anterior («El bufón de madera») aquí también el hablante nos aproxima a realidades concretas. La primera impresión al leer el poema es que el hablante está ahí, en una habitación, contemplando la pálida luz de un sol mortecino una tarde de lluvia. El hablante también es observado por la lluvia. Luego la mirada se fija en las flores (flores apresadas) que comienzan a extender sus «ramas devastadas»; y pasamos rápidamente a otro detalle pictórico: los pájaros están ahí palpables, sin ánimo, sin deseos de volar («olvidaron la brisa bajo sus alas»). Y miramos, ahora más de cerca, y vemos en las paredes retratos o recuerdos que fijan la mirada del hablante y lo obligan a meditar en la ausencia, mientras frente al asombro de su realidad el hablante se convierte irónicamente en víctima de su propia fantasía creadora: «escondida tras la pared/hacíame burla una sombra».

Observemos ahora los elementos que establecen esa dimensión metafísica de la existencia, donde vivir es vivir a solas con aquello que únicamente vislumbran nuestros ojos, aquello que se desvanece como nuestra propia historia inmersa en los misterios del universo.

Tomando como premisa el título, las imágenes descriptivas que inclinan nuestra sensibilidad a interpretar el texto como un poema marcado predominantemente por la soledad son las siguientes: «sol» (luz que desaparece en el crepúsculo para dar paso a las sombras), «agua...oculta», «vapor», «flores», «ramos devastados», «pájaros secos y mortecinos», «palor [palidez] de porcelana», «brisa», «alas», «ausencia», y «sombra».

Conclusión

En la poesía de Jan Martínez la esencia de la vida y de las cosas palpita en la propia imagen de su transitoriedad. El acontecer de la realidad se presenta no como mera actitud contemplativa del mundo sino como un sumergirse en la intrínseca humanidad de lo cotidiano.

Es evidente el sentimiento subjetivo que vibra en *Archivo de cuentas*. Sus temas nos dan una visión de conjunto: el sol, el río, la tarde, el fuego, la madera, los objetos, la soledad y los hombres en su diario vivir. Para Jan Martínez la vida no es un fluir de acciones fragmentadas. El mundo no termina en lo que se nombra. Nuestra humanidad también está configurada por ese «árbol» que levanta su sombra como una garra contra la soledad, o como ese «río» que fluye anheloso, inconsciente de la maledicencia de los hombres.

En *Archivo de cuentas* la palabra se funde en el paisaje no para alejarse de la dureza del mundo, sino para impregnarse de su doliente realidad. El hablante se identifica con la naturaleza en ese caminar silencioso por la senda de la vida. Y sin giros extraños ni vanos regodeos de palabras nos abre la puerta hacia una dimensión en cuya frontera se plasma nuestra propia realidad.

EL MUNDO EROTICO DE TOMAS MODESTO

La poesía de Tomás Modesto nace en sus primeros años marcada por una serie de acontecimientos históricos que conmovieron a su país (República Dominicana) en la década del sesenta. Es ésta una poesía que surge como cuestionamiento y confrontación con las estructuras socio-políticas de su época. Comprometido con la causa común del pueblo e influenciado por la poesía de sus contemporáneos, Tomás Modesto crea una poesía arraigada en el compromiso social. Algunos de los poemas que aparecen en su primer libro, *Cenizas del viento* (Santo Domingo: Editorial UASD, 1983) reflejan una actitud de combate.

Las claves y la temática de esta poesía temprana nos las da el crítico dominicano Víctor Villegas en «Hacia una definición poética», que aparece como prólogo a *Cenizas del viento*. En este libro el poeta elabora una poesía que participa de un compromiso social pero que a su vez, y «sin caer en el círculo vicioso del momento»[4], trata de trascender esa atmósfera buscando un «espacio más amplio para su auténtica expresión»[5].

Un vuelco hacia lo sensual

Una poesía más distanciada del contexto político es la que Tomás Modesto ha venido creando estos últimos años. Uno de los rasgos que más caracteriza a esta nueva poesía de *Diario de caverna* (Santo Domingo: Editorial Colmena, 1988) es un vuelco total hacia lo sensual. En un lenguaje saturado de elementos surrealistas se integran también algunos motivos que ya venían perfilándose en su primer libro. Ahora hay una tendencia desmesurada a ensimismarse en las cosas a través de un arrebatado impulso erótico. Palpita en el lenguaje una exigencia violenta de imágenes dispersas que a veces ponen en peligro la comprensión y la interpretación de los poemas. El poeta nos presenta una visión más universal de la realidad cotidiana, de la soledad, de la muerte y del silencio: la savia misma de la vida se funde en un erotismo de apasionada vitalidad.

La ciudad de Nueva York viene a ser el espacio geográfico donde el poeta escribe su poesía. Invadido por el asombro, buscando trascender la

---

4   Véase Víctor Villegas, «Prólogo», pp. 9, 14.

5   *Op. cit.*, p. 11.

sordidez material de esta ciudad, la pesada nostalgia de la muerte también se convierte en una constante en la que el poeta trata de escamotear su propia realidad: «acaso salmodiemos con la muerte/con la insistencia de desvestirnos delante de nuestro/último cuerpo» (p. 54).

Otro aspecto que se hace más visible en este libro es el acertado uso del humor. El humor irrumpe en *Diario de caverna* creando una especie de juego verbal, desnudando la naturaleza de la realidad nombrada y compenetrándose con su intimidad. Para el poeta vivir es poseer el enigma de las cosas en un universo que para muchos se muestra indiferente: «apenas he vivido un largo día/en consecuencia sólo he tenido un sol» (p. 65).

El erotismo y la imagen violenta

Existe en un gran número de las composiciones del último libro de Tomás Modesto una preferencia por expresar el acto poético a través de un intensificado goce pasional. A veces el elemento erótico aparece fragmentado en imágenes diversificadas que se superponen creando una atmósfera densa y caótica dentro del poema. La mayoría de las veces elementos desligados de la realidad se incorporan al poema alterando su coherencia, cosa que en ciertos momentos llega a afectar la potencialidad y la secuencia lógica del poema mismo. Por ejemplo:

> *cuerpos que reinician su viaje a las raíces*
> *la flor del esqueleto la sombra de la*
> *luz que segregamos...* («Concentrar el olvido», p. 59)

o,

> *la temblorosa visión de perderte*
> *la plaza que contiene los abismos, las espaldas diseñadas por*
> *el sexo de tus manos.* («Tu lenta desaparición», p. 51)

No obstante la concentración de imágenes que tienden a desconcertar al lector no familiarizado con la poesía contemporánea hay, por otra parte, intrínsecas claves que nos revelan ciertos hilos unificadores. Y posiblemente lo que salva el sentido de muchas estrofas es el intenso deseo por parte del poeta de plasmar en cada verso todo su calor humano. Por eso el erotismo en *Diario de caverna* es una manera de sentir la realidad. Esta marcada actitud se encuentra diseminada por todo el libro. Entrar en esta poesía es perderse en un bosque donde confluyen lo concreto y lo abstracto, el amor y el cuerpo, la vida y la muerte, la ciudad con toda su iniquidad y paisaje surrealista que en algún momento asoma a sus versos:

Una ciudad líquida, casi nos espera, sueño sobre su
contorno derramado... («Ahora no hay más islas», p. 53)

Vistos de cerca, algunos versos nos sorprenden con sus inesperados contrastes. Para el poeta amar es vivir, poseer un cuerpo donde la pasión sea una experiencia física que trasciende.

A cada instante que posamos los ojos en esta poesía entramos en contacto con un perfil de mujer, con unos ojos que a escondidas nos miran, con la tibia desnudez de un seno, con un pecho taciturno o con un cuerpo abandonado silenciosamente sobre la alfombra: «descubrir el torso de un cabello oscuro,/el rostro contraído de una voz» (p. 27).

El lenguaje del cuerpo

A pesar de la dramática interpretación de la realidad, la pasión en *Diario de caverna* se desborda como un río sobre las impurezas del mundo. El acto erótico queda simbolizado por la caída. Dejarse arrastrar por esa sensación de vacío es sentirse poseído y poseer: «A veces una niña te enseña a tener una recaída/sobre su pecho lleno de naranjos/y de sonidos impresos en la tarde» (p. 31). Por otro lado, la pasión parece revelarse contra los moldes sintácticos del lenguaje mismo. Lo erótico se entrelaza audazmente a todo lo que configura el acto poético. Por ejemplo, nótese cómo se manifiesta la presencia de lo erótico fundida siempre en otros elementos que le confieren al poema un estado de dinamismo y fragmentada objetividad:

Volver al lado definitivo de tu cuerpo discontinuo insidioso
silbando en la oscuridad con la flauta incierta de tu pecho
recuperar los calipsos, las capas, los calcetines lluviosos...

(«Volver al lado definitivo de tu cuerpo», p. 37)

Uno escoge el dado ansioso
de morir bajo la falda de una colegiala angustiosa
el verdor las sospechas que diariamente segregamos
elementos de una identificación

(«Tu lenta desaparición», p. 52)

Sus desnudas piernas sobre el espasmo de los figurines:
terminan en el fuego de dos lanzas trizadas

(«El cuerpo que se arquea a esta hora», p. 7)

Necesito ese pelo, esas manos extravagantes que todos miran

(«Necesito ese rostro de viudas», p. 13)

y,

A veces los cuerpos caen juntos y el choque con la alfombra
crea una chispa de frutas sobre el muro
que ningún pecho puede contener.

(«Desconchar imanes», p. 17)

El humor y el engañoso disfraz

El humor es un mecanismo que hay que destacar en *Diario de caverna* porque abre una puerta hacia el mundo de las apariencias. Cuando el humor se vuelca sobre el «yo lírico» se convierte en una especie de espejo donde el poeta parodia su propia imagen. Cuando se vuelca hacia las cosas nos transmite la imagen de un universo descarnado, la engañosa fachada de un mundo arrogante y frívolo. Acudamos ahora a las siguientes estrofas:

añoro ese rostro puro conque la viuda llora a su perro.
Lo envidio y hasta le reclamo una orquídea.

(«Necesito ese rostro de viudas», p. 13)

Un soberbio día avanza en los cristales
y yo estoy dentro del cuadro de mis huesos.

(«Un soberbio día», p. 25)

Y esta última:

> *Bajo un sol estricto*
> *se cuelgan algunos cadáveres soñolientos*
> *algunas modistas*
> *algunos maniquíes se cuelan bajo el más estricto*
> *y espectacular sol de octubre...*
>
> («Bajo un sol estricto», p. 45)

A través del humor se nos revela el engañoso disfraz de la vida, lo inútil de vivir una vida sustentada en las apariencias y los falsos valores de una sociedad de consumo:

> *A nosotros sólo nos hacen infusiones de caridad*
> *inyecciones de mentir frente al espejo del bolsillo*
> *a nosotros el año de este meridiano*
> *las puterías de esta infame recurrencia*
> *las cábalas de esta presunción...*
>
> («Infusiones de caridad», p. 47)

En la perspectiva del poeta la ciudad adquiere el aspecto grotesco de una caverna. De aquí extrae una primitiva y angustiosa imagen de la vida. A veces a través de un humor acre y sombrío la particular intuición del mundo se convierte en un espectáculo de oculta violencia. Algo como una doliente voz humana huye del mundo como de un inmenso caos: «sólo hay una forma de regresar al vacío donde/los insectos recomienzan la noche/el vacío está donde las flores comenzaron a devolver abejas...», nos dice en «Los soberbios días» (p. 39). El vacío ofrece la posibilidad de un refugio: el cuerpo.

El uso frecuente de la imagen del cuerpo se convierte en el eje mismo de una poética que se eslabona al tema de la muerte y de la soledad.

En fin, *Diario de caverna* contiene una poesía que nos muestra una inquietante visión de la vida. Por eso la percepción del mundo es densa y chocante. El hablante se aloja en el espacio geográfico de la ciudad y los poemas surgen como impulsados por una pasión donde el hablante trasciende su propia realidad.

Habitación en la palabra[1]

Miguel Falquez-Certain

Beckett, a través de su personaje Vladimir en *En Attendant Godot*, dice: « *Tu aurais dû être poète* » [deberías haber sido poeta]. Y no es gratuita esta propuesta. Además de aceptar el hecho de que entre nosotros, desde los orígenes del latín, sean (junto con la palabra «nauta») muy pocos los sustantivos que finalicen con «a» y, sin embargo, sean masculinos, el poeta, pues, inventa, forja el mundo que aún no ha sido deletreado. Ser poeta es un desacato a la autoridad establecida, es un grito desentonado contra los dioses, es la locura divina.

Existe una pregunta recurrente en la comunidad de escritores latinoamericanos en Nueva York: «¿soy o no latino si escribo en un idioma diferente al español—digamos en inglés?». Kafka, que era checo, escribió en alemán; Nabokov, luego de haber escrito en ruso y en francés, escribe lo que se considera (y otra vez el canon) su obra maestra, *Lolita*, en inglés. El cubano de Heredia escribió tanto en francés como en español y ocupa un puesto destacado en ambas literaturas. Italo Calvino también era oriundo de Cuba pero se marchó muy joven a Italia y sólo escribió en italiano. Conrad era polaco y aprendió inglés durante los años que sirvió de tripulante en infinitos barcos mercantes y, según cuentan las anécdotas, lo hablaba con un acento fortísimo; no obstante, decidió escribir literatura en inglés y con la ayuda de Ford Madox Ford produjo obras maestras establecidas en el canon de la literatura inglesa.

En Attendant Godot—escrita en francés por Samuel Beckett, irlandés graduado en lenguas romances—es el último regodeo, la última burla «elaborada» por un escritor que logra dominar, después de mucho tiempo, el idioma ajeno. Beckett escribe en ambas lenguas, se traduce a sí mismo, reinventa un texto al recrearlo en el otro idioma. *Happy Days, Godot, Fin de partie* no son exactamente iguales cuando se leen en francés o en inglés: hay pasajes en un idioma que no se encuentran en el

---

1 Ponencia y poemas leídos el 23 de abril de 1989 durante la conferencia «Escritura, lenguaje, inmigración».

otro. Y la poliglotía de Beckett le permite la libertad de los retruécanos—del sublime deleite que se siente en el conocimiento de la lengua—que no serán necesariamente comprendidos por un monolingüe o, en el peor de los casos, por el lector de una traducción. Así, por ejemplo, Vladimir dice: « *Du calme* » [calma]. Inmediatamente Estragon le interrumpe repitiendo, como en un ritual, la palabra *calme*. Luego fantasea y nos informa que « *les anglais disent câââm. Ce sont des gens câââms* » [los ingleses dicen «cam».

Son gente «cam»], es decir que Estragon «corrige» la pronunciación francesa de la palabra calma por la inglesa, en donde la «l» no se pronuncia. Es más, en la transcripción utiliza los acentos circunflejos para indicar el alargamiento de la letra «a» lo que logra el sonido exacto de la pronunciación en inglés. La viciosa digresión de Estragon es absurda, por supuesto, ya que Vladimir está hablando en francés, pero lo que Beckett logra con ella es la caracterización del personaje, mostrándolo obsesionado con los idiomas.

La pregunta que debiéramos formularnos, por consiguiente, es si las obras *More Pricks Than Kicks, Watt,* o *Murphy,* originalmente escritas por Beckett en inglés, son menos significativas que el resto de su obra escrita en francés. Por supuesto que no. Se trata, desde luego, de discusiones bizantinas.

No obstante, en medio de las situaciones más adversas, sí se produce literatura escrita en español en Nueva York.

Y testarudos somos. Hay que recordar los primeros monolingües a morir. Sin embargo Baudelaire, precursor del simbolismo, traduce al norteamericano Poe y lo entroniza dentro del canon francés. Al traducirlo, rompe con el provincialismo de la mayoría de sus contemporáneos. Alrededor de 1895 comienzan a reunirse los simbolistas en el salón de los martes de Mallarmé. Este, a su vez, se gana la vida enseñando inglés en un *lycée*. Del grupo simbolista (centro cosmopolita y poligloto conformado por jóvenes alumnos de diversos países) saldrán los mejores exponentes de las literaturas nacionales del siglo XX: Rubén Darío en Nicaragua; Rilke en Alemania; Eliot, Stevens y Pound en los Estados Unidos; Joyce en Irlanda; y tantos otros que reinterpretaron las ideas, los conceptos y las ejecuciones de Rimbaud, Verlaine y Mallarmé hasta llegar a la poesía hermética de los italianos, o a la destrucción y reinterpretación de ella por un Alfredo Giuliani y los Novísimos de los años cincuenta y sesenta.

Me temo que siempre han coexistido diversas apreciaciones de lo que es la poesía. Y ello es saludable: cada quien debe escoger su propio taller de orfebrería. Mi poesía no es fácil mas no me excuso. Los poemas que hoy les voy a leer hacen parte de un libro en preparación, *Habitación en la palabra*. Y a los simbolistas y a sus herederos, y a Sartre, Wittgenstein y Adorno les debo mucho en la concepción y ejecución de la mayor parte de ellos.

Habito en la palabra, pues, para reconcebirla, para nominarla y darle vida y entregarla a aquéllos a quienes pueda interesarle. La palabra vino hacia mí y hoy se las ofrezco.

SCHERZO MOLTO PAZZO

A quien pueda interesarle: aunque sólo
le reitero mi afecto obligatorio,
es cierto que la vida
nos enseña iguales cosas.

Valga, desafortunadamente, la observación
teológica—la muralla china
es de la imaginación cuestión pura,
aunque jamás para la calumnia

la herramienta de la lucha
se convierta en el desorden.
El amor se identifica con el odio:
el mundo no alimenta las formas

paralelas—o histéricas—del desorden.
Tan sólo coquetear con el sadismo
que conjuga la estética
del melodrama: «*Tosca,*

finalmente mia». El consenso
de los brazos armados define
el menisco de los militares con casco:
acepto el repertorio de garantías—

la transparencia espiritual—
y el reparto de los auxilios del fusil.
¿Hay que aceptar que no puedo amarle?
Aunque es preciso que acceda

que el occiso sea identificado, hay
que contar con la racha violenta—
copia auténtica—espiritual y castrense.
Los jóvenes novilleros degustarán

la luna de miel—lo acepto—
si bien la *madeleine* atomiza
mi taza de té. Todo es un juego
de palabras majaderas—la tautología

es un caso extremo: contradice los límites
del mundo—el barajar de los signos.
« *Longtemps, je me suis couché
de bonne heure* »: nunca mantuve su punto

de vista en los asuntos de negocios.
¿Reubicarme o abdicar la independencia?
«La transparencia espiritual»,
dijo una atribulada señora.

La vida nos enseña iguales cosas,
mas para volver a amarle
tendría que volver a odiarle—
aunque se expiden copias a los interesados.

FESTIVAL DE PURIM

A Esther Simmonds, *in memoriam*

Nunca fue fácil amarte. Tu carcajada contra el pavimento
del Sears destruía la posibilidad del remanso
en una hamaca que retaba el ser machista mas,
sin embargo, Safo nos guiaba en el devaneo
de un amor que sólo tú y yo supimos absorber:
las tríbadas que necesitábamos para el sabor
de una verdad que mordisqueaba mi mentoría,
el trasuntar de la confianza, el amor que destruye
la explicación definitiva de la muerte que punza
la necesidad de la curva de una coyuntura
cuando los hijos eran necesarios aunque
inesperados. Hoy no quiero ser dramático.

Habría mejor que recordar los momentos
cuando la descripción burda del amor
era algo escamoso de asideros. Evitemos
a toda costa los *faux pas*. No obstante,
estabas allí. La foto indebidamente
obscura desarrollada por ti en la inminencia
de la muerte: el cintillo en tu cabeza absolutamente
calva, los lentes quevedianos, tu cara regordeta
esbozando una sonrisa que ahora se me antoja
con sabor a dulcamara. De allí tu insistencia
en ensalzar «Como la cigarra»; indudablemente
presentías tu mutis por el foro. La dignidad

es importante. Sin embargo, estás allí: fijada
en el magenta memorioso que contradice la
rosa retraída de tus labios—no es fácil
concebir una desdicha que se deslíe en el albur
de un juego de Monte. ¿Cuál era la carta
que no debíamos escoger? Ahora nada
importa. Nuestro amor insiste en contradecir
la presencia de un seno emasculado. ¿Recuerdas?

La emisora repetía tus parabienes pueriles
aportando felicidad a mi ruptura irreversible
con la adolescencia. Esther, tú sabías
que una guerrera eras. Mardoqueo substrajo
momentáneamente la confianza; la sabiduría
negaba la distancia donde Amán no comprendía
la complejidad de los barruntos. Contigo
perdí el seno que me ofrecía un recodo sin
prejuicios; ahora tan sólo queda un silencio
que detesto. Ayer toqué el mármol de tu
mausoleo como si fuese una puerta; el mutismo
calcinante desafortunadamente no respondió
a mis preguntas. El sabor irreverente
me insulta en el caño del amor mórbido
que ahora sólo tú y yo podríamos entender.
No hay necesidad de explicaciones. Aquellas

tutorías dadivosas con tus hijos me
enseñaron a amarte y amarles con una
incontinencia impronosticable. Hoy
soy lesbiana en un amor ubérrimo que
se desborda en los límites siempre turgentes
de tu semilla que sabe convivir con
la gracia. Hoy beso tus labios dormidos.
No hay por qué preocuparse: Mardoqueo encontrará
su camino. El tuyo está con nosotros: un beso
magullado que se torna rosa en la indecisión
del sabor de tu amor dormido. Ahora recuerdo
y veo que aún no has muerto. Vives en la saliva

de un grito que se decapita en mi amor voluntarioso.
Hoy tú existes en mí. El mundo es una bolita azul, Esther.

JACINTO

Sonado y reprochado caso:
todo lo que sé del mundo
se fija en los parámetros
de mi existencia, y su centro
se desplaza errático conmigo.
Las yardas finales se presentaban

urgidas de una satisfacción
enrarecida en el ambiente. No es
ésta una tragedia, aunque
Apolo así lo insista. No hay
temor ni compasión, sólo la vida
definida por la muerte.

Hay que sugerir medidas
concretas. No obstante los
celos son implacables. Febo
conectó el mundo a mi existencia
definiéndolo en su relación.
Redes y sabuesos aumentaban

la excusa para una pasión
que se desbordaba en las mieles
y el rocío de los campos fértiles.
Las flechas y la lira descansaban
olvidadas con el cebo de mis labios.
Y la brisa permeaba unánime

la montaña y la palabra.
Desde luego, flujos pasionales
inspiraban la venganza trapera.
Pero lo que no puedo mostrar
tampoco puedo demostrarlo.
Sus cabellos rubios y rizados

los alborotaba el viento
que quería ganar la etapa.
El presentimiento no registraba
nada definido en mi ingle
adolescente. Sólo el deseo
martillaba enloquecido. Es

imposible crear un símbolo
sin alterar su significado,
aunque mi piel erizada intuyó
el disco desbocado. Céfiro
rebelde me destrozó la frente
y mi sangre besó el terreno

fértil. El mundo era irreal.
«Tuyo mi sufrimiento, mío el
crimen». Su exclamación
inscrita sobre la hoja.
La partícula existe ahora
adonde antes nada había.

TERRA INCOGNITA

> *Il décrit autour de lui une zone*
> *d'ombre, une* terra incognita...
> —*Marcel Proust*

Acaso negarás la amistad que sin
razón nos une. Es cierto que acaso
el amor debiera unirnos
aunque la amistad neta,
tibia y desbocada ahora,
acaso, haga lo mismo. Pero
tú estás allí para negarlo.

Sólo dejar correr al tiempo
para descubrir un cuerpo que

florece en la intemperancia,
que sin negar niega los
frutos de un amor que tienta
la razón, que no juega
en la pasión de un amor

desmedido, que tal vez no cuenta.
Sin embargo estoy allí en la
distancia, amándote, saboreando
el disparate de tus sofismas
sonoros que reconstruyen
tus tetillas tiernas y morenas,
hincándome ante un amor imaginario.

Tu voz epistolar es esquizoide.
Ya lo sé, tal vez es difícil
aceptar que me amas. Mas
que puede importar si algún
día habremos de besarnos
en el desenfreno de unas riendas
que se ofrecen al desvelo de los

padres que sin razón tratan
de descontinuar nuestra gula
de amores, descubiertos en la colusión
de los besos anodinos pero prístinos,
perfectos; quizá en el regodeo
del labio mordido, reticente en
su saliva, en su sangre dadivosa

que nos bendice con su amor
eterno y sabio pero imprudente.
¿Acaso es necesario decirte que
te quiero? La redundancia es tonta
e inconsecuente. Es inconcebible
la negación de los vellos de
tu torso, obsceno y atrevido.

No lo sé y acaso lo desdigo.
¿Recuerdas la necedad de mis
empeños? « *Comme un feuillage
emporté par un ouragan, son amour
disparut* ». No contradigas al despecho
ni al amor que se ofrece con la rabia
de la destemplanza. Háblame. Sin

razón nos une la amistad que acaso
negarás. Despiértate y ámame.
Ya lo sé: tal vez es difícil
y sin embargo el recuento de nuestra
historia apunta hacia este amor frustrado.
No obstante estás allí para negarlo.
Perdóname si me hinco ante este amor imaginario.

Para R.D.S.

FUEGOS FATUOS

De perfil
tu rostro:
un incendio
entre mis libros.
En tu fulgor
la atención
resquebrajada
finalmente
se destroza.
La cerilla
fija el deseo
en tu semblante.
Tu presencia
reverbera
en medio
de comparsas,

y de improviso
comunión
de las miradas.
Sin embargo
en el humo
te me agostas—
se congelan
las palabras.
Ahora tan sólo
mis libros,
solitario
con la presencia
de tu ausencia.

Escritura e individualidad en tres mujeres hispanas en los Estados Unidos[1]

Ada Ortúzar-Young

La experiencia hispana en lo que es hoy los Estados Unidos comenzó a documentarse en español en los más diversos medios artísticos mucho antes de la llegada de los ingleses a estas costas. El testimonio de este influjo hispánico ininterrumpido hasta nuestros días, que se resiste a la integración cultural y lingüística, ha sido recogido en la inmensa mayoría de los casos por hombres desde una perspectiva masculina que desvalora o excluye las preocupaciones intelectuales de la mujer. Es solamente en época muy reciente que comienza a escucharse la voz de la mujer para documentar su existencia y sus preocupaciones, a pesar del papel protagónico que ésta ha tenido en el mencionado proceso histórico desde sus orígenes.

La literatura escrita por hispanos (mujeres y hombres) en los Estados Unidos continúa, en la mayoría de los casos, desarrollándose al margen de la literatura convencional norteamericana. Contribuyen a este hecho diferentes factores lingüísticos y sociopolíticos que la caracterizan, y que a su vez la separan del resto de la producción literaria norteamericana. A esto habría que sumar el hecho de que gran parte de estas obras son publicadas en casas editoriales pequeñas, en un número reducido de tiradas y con circulación limitada, lo cual crea una barrera para la difusión de las mismas. Según los factores antes mencionados los escritores hispanos en los Estados Unidos podrían clasificarse de la manera siguiente.

1) Las obras literarias escritas en inglés, pero que por su tema o contenido mantienen su identificación con el grupo hispánico de donde proceden. Nicholasa Mohr, en su ensayo *"Puerto Rican Writers in the U.S., Puerto Rican Writers in Puerto Rico: A Separation Beyond*

---

1 Ponencia leída durante el coloquio «Mujeres hispanas y su escritura» el 3 de marzo de 1990.

Language", ha señalado que la determinación de usar el inglés o el español va más allá de una preferencia personal. Refiriéndose a sí misma como escritora y, entre otras, a la escritora chicana Denise Chávez en *The Last of the Menu Girls*, defiende el uso de la lengua inglesa como parte integral de la experiencia del hijo inmigrante nacido y criado en los Estados Unidos que se propone representar en su obra. Corresponde entonces a una elección del autor, consciente de su identidad desarrollada en Nueva York bajo circunstancias que lo definen y que a su vez lo separan de los autores nacidos y criados fuera de los Estados Unidos[2].

2) Algunos autores, entre ellos Luz María Umpierre, escogen escribir parte en español, parte en inglés, salpicando su obra, sobre todo en momentos claves, de lo que se ha venido a llamar *Spanglish*. Esta es una postura consciente, ya que la autora no tiene dificultad en expresarse en español culto. Con ello Umpierre toma partido y se une al puertorriqueño oprimido, de cierta clase socioeconómica, y al autor «neorrican» que ve su literatura como un arma para la lucha. Es la lengua que se resiste a la integración cultural y política.

3) A partir del siglo XIX los Estados Unidos ha sido lugar de refugio para numerosos intelectuales hispanoamericanos que han sufrido persecuciones. Estos escritores, entre los que se encuentra Belkis Cuza Malé, se han educado en sus respectivos países y han llegado a los Estados Unidos después de haberse establecido como escritores latinoamericanos. Gran parte de la obra de Cuza Malé se produjo en Cuba y es producto de esa realidad. Una vez en los Estados Unidos, la obra de la mayoría de estos intelectuales disidentes no refleja la realidad de la minoría étnica hispana sino que, por lo general, continúan re-elaborando temas tratados anteriormente a su llegada, o se encierran en un exilio interior.

4) Por último, quizás podría añadirse un cuarto grupo en el que se incluirían los descendientes de estos latinoamericanos, como es el caso de Iraida Iturralde, quienes han emigrado a una edad muy joven. A pesar de que escriben en español, hecho éste que podría situarlos dentro de la corriente literaria latinoamericana, carecen de la experiencia directa y no reaccionan a las circunstancias sociopolíti-

---

2   En Asunción Horno-Delgado et al., editoras, *Breaking Boundaries. Latina Writing and Critical Readings* (Amherst: The University of Massachusetts Press, 1989), pp. 111-116.

cas latinoamericanas de la misma manera que el grupo antes mencionado, que se formó dentro de su seno.

Por las razones hasta aquí señaladas, se puede concluir que los escritores hispanos (mujeres y hombres) en los Estados Unidos no constituyen un grupo homogéneo. Las tres escritoras que aquí se han de discutir (en orden alfabético), Belkis Cuza Malé, Iraida Iturralde y Luz María Umpierre, son el producto de las circunstancias personales e históricas que las moldearon. Dada la indiscutible importancia y el carácter determinante que estas circunstancias han tenido en sus respectivas obras, me propongo presentar un rápido bosquejo de la vida y la obra de estas autoras. Además, he de detenerme en un análisis más específico de varias de sus poesías con el fin de mejor comprender algunos de sus rasgos esenciales.

BELKIS CUZA MALE

Belkis Cuza Malé nació en la provincia de Oriente, Cuba, en 1942. Se trasladó a La Habana en 1965 donde terminó sus estudios y trabajó para los periódicos *Hoy* y *Granma*. Desde muy joven escribe poesía y ha publicado en Cuba los siguientes libros: *El viento en la pared* (1962), *Tiempos de sol* (1963), *Los alucinados* (1963), *Cartas a Ana Frank* (1966). Once poemas de *Juego de damas*, destruido por el gobierno de Cuba en 1971, fueron incluidos en la antología *Ocho poetas*, publicada por la Casa de las Américas en La Habana. En dos ocasiones recibió premios literarios de la Casa de las Américas. Cuza Malé contrajo matrimonio con el poeta Heberto Padilla en 1967. En 1971, con motivo del «Caso Padilla», tanto Cuza Malé como Padilla se vieron forzados a hacer una autocrítica de sus respectivas obras. En 1979 comenzó su vida en el exilio en los Estados Unidos, donde continúa escribiendo. En 1984 publicó una biografía novelada de Juana Borrero, *El clavel y la rosa*, y en 1987 una edición bilingüe titulada *Women on the Front Lines* que recoge poemas de dos obras anteriores, *Juego de damas* y *El patio de mi casa*. Es editora-fundadora de la revista literaria *Linden Lane Magazine*.

En sus dos primeros poemarios se encuentran poesías de gran variedad temática, evidencia quizás de que la poetisa ha recogido obras escritas en diferentes momentos. En *El viento en la pared* Cuza Malé vuelve a recuerdos de su infancia, hacia la ciudad de Santiago, donde se publicó el libro, y al paisaje de la provincia oriental. Afirma la necesidad de escribir que se logra a través de una búsqueda interior y de numerosas referencias cotidianas. En *Tiempos de sol*, que obtuvo mención en el Concurso de la Casa de las Américas, el universo se amplía al introducirse un ambiente hostil y zozobrante, la guerra y la muerte. Este será el tema central de su próxima obra, *Cartas a Ana Frank*, publicada en La Habana en 1966. Consideramos esta obra una de las más logradas de la autora.

Cuza Malé se acerca al tema de la guerra y de la amenaza atómica de una manera íntima, por medio de cartas dirigidas a la autora de *El diario de Ana Frank*. El diario escrito por Anna Frank entre los años 1942 y 1944, mientras trataba de evadir la persecución nazi durante la segunda guerra mundial, sirve de inspiración a Cuza Malé, quien en 1962 tiene pocos años más que la niña judía cuando escribió su diario:

> *la razón de tu diario es igual a la razón*
> *del nacimiento*
> *igual a la razón que nos pone la vida pendiente*
> *abajo o arriba*
> *e igual a la sinrazón de la muerte*
> *siempre en mi poder*
> *como mi última muñeca.* (p. 11)

El contexto de *Cartas a Ana Frank* es a la vez personal y universal. Las referencias a la niñez y a la familia al comienzo de la obra de Cuza Malé nos hacen recordar el reducidísimo espacio donde se escondían Anna, su familia, y un pequeño grupo de amigos. La efímera protección que le ofrecen este reducido espacio y la fuerza interior del espíritu de que el diario es testimonio sirven de contraste a la inmediata realidad exterior de la guerra y la persecución. También en Cuza Malé la muerte es algo cercano y concreto que sacude al individuo desde una temprana edad:

> *A mi hermano se le ha muerto un amigo*
> *se le han caído al árbol todas las estaciones*
> *en la primavera.*
> *«Ya no me sirven las palabras», dice él.*
> *Qué grande es el hueco*
> *que hace la muerte sobre*
> *la sombra de nosotros.* (p. 18)

La poetisa no tarda en situar los temas de la guerra y la persecución, con la destrucción que ésta causa, en un contexto más universal: «Veinte siglos acumulando muertos» (p. 22), y referencias a las guerras de 1914 y 1939. En una de sus poesías hace referencia concreta a Bergen-Belsen, el campamento de exterminación donde murió Anna Frank en 1945, donde hacen ecos las pisadas de los soldados: «Un, dos/un, dos/un, dos» (p. 29). En este poema se unen de nuevo el tema personal con el universal, y hacen que la poetisa exclame:

> ¡*Basta!*
> *Nosotros hombres y mujeres*
> *de América, Europa, Africa, Asia y Oceanía*
> *de éste y de los cinco nuevos planetas que se descubrirán decimos:*
> *con mi niñez y la niñez de todos*
> *con mi vejez y la vejez de todos*
> *pedimos los ojos la boca el rostro los pies los antebrazos*
> *el sudor y la risa*
> *de lo contrario tomaremos por asalto al sol*
> *y la civilización de los muertos será entonces*
> *la valedera.* (pp. 30-31)

El motivo del árbol es elaborado a través de la obra: «El árbol fue el gran civilizador de la raza» (p. 26). Ese árbol es en un momento identificado con la amenaza atómica: «Es preciso que se caiga ese árbol/que siempre lleva el sombrero como un hongo» (p. 34). La agresión es identificada como una «pedrada» que hacia finales del poemario se convierte en «una gran pedrada atómica» (p. 24) que «mató a sus ancianos y a sus niños/y dejó sobreviviente a un gigante que gorgoteaba epidemias/como un árbol maldito» (p. 35). El maleficio bélico se proyecta al futuro en el siguiente poema: «La tierra con su racimo de hombres asestando pedradas/al hombre/no es un árbol pero/sus ramificaciones llegan hasta una ancha faja de cocodrilos/sembrados tres mil años en el futuro» (p. 35). En general, por su contenido y tono patético, *Cartas a Ana Frank* es un fuerte alegato en contra de la guerra y, en particular, la amenaza atómica con sus consecuencias para la humanidad.

Otro tema que recurre en la obra de Cuza Malé es el de la mujer. Estas poesías están recogidas principalmente en *Juego de damas* y en la antología *Ocho poetas*. Encabezando la sección dedicada a sus poesías en esta antología, a modo de epígrafe, encontramos la frase «Si pierdo la memoria, qué pureza» (p. 87). Es esta memoria la que inspira y nutre la poesía de Cuza Malé, y que la hace reaccionar ante los diferentes estereotipos recogidos en la literatura hispánica. Algunos poemas tratan de las mujeres que han roto el patrón tradicional, otros de aquéllas que han tenido que aceptarlo. Los poemas «Vocación de Teresa de Cepeda» (Santa Teresa) y «Mujer brava que casó con Dios», dedicado a Sor Juana Inés de la Cruz, nos remiten a esta dos monjas, mujeres revolucionarias para su época, y luchadoras incansables. Teresa de Cepeda «deseó como nunca la vida/y el asombro de no saberse ciega o sorda» (p. 88), anhelo audaz, y descubrimiento atrevido que sirve aún de ejemplo y de esperanza: «y piensa en nosotras,/pobres muchachas de provincia,/con vocación para el hogar,/a ratos visitadas por el Diablo/y abandonadas entre las hojas secas/que caen de las sombras de los árboles» (pp. 88-89).

En «Mujer brava que casó con Dios», Cuza Malé hace referencia directa al cuento de Don Juan Manuel, obra clásica de la literatura medieval española, sobre el mancebo que se casó con mujer brava y la ejemplaridad de la conducta que su época celebra al subyugar a su esposa. Cuza Malé, en actitud claramente subversiva, invierte el título y la actitud de la mujer brava. Poema abiertamente sacrílego, donde la monja a pesar de su hábito blanco escribe malas palabras en las paredes del convento y se casa con Dios («el impotente») no por vocación religiosa (de la cual no da muestras) sino como consecuencia de un «desliz» con un hombre casado. Este poema aunque dedicado a Sor Juana no se basa en ningún dato de su vida. Sin embargo hace clara referencia a un poema de la monja mexicana, la «sátira filosófica» sobre los «hombres necios», en el verso «toda la maldad del mundo son los hombres» (*Ocho poetas*, p. 90).

Otros poemas, por el contrario, enfocan la situación de la mujer que acepta su papel tradicional. En «Esta mujer es una reina ociosa», al no encontrar la mujer justificación para su vida «se suicidó una tarde por costumbre» (*Ocho poetas*, p. 96). Actitud similar aparece en «Retrato de una dama que ha perdido la ilusión». Esta dama múltiple, conjunto de otras damas reconocibles en la cultura occidental (la dama boba, la Cenicienta, la dama de las Camelias, la soprano calva), tampoco encuentra justificación para su existencia y «fue sorprendida en su casa del Vedado [barrio elegante de La Habana]/la dama loca» (*Ocho poetas*, p. 89). Cuza Malé reacciona y comenta sobre la posición de la mujer en la cultura occidental. También rectifica la «Historia» occidental tal como es escrita por los hombres. Esto se hace en el poema «Las mujeres no mueren en las líneas de fuego». El hombre ha negado la participación activa de la mujer en la vida pública: «Las mujeres no mueren en las líneas de fuego,/no expulsan al diablo de Jerusalén,/no vuelan acueductos, ni vías férreas,/ no dominan el arte de la guerra,/ni el arte de la paz». Las ha relegado a hacer papeles que la sociedad no valora: «Son estatuas de sal en el Museo del Louvre,/...reinas asesoradas por un Primer Ministro,/niñeras, cocineras, lavanderas/o poetisas románticas». Pero los hombres no han podido usurpar el papel primordial de la mujer. Concluye Cuza Malé: «Las mujeres no hacen la Historia,/pero a los nueve meses la expulsan de su vientre/y luego duermen veinticuatro horas/como el soldado que regresa del frente» (*Woman on the Front Lines*, p. 30).

IRAIDA ITURRALDE

Iraida Iturralde nació en La Habana, Cuba, en 1954, donde cursó sus primeros estudios. En 1962 se trasladó con su familia a los Estados Unidos. Estudió ciencias políticas en las universidades de Saint Peter's, New York y Columbia. Ha publicado tres libros de poesía: *Hubo la viola* (1979), *El libro de Josafat* (edición bilingüe, 1983) y *Tropel de espejos* (1989). Su obra ha aparecido en numerosas antologías, tanto en los Estados Unidos como en el extranjero. Ha obtenido la Beca Cintas (1982-83) y premios literarios de la Ford Foundation (1980) y del Mid-Atlantic States Arts Consortium (1984). Co-editó la revista *Románica* de 1975 a 1982 y actualmente es co-editora de la revista literaria *Lyra*.

La obra de Iturralde, en contraste con las de Cuza Malé y Umpierre, no se ajusta al patrón que comúnmente asociamos con la creación literaria del exiliado político ni con la del escritor militante preocupado en reflejar las condiciones de su grupo étnico. A pesar de algunas referencias en su obra que asociamos con su país de origen, Iturralde se mueve en un espacio y en un tiempo mucho más amplio, y busca como fuente de inspiración y punto de partida para su poesía el amplísimo contexto que le proporciona el mundo cultural e intelectual de occidente. No quiere decir esto que dé la espalda a su cultura ya que a pesar de dominar perfectamente el inglés ha escogido escribir la mayor parte de su obra en español, haciéndola de esta manera accesible únicamente a un público muy limitado: el suyo propio. Es una escritora hispana.

Hubo la viola está dividido en cuatro partes, cada una de ellas precedida por un epígrafe que ilumina la naturaleza de la creación poética. El primero de ellos, de Carl Jung: «Pero la conciencia ante el riesgo de ser descarriada por su propia luz...añora el poder de la naturaleza, los profundos manantiales del ser y la comunión inconsciente con la vida en cada una de sus innumerables formas». Cita ésta clave para entrar en la poesía de Iturralde, que va a las raíces a través de la imagen múltiple. Es un mundo arquetípico y de relaciones ancestrales. El segundo epígrafe es de Roland Barthes: «El texto necesita de su sombra: ...la subversión debe producir su propio *chiaroscuro*». La referencia a Barthes, con su aplicación de las teorías del estructuralismo a la crítica literaria, es importante. Iturralde, a través de Barthes, señala (según uno de los dogmas centrales del estructuralismo) que todas las sociedades y culturas poseen una estructura común e invariable, negando la importancia de la historia a favor de la importancia del sistema social. El tercer epígrafe es de Rudolf Steiner: «En un peldaño superior de la conciencia, lo que el hombre logra espiritualmente, lo vive a través de un simbolismo, no irreal, sino verdaderamente *real*». Este filósofo propuso como principio la facultad de la percepción sensorial. Y por último, el cuarto epígrafe, de José Martí: «...al hombre/¡la vida echa sus riendas en la cuna!», regresa a un presente mítico. En conjunto, a través de Jung, Barthes, Steiner y Martí, Iturralde elabora su poética. *Hubo la viola* es un libro rico en imágenes barrocas, de gran expresividad y de exuberancia sensual. Dentro del barroco, habría que hablar en términos más específicos ya que su poesía muestra una clara predilección por la ingeniosidad verbal que caracterizó al culteranismo y se apoya menos en el uso de ideas o conceptos que distinguió al conceptismo. Estas tendencias pueden apreciarse en el poema que da título a la obra. «Hubo la viola» es un poema complejo desde el punto de vista lingüístico ya que en él predominan elementos ornamentales y decorativos que retuercen el verso y lo oscurecen. El poema describe una experiencia simple pero lo hace por medio de un lenguaje erudito que lo aparta de lo cotidiano y vulgar. A estas ingeniosas combinaciones sintácticas habría que añadir el aura de movimiento y la sensación de musicalidad que se logra en este poema, y en un número considerable de su poesía:

> El desmán de la mirada dio
> hormaza al desmañado,
> y en el sordo acorde la viola
> dormitaba.
> Su cúbica apañaba el canto
> (un toque de apelde en desatino)
> desmoronaba en desfoque semilento
> los panes de trastigo
> del varón al tacto.
> Y lóbrega la viola se encogía
> en su vello peliblando.
> Lóbrega se encogía en la cejilla:
> ladino su varón
> le acariciaba las clavijas. (p. 9)

Situada a mitad del libro hay una «Pausa» que contiene un solo poema titulado «El lenguaje». Poema clave éste por la reflexión que hace sobre el lenguaje mismo, sus posibilidades y sus limitaciones. A comienzos del poema el lenguaje hace alarde de sus posibilidades y de sus energías, al querer escapar en «ebullición de granos». Esta no es una tarea fácil y el lenguaje titubea y descubre sus limitaciones ya que carece de absoluto control de sí mismo: «carraspea malamente las palabras/confina a ciegas los mitos revelantes/inadvertido desentona el paso doble del destino». El lenguaje se manifiesta en actitud teatral y en movimiento atrevido tiene una imagen pública: «en cada baile confronta en gran alarde/al mundo con proeza» a pesar de que interiormente está consciente de sus limitaciones: «y en el fondo/él todo se acobarda/en su fondo él todo se acobarda» (p. 29).

Tropel de espejos elabora aún más esta multiplicidad de imágenes que encontramos en la poesía anterior. El poema «Retrato de la luna enredada en abalorios» es una muestra más de que a la poesía de Iturralde se llega a través de la imagen, de la acumulación de elementos ornamentales y decorativos. Este poema hace obvia referencia a Sor Juana Inés de la Cruz, como bien lo indican las palabras de la ilustre monja mexicana: «de este cuerpo eres el alma/y eres cuerpo de esta sombra». Es un retrato que alude pero que no describe, aunque a la vez sintetiza la esencia del personaje histórico.

LUZ MARIA UMPIERRE-HERRERA

Luz María Umpierre-Herrera nació en Puerto Rico en 1947 y reside en los Estados Unidos desde 1974. Recibió el doctorado en filosofía y letras de Bryn Mawr, en el estado de Pennsylvania. Actualmente es catedrática de literatura a nivel universitario. Ha publicado cuatro libros de poesía: *Una puertorriqueña en Penna* (1978), *En el país de las maravillas* (1982), ...*Y otras desgracias/And Other Misfortunes...* (1985) y *The Margarita Poems* (1987). Es asimismo autora de *Ideología y novela en Puerto Rico* y *Nuevas aproximaciones críticas a la literatura puertorriqueña* así como de numerosos artículos sobre crítica literaria hispanoamericana.

En Luz María Umpierre se presenta un dilema entre la necesidad de mantener sus valores culturales, su puertorriqueñidad, y el peso de la opresión (a la vez externa e interna) de la herencia cultural hispánica dominada por el hombre. Su obra se caracteriza por un tono rebelde y amargo, de marcada protesta ante todo lo que la rodea. ...*Y otras desgracias/And Other Misfortunes...*, con su elíptico título, es una continuación de su obra anterior, a la vez que una promesa de la que está por venir. En esta obra, como en las dos anteriores, Umpierre escribe parte en inglés, parte en español, y en una combinación de las dos lenguas, o sea *Spanglish*.

Según Efraín Barradas[3] la literatura escrita por autores puertorriqueños en los Estados Unidos tiene que verse con aquellos contextos y mitos ya establecidos, algunas veces continuándolos y afirmándolos, otras rompiéndolos o negándolos. El autor se convierte, según Barradas, en un «hereje» o en un «mitificador» con respecto a aquellos mitos que encarnan la esencia de la puertorriqueñidad. El primer poema, que apropiadamente se titula *"In response"*, es una respuesta (más bien un reto) al mundo anglosajón y a la sociedad patriarcal latina, ambos vistos como opresores. Umpierre se convierte en poeta «hereje». Desde la

---

3 En Efraín Barradas, *Herejes y mitificadores: muestra de poesía puertorriqueña en los Estados Unidos* (Puerto Rico: Ediciones Huracán, 1980).

primera página la poetisa se autodefine e introduce el tono que ha de dominar en todo el libro. Este poema es una «respuesta» directa a la postura tomada por otra puertorriqueña, Sandra María Esteves, en "*My Name Is María Christina*". Esteves acepta con gusto el papel sumiso que su cultura asigna a la mujer. Ve su papel de madre como transmisora de aquellos valores que a su vez la oprimen. De esta manera protege la identidad colectiva del puertorriqueño que lucha en contra de la asimilación a la sociedad sajona. Umpierre asume el papel de «hereje» ante el de «mitificadora» tomado por Esteves. Ambos poemas pueden dividirse en seis partes donde, en el caso de Esteves, se reafirman valores culturales hispánicos, y en el de Umpierre se niegan estos valores y se introduce un nuevo concepto de lo que debe ser la mujer. Comparemos: Esteves abre y cierra su poema con las siguientes estrofas:

> *My name is María Christina*
> *I am a Puerto Rican woman born in* el barrio
> *Our men...they call me* negra *because they love me*
> *and in turn I teach them to be strong.*

Y Umpierre:

> *My name is not María Christina*
> *I am a Puerto Rican woman born in another* barrio.
> *Our men...they call me pushie* [sic]
> *for I speak without a forked tongue*
> *and I do fix leaks in all faucets.*

(En la última estrofa "*pushie*"[sic] es reemplazada por "*bitchie*" [sic] y "*forked tongue*" por "*twisted tongue*").

Una de las dos palabras en español en el poema de Esteves, «negra», es de gran importancia para comprender el tono y el significado de él. «Negra» tiene un sabor afectivo, a la vez que implica la aceptación del papel de la mujer latina, hecho éste que es reforzado con "*I teach them to be strong*": la mujer en su papel amamantador como pilar de la casa y de la familia. Umpierre, por su parte, reemplaza «negra» por "*pushie*" y "*bitchie*". Ambas palabras indican la actitud agresiva adoptada en este poema, de nuevo reforzada por el hecho de que esta mujer penetra en el dominio masculino: no vacila en hablar sobre cualquier tema (hecho éste que repetirá enfáticamente más adelante: "*I speak, I think*" y "*fix the leaks in all faucets"*). La postura irrespetuosa y rebelde de Umpierre continúa haciéndose evidente. Al *"I respect their ways"* de Esteves, responde Umpierre: *"I don't accept their ways/shed down from macho-men ancestors"*; a la madre casta y pura de Esteves, se yuxtapone el *"I sleep around whenever it is possible"*, algo que contradice la enseñanza de «abuela», que sigue fielmente la mujer de Esteves. Lo que une a las dos mujeres es que ambas están dispuestas a luchar, aunque de distinta manera. Esteves, a través de la maternidad, produciendo nuevos guerreros; Umpierre resiste la opresión a través de la protesta verbal: *"I do complain/I will complain/I do revise/I will reveal..."*.

Si bien Luz María Umpierre no puede identificarse con la mujer latina tradicional, tampoco puede hacerlo con la mujer norteamericana, sea feminista o no. Dos poemas de la primera parte de *...Y otras desgracias/And Other Misfortunes...* tratan este tema: *"The Astronaut"* y *"Colleagues"*. En estos poemas Umpierre recurre a una técnica que es ya característica de su obra: el eficaz uso del lenguaje como arma de combate. A través del humor, de juegos lingüísticos, de la ironía y la sátira, muestra la separación y falta de solidaridad que encuentra en la sociedad norteamericana. Algunas mujeres, y especialmente aquéllas que gozan de una posición privilegiada (y que por lo tanto estarían en mejores condiciones de prestar apoyo a otras mujeres) pueden ser tan opresivas como los hombres. *"The Astronaut"* descubre los rasgos de superioridad cultural y racial que Umpierre encuentra en la mujer anglosajona. Orgullosa de su raza y de su estirpe, «la astronauta» evita todo contacto con otras mujeres: *"her actions bequest honor/and she loathes the word sister"*. Esta mujer que al principio del poema muestra su superioridad con su *"liturgical expression trepidating in her elevated shoes"* queda reducida al final del poema a un producto degradado de su especie, *"a matriarchal break-up"* que sólo sirve de instrumento a la sociedad patriarcal para perpetuarse a sí misma. Es una mujer vacía.

En *"Colleagues"*, el poema que sigue a *"The Astronaut"*, esperaríamos encontrar, al tratarse de colegas que se dedican a la enseñanza del español y que, suponemos, conocen y aprecian la cultura hispánica, mayor comprensión y simpatía. No es así. La ironía del título (no se sienten colegas de la mujer latina) se hace evidente al leer el poema. Esta mujer, como «la astronauta», disfruta los privilegios que se le han otorgado. Estos personajes endiosados—que al parecer deben su triunfo a la superioridad racial (sus "*blondie heads*") y no a su conocimiento del español (hablan con acento gringo) ni a su capacidad mental (tienen "*tumored brains*")—han consolidado su poder. Ante el reconocimiento de la inutilidad de atacar sus altas posiciones ("*to dynamite their seats of power*"), la poetisa recurre a otra arma, la burla: «Rumbdaya Rumbdaya Limbdaya Rum Rum».

En la segunda parte de ...*Y otras desgracias/And Other Misfortunes...* predomina el uso del español. Se hace también más personal. Al igual que lo había hecho en *El país de las maravillas*, donde Alicia-Luz María, alienada y en un país que la desprecia y la rechaza, la poetisa no se deja destruir. A pesar de ser víctima de estas «desgracias» que le ha tocado vivir, continúa destruyendo mitos con su poesía y, en esta segunda parte, identificándose y exaltando su raza. Esto se lleva a cabo con el lenguaje. Abunda el *Spanglish*. Se expresa mediante el uso del español inculto hablado por el pueblo común puertorriqueño, con el predominio del fonema /l/ en lugar de /r/ (por ejemplo, «felvol» en lugar de «fervor»). No se abochorna ante el olor del sofrito tan característico de la cocina puertorriqueña. Se identifica y toma partido del lado de aquellos puertorriqueños procedentes de las clases socioeconómicas no privilegiadas. Esto se hace evidente en el poema «El original». Con tono humorístico, que le sirve para revelar la seriedad del problema, Umpierre siente simpatía y solidaridad por la mujer puertorriqueña de la clase baja, condenada eternamente a los trabajos más duros. En un diálogo magistral entre dos mujeres de la clase baja, con su acertado uso del *Spanglish*, muestra los esfuerzos de una raza por superarse. Es necesario perder esta «mancha», este estigma, o el puertorriqueño no podrá ser aceptado «allá arriba».

La realidad es dura. Con la edad madura se produce la decepción. Umpierre, una mujer "*who at 35 is 70*", no cree en fantasías, ha perdido la capacidad de soñar. Esto lo pone de manifiesto en uno de sus mejores poemas, «Cuento sin hadas». Ataca de esta manera la crianza de las niñas, a quienes se prepara para un mundo que no existe. En el primer verso contrapone las dos realidades opuestas: «la muñeca que ríe» que sirve de instrumento para crear ilusiones falsas en las niñas, y «la muñeca que espanta» que ha de encontrar la mujer a su rudo despertar. La felicidad perfecta no existe, hecho éste que se reitera a través del poema con el uso de ciertas palabras claves. «El matrimonio perfecto...hojalata», «la combinación perfecta...chatarra», «la comunicación perfecta...lata». En la mitad del poema es obvia la catástrofe: «La muñeca se destripa; el muñeco se desbarata/los niños flotan con el viento/la casa se cae de espaldas/los muebles en piezas quedan/los vestidos se deshilachan». En el último verso, utiliza el propio vocabulario de los cuentos infantiles: «Y el colorín, colorado ya no sirve, ya no encanta».

Este breve enfoque de las obras de Belkis Cuza Malé, Iraida Iturralde y Luz María Umpierre-Herrera ofrece al lector la oportunidad de apreciar la diversidad de temas, estilos y preocupaciones que caracteriza la literatura escrita por mujeres hoy en día en los Estados Unidos.

BIBLIOGRAFIA

Barradas, Efraín y Rafael Rodríguez. *Herejes y mitificadores: muestra de poesía puertorriqueña en los Estados Unidos*. Puerto Rico: Ediciones Huracán, Inc., 1980.

Cuza Malé, Belkis. *El viento en la pared*. Oriente, Cuba: Universidad de Oriente, 1962.

————. *Tiempos de sol*. La Habana: Ediciones El Puente, 1963.

————. *Cartas a Ana Frank*. La Habana: Ediciones Unión, 1966.

————. En *Ocho poetas*. La Habana: Casa de las Américas, 1969 (pp. 87-98).

————. "A Woman and Her Poems," in Meyer, Doris y Margarite Fernández Olmos. *Contemporary Women Authors of Latin America*. Brooklyn, N.Y.: Brooklyn College Press, 1983 (pp. 93-95).

————. *El clavel y la rosa*. Biografía de Juana Borrero. Madrid: Ediciones Cultura Hispánica, 1984.

————. *Woman on the Front Lines*. Trans. Pamela Carmell. Greensboro, S.C.: Unicorn Press, Inc., 1987.

Horno-Delgado, Asunción, et al. *Breaking Boundaries. Latina Writing and Critical Readings*. Amherst: The University of Massachusetts Press, 1989.

Iturralde, Iraida. *Hubo la viola*. Nueva York: Ediciones contra viento y marea, 1979.

————. *Tropel de espejos*. Madrid: Editorial Betania, 1989.

Umpierre-Herrera, Luz María. *En el país de las maravillas* (Kempis puertorriqueño). Bloomington, Indiana: Third Woman Press, 1982.

————. *...Y otras desgracias/And Other Misfortunes....* Bloomington, Indiana: Third Woman Press, 1985.

————. *The Margarita Poems*. Bloomington, Indiana: Third Woman Press, 1987.

Espacios convergentes en la poesía de Noel Jardines, Juan Rivero y Alfredo Villanueva-Collado[1]

William Rosa

Los poetas que vamos a considerar en nuestro trabajo comparten una visión de la existencia en la que uno de los elementos básicos es la convergencia de espacios vitales. Este fenómeno le permite examinar su existencia en un espacio que aparenta ser lo opuesto del original o primigenio y desde una perspectiva en que la acumulación o confluencia es la clave central. De un espacio esencialmente limitado, caribeño y sobre todo conocido, se da un desplazamiento hacia otra dimensión espacio-temporal en que las posibilidades de acción se multiplican, creando, por un lado, el desasosiego que produce lo nuevo y desconocido, pero además un sentido más amplio del espacio vital en que se desenvuelven y que conlleva oportunidades y restricciones, así como también unas condiciones no experimentadas en el espacio primigenio.

En los tres poetas que comentamos la incursión en un espacio diferente y nuevo—en relación al que les rodea y producen o proyectan en un principio—supone el momento decisivo para definirse dentro de un contexto que rebasa limitaciones de nacionalidad, de lengua y aún de sexo. Estos poetas no se ven como representantes de un sector económico, político y menos aún social determinado, sino que sus energías van encaminadas a elaborar un discurso en que «diferentes voces», dice Villanueva Collado, cantan simultáneamente, en el que «muchas lenguas» me abrazan, comenta Jardines, y en donde «el unísono paso de tus labios» me guía en la consecución de mi meta, señala Rivero. Este afán por ampliar el radio de acción propicia una poesía en la que se incorporan

---

1 Ponencia leída el 28 de enero de 1990 durante el coloquio titulado «Hombres hispanos y su escritura».

las experiencias vitales acumuladas en las diversas dimensiones tanto espaciales como temporales. La incorporación para que sea efectiva deberá rechazar el binomio tradicional en que se es uno o el otro, se está en un espacio o en el otro, para proponer una presencia múltiple y, a la vez, única. La diversidad es la materia prima conque estos poetas disponen para producir un discurso propio en el que se concretizan las fuentes que nutren sus existencias—en la medida en que éstas confluyen, se confunden, se mezclan y fusionan—y es en esta diversidad que se subraya la individualidad de cada uno de ellos. Esto no quiere decir que se rechaza el cúmulo de experiencias que aportan los distintos espacios covergentes y anteriores, o que se desechan aquéllos provenientes del espacio inmediato y nuevo, sino que se les encausa de tal manera que las fórmulas y, por consiguiente, el producto de éstas debe ser polifásico, tanto en su esencia como en su presencia.

El espacio que exploramos en este trabajo incluye tanto el físico como el sicológico-intelectual, y aún la confluencia de ambos, el espacio vital en el que convergen los antes indicados para crear un espacio múltiple. Este espacio múltiple toma sus materiales constitutivos de lo que Pedro Salinas llama «la realidad sicológica, extraña y anormal, el alma poética excepcional y clarividente y de la realidad externa, usual y ordinaria»[2]. La agregación de estas dimensiones, anota Cristina Grau al comentar el cuento de Borges «La biblioteca de Babel», tiene como unidad básica la repetición de espacios que, a su vez, genera la uniformidad laberíntica que desemboca en la infinitud de la existencia. Esta repetición no pretende establecer linderos o divisiones entre una y otra dimensión, sino todo lo contrario, proveer la posibilidad de autonomía de acción o, mejor, la individuación dentro de cada espacio-realidad. El resultado ulterior de este proceso, anota Pierre Macherey, es la cancelación del concepto empirista que le asigna una interioridad y una exterioridad a la obra literaria, en beneficio de una concepción más amplia, totalizadora, en la que interior y exterior son dimensiones fragmentadas y complementarias que confluyen y simultáneamente se descomponen en categorías consecuentes.

2 Mark Linenthal, ed., "Reality and the Poet in Spanish Poetry," in *Aspects of Poetry: Modern Perspectives* (Boston and Toronto: Little, Brown and Co., 1963), p. 306.

En el poemario de NOEL JARDINES, *Pan caníbal* (1987), se describe una teoría del espacio vital similar a la que hemos hecho: mientras en la primera parte del libro se expone la hipótesis, en la segunda se comprueba. La primera sección, titulada «En kansas nos pintamos los puertos», parte del ingreso o penetración del poeta en un espacio nuevo, Kansas, EE. UU., que desconoce y que le ofrece una serie de posibilidades que todavía no logra comprender, o quizá sería mejor decir internalizar. Una cosa sí está clara y es que estas posibilidades le retan a asumir una posición frente a este espacio foráneo, el cual podría ampliar así como limitar el propio y vital, dependiendo de la postura que adopte. Si en un principio, al reconocerse fuera del espacio primigenio, caribeño y cubano, siente la pérdida de ese espacio ideal, muy pronto cambia de parecer e imagina que este nuevo, norteño y frío le ofrece oportunidades de las que no disponía anteriormente. Esta oscilación entre dos espacios que aparentemente se excluyen es el obstáculo mayor que intentan salvar estos poetas, al entender sus existencias como una convergencia de espacios disímiles y, al mismo tiempo, homogéneos.

El proceso de convergencia se comienza a definir en el primer poema del libro, «El centro», en donde ocurre un desplazamiento del centro, geográfico en este caso, a la periferia del espacio nuevo. El valor tradicional del centro, en el que confluyen los diversos elementos para unirse en un todo, no se pierde; sin embargo, el aspecto que se destaca es la falta de movimiento que él observa en este centro, el cual impide la convergencia continua de espacios. Dice el poeta:

> *en kansas*
> *este centro que el movimiento*
> *no distingue*
> *viene aplacando sus atlas* (p. 17)

La inmovilidad que experimenta en este centro es el aspecto que se rechaza porque «aplaca», en lugar de estimular, las fuerzas que producen el cambio que persigue el poeta y que le permitirán construir su propio espacio. De manera que opta por trasladarse a la periferia, en donde «fuera de sus fronteras [esto es del centro]/se escucha el mundo acomodándose/en un rompecabezas» (p. 17). El movimiento hacia la periferia y su perenne evolución supone la posibilidad de armar su espacio-mundo-rompecabezas, del cual ha perdido piezas como el sentido de la libertad, la noción del amor físico y la imaginación-fantasía.

En «Cómo es la libertad» se introduce una de las piezas perdidas de este espacio-rompecabezas que el poeta intenta formar cuando señala: «allí también podíamos gritar/pero los ecos competían con altos pinos/contra cosas más exuberantes» (p. 21). Aquellos gritos, que en un espacio anterior simbolizaron gritos de libertad, ahora compiten con «altos pinos» y «cosas más exuberantes» que los sofocan y, a la larga, los someten a la inmovilidad del centro. Los anhelos por volver a experimentar los placeres del amor sexual, cohibidos por el espacio estático del centro, se abordan en «Hay una mujer secreta», en donde reaparece en el poeta el impulso sexual.

> *sí   un caballo tierno*
> *nace en la hierba*
> *y aquél quiere quitarse*
> *el cansado abrigo*
> *y tenderse en un gajo* (p. 27)

La «mujer secreta», o pasión que no ha sentido-compartido en el espacio nuevo que representa el centro-Kansas, resurge en el joven poeta— «caballo tierno»—después que logra penetrarlo. El cansancio que ha producido en él esta empresa comienza a esfumarse, permitiéndole disfrutar del «gajo» que vislumbra entre las hierbas del centro.

Mas la pieza del rompecabezas que más importancia tiene para el desplazamiento hacia la periferia es la imaginación-fantasía. Esta es la que propicia la recreación del espacio vital del poeta, según lo indica Salinas. Por eso, la pérdida de este componente es la que lo lleva a lamentarse: «nosotros te hemos perdido/maguita del amago sublime/en las pocas posibilidades» (p. 30). La pérdida *per se* supone un obstáculo mayor, mas el que ésta haya sido ocasionada por «las pocas posibilidades» lo convencen de que tiene que abandonar este espacio que limita sus oportunidades de realización individual. De ahí que al final del poema descarte la opinión de aquéllos que pretenden juzgarlo por sus acciones sin conocer las circunstancias que las produjeron: «como pasarnos veredicto/antes del juicio» (p. 30).

Esta necesidad de comprender y poder asirse al espacio vital que se ha venido creando lo lleva a autoexaminar su situación presente y los factores que la han generado y, al mismo tiempo, a delinearse una serie de objetivos más asequibles en los que converjan el espacio anterior, recordado pero no añorado, y el presente que aún no logra definir. Es importante observar que el espacio nuevo, Kansas-centro, en ningún momento es percibido o entendido como una unidad estéril, sino más bien incompleta. Por eso, para poder penetrar en el verdadero sentido de este espacio-experiencia se lanza a inventariarlo y, sobre todo, a reordenarlo, ahora con los elementos que pone a su disposición el espacio nuevo y sin descartar aquéllos que han sobrevivido del anterior y original.

Tres de los últimos poemas de esta primera parte explican el resultado del inventario y la reorganización del espacio vital. La visión de éste que se presenta se amplía a medida que convergen los diversos componentes provenientes de los distintos espacios que ha atravesado el poeta, dándole forma al nuevo. Al incorporar las experiencias personales y colectivas, el poeta se coloca en medio de un espacio más amplio; ya no se considera aislado, sino que ahora forma parte de una comunidad que rebasa los confines de espacios aparentemente opuestos.

A lo largo de estos poemas se verifica la convergencia de espacios como el mecanismo que propicia la infinitud de la existencia en diferentes espacios y tiempos. Esta sección parece más bien la recapitulación que le permite a Jardines definir aquellos aspectos que han quedado un tanto ambiguos y sobre los cuales se sostiene la hipótesis de la convergencia espacio-temporal.

En «Mi poema diario» la convergencia la fija el título al yuxtaponer dos espacios, poema y diario, y un solo referente: el poeta. La interferencia entre ambos permite que el poeta examine su situación y que dialogue no sólo consigo mismo sino también con un público que atraviesa los mismos espacios. Mientras al principio el «Poema diario» se concreta en compilar y archivar los datos de la existencia diaria, al final, después de haber cruzado «más de veinte leguas intestinales» (p. 31) y tras haber visto cómo «las pesadillas caribeñas cuelgan/su tamaño de pantera», se autopersonifica al atribuirse cualidades del referente. Es entonces que «todo destartalado (como un conejo sabio)/que tiene que defecar por favor/en papel de baño» que se declara uno y ambos al mismo tiempo. En «La paciente masa» se va un paso más adelante al proponer la convergencia a través de la comunión o confluencia de nacionalidades y lenguas. El nivel individual que prevalece en «Mi poema diario» es sustituido por uno en el que la colectividad pasa a primer plano. Es importante recordar que la individualidad es la clave de la convergencia; ésta existe en virtud de los diversos espacios que se acercan y confluyen, produciendo la renovación perpetua de la existencia. Si al principio la convergencia es de banderas y lenguas,

> *quien me abraza*
> *con banderas*
> *me abraza*
> *en muchas lenguas* (p. 35)

y a mediados del poema es de nacionalidades,

> *estoy para siempre*
> *complicado*
> *en esta*
> *mazmorra de*
> *incomprensibles*
> *naciones* (p. 35)

al final es la esencia misma del ser humano la que hace posible la infinitud que se persigue. Ahora el poeta se sabe elemento integral del proceso y sin el cual éste estaría incompleto y hasta sería imposible de realizarse.

> *por tanto*
> *sigo siendo*
> *este mismo*
> *cambio*
> *paciente*
> *de la*
> *masa* (p. 35)

«Los anfibios del confín» cierra la verificación que se lleva a cabo de la hipótesis de la convergencia espacio-temporal y, además, introduce la tercera dimensión de la misma. En «Mi poema diario» fue el autoexamen a través de la interacción del significante y el significado, poeta y poema respectivamente, y en «La paciente masa» fue la colectividad como fin y principio de la existencia; ahora la convergencia es la de los espacios líquidos y sólidos en un mismo ser que invalida los «confines» tradicionales entre éstos.

El poema comienza recalcando esta invalidación que pretende derribar la delimitación que se ha insistido en interponer entre los fluidos y los sólidos como fórmula de dominación o control de ambos espacios. Cuando el poeta dice: «los anfibios del confín/tienen alpargatas que dan miedo» (p. 36), rechaza los límites impuestos pero, más importante aún, hace hincapié sobre las causas que han producido tal actitud. Por un lado, está la capacidad de los anfibios para desenvolverse en ambos espacios sin ninguna dificultad y, por el otro, el temor que éstos provocan en aquéllos que se sienten limitados a uno de los dos espacios. Hasta cierto punto, la aprensión es motivada por el desconocimiento que se tiene de la dimensión contraria, como de la frustración que produce el no poder controlarlo.

Al final se niega esta noción al proponer un espacio—«la casa»—en el que reine la armonía, o como querramos llamarla, en el que la convergencia en continua operación haga posible la creación de un espacio lo suficientemente amplio e infinito en el que convivan todos.

> *pero las persianas por última vez guiñan*
> *que hay un modo beligerante*
> *que busca en el buche del aire*
> *un ámbito para todos* (p. 36)

JUAN RIVERO, en su poemario *Canto repetido* (1987), elabora una hipótesis, parecida a la que desarrolla Jardines en su libro, en torno a la existencia. Al igual que éste la concibe como un proceso en continua evolución que se vale de diversas fuentes para mantener vigente la perpetuidad de su cambio. Este continuo fluir y refluir de espacios y tiempos produce áreas en que éstos convergen, creando de esta manera otros espacios vitales así como otros tiempos pasados, presentes y futuros. Si en Jardines el aspecto dominante es el espacio físico que a su vez genera el sicológico, en Rivero espacio y tiempo son dimensiones complementarias que convergen en la base de la infinitud.

La existencia en los poemas del *Canto repetido* es la suma de los casos o experiencias vitales ocurridas en espacios y tiempos «paralelos, convergentes y divergentes», diría Borges³. Los espacios que surgen a raíz de estas convergencias suponen un nivel superior, si acaso más sofisticado que el anterior, en la medida en que incorporan elementos de aquellos superados para crear los futuros. La convergencia, como la divergencia de las diversas dimensiones espacio-temporales, al ser continua se torna repetitiva y, por consiguiente, laberíntica. Sin embargo, es precisamente esta noción laberíntica de la existencia la que se busca presentar, pues es en la diversidad de sus formas en donde el poeta encuentra la esencia de la vida. El «canto» del título es «repetido» porque canta los mismos anhelos, esperanzas y pesares valiéndose de unos recursos y unos procedimientos parecidos, el afán por explicar/explicarse su/la existencia es el elemento determinante.

Veamos pues estos poemas teniendo en cuenta que la idea central es el *continuum* y que éste, a su vez, conduce a la convergencia de espacios y tiempos que le confieren a la existencia su infinitud. En «Promesa sideral» se presenta la hipótesis que gobierna la confluencia espacio-temporal, partiendo del nivel binómico, hasta el colectivo y universal. La progresión paulatina de una a otra categoría supone la acumulación de espacios y tiempos simultáneos que tras converger se multimplican *ad infinitum*.

El binomio inicial establece el punto de arranque del proceso de convergencia cuando se dice: «He llegado para sinfonizar/tu voz con mi palabra» (p. 40). Además del encuentro y unión del «yo» y el «tú», es importante notar que aún el discurso poético está regido por el principio de la convergencia. No es el canto individual de los componentes del binomio el que va a lograr la confluencia, sino la «sinfonía» que se establece entre los dos cantos en operación. A renglón seguido ocurre la fundición de este «ente trotagaláctico» que viene a unirse sexualmente al «cuerpo de miel» que lo espera para marchar juntos, cual si fueran uno solo, a un espacio más amplio al que ambos han contribuido.

El aparejamiento de estos cuerpos necesariamente va a ser el acto de convergencia por antonomasia, en el que espacios vitales diferentes se unen para iniciar la repetición de ellos por el cosmos.

3 Jorge Luis Borges, «El jardín de los senderos que se bifurcan», *Ficciones* (Buenos Aires: Emecí Editores, 1971), p. 109.

> Penetrando el espacio con mi verbo
> iridiscente,
> vengo a multiplicarme
> entre tú y yo dispuesto y ante-
> puesto
> al Sumo Momento
> del reino cósmico que nos gobierna. (pp. 40-41)

Una vez consumado el acto sexual el proceso de convergencia-divergencia alcanza su pináculo. De aquí en adelante éste se da de todas formas, en diversas dimensiones y, sobre todo, hacia arriba. Recuérdese que el movimiento ascendente supone un nivel superior de la convergencia ya que aúna la vitalidad y dinamismo de los espacios incorporados. A estas alturas las categorías hombre-mujer han sido superadas, ahora son «seres» que se acoplan pues comparten una misma inquietud, necesidad y esencia.

> a la aclamación de nuestros seres
> que se marchan y distancian
> Galaxia afuera, hacia remotos mundos
> repetidos, sublimes, educados
> de arriba hacia arriba. (p. 42)

Una vez establecido el *modus operandi* de la convergencia se pasa a puntualizar los efectos de ésta, a manera de comprobación de su efectividad pero, más que nada, de su importancia para la perpetuación de la existencia. Nuevamente, el aspecto inicial es la multiplicidad de manifestaciones: «estamos en todas partes cósmicas posibles e/inimaginables» (p. 44). Adviértase que no son sólo las posibilidades imaginables las que se consignan, sino aquéllas que están aún por imaginarse. Esta proliferación de alternativas, dice a renglón seguido, es la responsable del producto final o sea la preservación y diseminación de la existencia: «Hemos plantado la vida/en todos los rincones del orbe» (p. 45). La capacidad totalizadora de la convergencia a este punto no se pone en duda, sino que se certifica al indicar que ésta abarca todos los confines del «orbe».

Sin embargo, al parecer el poeta no está satisfecho con su exposición, por eso termina el poema con dos indicaciones que reafirman los postulados fundamentales que rigen el proceso de convergencia.

Mientras en el primero se vuelve sobre la interpretación inicial, la de los cuerpos en el acto sexual, «Cantar de dos cuerpos armonizados/en una sola esencia» (p. 46), en el segundo se enuncia categóricamente el objetivo ulterior:

> *Ahora,*
> *sólo nos queda*
> *la genética misión de*
> *REPOBLAR LA TIERRA* (p. 46)

Después de establecer y comprobar la teoría que gobierna el continuo fluir de la existencia por medio del principio de la convergencia espacio-temporal, se suceden una serie de casos que verifican los planteamientos hechos, hasta concluir con la certificación de la hipótesis. En el poema «Girar, tiempo, detenido» la continuidad infinita del tiempo es el aspecto que se destaca. Al describir el continuo transcurrir del tiempo parece indicar que éste se detiene; sin embargo, es precisamente el ininterrumpido pasar el que da esta impresión, cuando en realidad lo que ocurre es que se descartan los límites entre «la mañana» y «la tarde», la vida y la muerte.

> *Pero hoy, hoy he encontrado*
> *que este reloj*
> *acribillado de silencio*
> *cantará de nuevo*
> *sin el brillo metálico de sus brazos*
> *sin separar la mañana ni la tarde*
> *desahogadamente libres*
> *y metafísicos* (pp. 52-53)

En «Meditación» el *continuum* se localiza en el laberinto de la vida, en el que no hace nada y en donde nada es nuevo ni interesante. La repetición implícita en la imagen central remite, una vez más, al concepto de convergencia que se explica aquí. Ahora el aspecto que se subraya son los pesares que conlleva el vivir una existencia en la que confluyen los infortunios del pasado con aquéllos que nos deparan las diversas curvas, rincones o espacios del laberinto existencial.

> *Al través de este laberinto absurdo*
> *no caben las palabras en los fósiles*
> *envases petrificados de dolor*
> *ni nace nada nuevo e interesante.* (p. 61)

El último poema que comentamos es una recapitulación que ilustra sin ninguna ambigüedad y con una marcada insistencia la naturaleza del «canto repetido». Hasta aquí hemos indicado que los postulados básicos son la continua convergencia de espacios y tiempos como el mecanismo fundamental de la regeneración de la existencia. Pues bien, ahora el poeta va a despojar el discurso de aquellos recursos que considera innecesarios, para hacer una especie de enumeración de los elementos constitutivos de su teoría.

En la primera estrofa domina la idea nietzscheana del «eterno retorno» cuando dice:

> *volverá a surgir en otro plano*
> *dando luz perpetua*
> *hasta volver a irme* (p. 73)

La estrofa siguiente establece la interdependencia que media entre la vida y la muerte, las cuales son vistas como espacios complementarios, continuos y subsecuentes. Estas cualidades, a su vez, hacen posible la multiplicidad de espacios vitales convergentes:

> *Yo no revoqué la muerte*
> *pues ella existe en todo caso*
> *donde se propicia la vida*
> *Nunca pereceré*
> *ni conmigo la tarde*
> *ni la noche*
> *Yo siempre he estado aquí,*
> *allá y en todas partes* (p. 73)

Finalmente, concluye que la existencia es infinita dadas las circunstancias arriba enumeradas. Y para hacer aún más válida su interpretación acude a una fórmula religiosa, la cual autoriza su teoría de la existencia:

Este siempre existir
(en todas formas)
viviendo de cara a toda realidad
venidera
Será Secula Seculorum (p. 73)

ALFREDO VILLANUEVA COLLADO comparte los postulados
generales que exponen y desarrollan Noel Jardines y Juan Rivero en sus
libros con respecto a la existencia, así como también a la convergencia
de espacios. De un modo parecido, Villanueva Collado, en su libro *En el
imperio de la papa frita* (1988), se embarca en la tarea de definir su existencia presente respecto a los diversos espacios en que ésta ha transcurri-
do y transcurre, así como a través de las interferencias que se producen
entre las distintas dimensiones espacio-temporales que la conforman. Sin
embargo, si en el caso de Jardines se acentúa la importancia del espacio
físico, el cual es visto en términos de centro y periferia, teniendo el
poeta que acudir a esta última para lograr su realización individual, y en
el de Rivero se recalca el *continuum*, como el elemento inherente e
imprescindible para la existencia individual, en el caso de Villanueva
Collado se observa un análisis en el que se considera el fenómeno de la
convergencia desde diferentes perspectivas y en tres etapas básicas del
mismo.

El poeta puertorriqueño parte del binomio tradicional para elaborar
un espacio en el que los componentes primarios del mismo, en esta
ocasión Puerto Rico y Nueva York, incorporan aquellas dimensiones
adyacentes. Esta incorporación busca crear un espacio en el que las categorías habituales son obsoletas ya que describen una existencia simplifi-
cada y exenta de toda vitalidad. La clave de la existencia, parece decir
Villanueva Collado, se localiza en la convergencia de estas dimensiones,
pues es en la acumulación de las mismas en donde descansa el dinamismo que va a propiciar la reproducción-repetición de los distintos espacios vitales que harán posible la perpetuación de los seres y, lo que es
más importante, la diversificación de compatibles. Este último aspecto es
de los más relevantes que propone Villanueva Collado, en la medida en
que supedita la convergencia a la individuación; sin ésta la confluencia
sería prácticamente imposible. Es precisamente esta diferenciación entre

uno y otro espacio vital la que favorece que se atraigan hasta converger y producir uno nuevo. De manera que el binomio fundamental establece las bases que rigen el proceso de convergencia y, a su vez, ésta da pie a la multiplicidad de espacios, pero para que aquélla se constituya en la esencia de la existencia tiene que lograrse la armonía de los espacios desemejantes.

El análisis de Villanueva Collado va de los general a lo particular, de la colectividad a la individualidad y siempre dentro de los parámetros que establece la convergencia. La exploración se inicia a partir de la realización de ésta para paulatinamente moverse hacia los niveles individuales de la misma. En el poema «El exilado», que es con el que abre el poemario, el poeta anda en busca de un espacio nuevo, en el que reine la armonía entre sus moradores. Este nuevo espacio, como es de esperarse, tiene todas las características del ideal; sin embargo, la cualidad que se subraya es el que todos puedan «disfrutarlo».

> *Un paisaje nuevo*
> *con nuevas montañas*
> *un océano prístino*
> *y un camino*
> *hacia una casa cualquiera*
> *en un terreno sin disputas*
> *donde el aire sea de todos*
> *los que quieran disfrutarlo.* (p. 11)

Ahora, ¿qué hará posible que este nuevo espacio pueda ser compartido por todos? La respuesta se nos da en la tercera estrofa; si ya antes se sugirió que la armonía es la clave, ahora esta idea se verifica al ser proclamada al unísono por las voces del exilio. «Muchas voces/en las voces del exilio» (p. 12) son las que harán realidad los deseos del poeta. La confluencia armónica de estas voces en el espacio nuevo es la solución que identifica el poeta en su búsqueda, pues reconoce que ésta es la que va a permitirle sobrevivir, continuar y, sobre todo, perpetuarse.

En «Asimilismo» se repite la convergencia de espacios, mas ahora desde el lado opuesto del que se aborda en «El exilado». Del mismo modo que sucedió en éste, el espacio que se describe ahora es el producto de la convergencia de espacios anteriores y, más que nada, armónicos. Y es precisamente esta armonía la que preocupa, cuando el poeta advierte que se debe temer al gigante del Norte porque éste «carga veneno viejo/de normandos y vikingos» (p. 18). Es significativo que el veneno sea «viejo», pues sugiere que es un elemento heredado de confluencias anteriores, lo cual supone, por un lado, que los espacios mencionados son compatibles y, por el otro, que éstos son los pilares que sostienen el espacio del gigante del norte.

Hasta aquí vemos que la explicación del proceso de convergencia se centra en la totalidad del espacio presente, buscando definir los distintos tributarios del espacio que se anhela o que se teme. En ambos casos son los espacios constitutivos los que proveen la evidencia para comprender los actuales, en donde el poeta debe recrear el propio. Este espacio nuevo y múltiple surge *a posteriori* del que se descubre en el poema «Los nombres», el cual marca y representa el paso a la segunda etapa del análisis que hace Villanueva Collado.

En «Los nombres» el análisis toma carácter de vivisección, al aislar los diversos elementos que integran la convergencia para observar el funcionamiento de los mismos dentro de la totalidad del proceso. El procedimiento se inicia al establecer la pérdida del espacio primigenio, ideal, «perdimos el jardín y perdimos la huerta» (p. 25) y el consecuente traslado al subsiguiente, en donde se encuentra sometido al «golpetazo extático del agua/en sus múltiples formas». Ya aquí se verifican dos de los postulados fundamentales que gobiernan la convergencia de espacios: por un lado, la continuidad de éstos y, por el otro, su multiplicidad. Ahora bien, si los espacios son continuos así como múltiples, la incompatibilidad que pueda ocurrir en un principio con el espacio nuevo debe salvarse para poner en marcha el proceso de regeneración. Este hecho no se deja esperar cuando se asegura que,

> *No se supone que este sol blanducho fuera nuestro*
> *sino la luz a latigazos de otras partes*
> *pero hay un pero, y un cambio*
> *de piel.* (pp. 25-26)

Se reconoce la diferencia entre los espacios; sin embargo, el proceso de confluencia no se detiene, gracias a la compatibilidad que media entre ellos. Más bien parece sugerir que, a pesar de los obstáculos, la convergencia es inevitable, ya que éste es el curso natural de la existencia: ese «pero», que puede ser distinto o uno mismo en cada uno de nosotros, es el que facilita la convergencia.

Una vez establecidas las premisas que regulan la convergencia de espacios, Villanueva Collado hace un inventario de nombres-espacios vitales en los que ésta se manifiesta por diferentes razones, circunstancias y formas. El denominador común en estas situaciones es la confluencia de espacios; mas lo que se quiere destacar es su diversidad, dinamismo y, aún, vitalidad. Pablo y Lisa, Virginia y Aida son espacios circulares, concéntricos, convertidos «todos [en] un amasijo amargo/único engendro de una maquinaria» (p. 26). Víctor y Carlos, Domingo y Jaime—guiados por los deseos de la fama plástica que nunca alcanzarán, pues su arte no es aceptado en el espacio norteño nuevo—han sido convertidos «todos [en] un solo sirviente del arte» (p. 26). Las ínfulas de nobleza de William, que se monta en su «caballo de cuatro patas blancas» (p. 27) o de Francisco, que se fue a España para comprarse un «título de hidalgo», demuestran, una vez más, la necesidad de ampliar sus espacios vitales, los cuales no satisfacen ya sus aspiraciones existenciales.

El inventario concluye con dos casos en donde la convergencia rebasa los límites de la especulación y se torna biológica. En éstos, los componentes genéticos son los que establecen la pauta: mientras en el caso de Miguelito y Felipito, éstos representan al «híbrido», en el que su misma composición biológica revela la confluencia de espacios vitales en su origen, en el caso del poeta, Haydée le advierte de esta mezcla, cuando pronostica la convergencia de espacios que ocurrirá en su existencia, en el nuevo espacio, aunque él se oponga.

> *Haydée intentó advertirme*
> *cómo cambiaría el color de mi piel*
> *por ser el heredero*
> *de muchas sangres.* (p. 28)

El cambio que Haydée anuncia, como ya vimos en la primera etapa del análisis de Villanueva Collado, se verifica sin mayores dificultades; lo que llama la antención ahora es que al parecer el poeta es el origen del mismo.

Así que, si las primeras dos etapas del comentario toman como centro del discurso la totalidad y la diversidad de la convergencia de espacios respectivamente, la tercera centra su atención en el nivel individual de la misma. Este nuevo viraje completa el análisis retrospectivo de la convergencia espacial, en donde el centro de atención es la realización del individuo dentro del espacio primigenio como preámbulo a su convergencia en uno más amplio.

La «(Meditación primera: el camaleón)» es el primer poema en que se examina esta situación. Las diferentes apariencias que adopta el camaleón representan, en este contexto, diferentes espacios vitales convergentes.

> *Entre el fuego y el agua*
> *el camaleón se torna salamandra.*
>
> *Entre el aire y la tierra*
> *el camaleón se torna equilibrista.* (p. 33)

De estas convergencias iniciales va a surgir una serie en las que se abarcan los distintos espacios socioeconómicos y sus representantes. El camaleón burgués «se acobarda/echa barriga/se pone corbata» (pp. 33-34); el culto «es un ser refinado:/traza linajes,/escribe libros» (p. 34), mientras que el académico emite proclamas para «reivindicar el arco iris» (p. 34). Sin embargo, a pesar de todas las apariencias que el camaleón puede asumir continúa siendo camaleón: la apariencia física que éste puede tomar no altera su esencia, su naturaleza.

> *Un camaleón*
> *por cualquier otro nombre*
> *es siempre un lagarto*
> *más o menos verde.* (p. 34)

Esto mismo es lo que ocurre cuando convergen los diversos espacios. La combinación en cada caso produce efectos físicos que distinguen los recién creados de aquéllos que propiciaron su génesis; no obstante, la naturaleza misma de éstos no cambia radicalmente, sino que toma distintas apariencias.

Esta idea se recalca en la «(Meditación segunda: el pitirre)». La presencia del pitirre en los espacios en que incursiona el poeta repite la convergencia, ahora casi en contra de los deseos del primero, que al parecer se resiente de la intromisión del pitirre en su espacio vital.

Me fui p'allí
y lo vi.
Me moví p'acá
y ají,
allí estaba,
con su pitiruido
a la brava. (pp. 37-38)

El conflicto se resuelve cuando más adelante el poeta reconoce la sucesión de pitirres, de espacios convergentes, como la fórmula de perpetuación de la especie, de la existencia. Es importante notar que en la medida en que se acepta la sucesión de pitirres, se está aceptando la propia. Al pasar del pitirre colectivo al «otro», el individual, el proceso por el cual el espacio vital se ha ido individualizando se acelera; a este punto el nivel individual aparece como imprescindible para la existencia del pitirre.

Un pitirre se va.
Cuántos se han ido.
Otro viene
a ocupar su espacio. (p. 39)

El corolario del proceso de individuación que se viene desarrollando desde «El exiliado» se da en términos borgianos, cuando se establece que la existencia, como el pitirre, es la suma de las/los que lo precedieron. Al igual que Yu Tsun en el cuento de Borges «El jardín de senderos que se bifurcan», Villanueva Collado da por sentado que la acumulación de espacios individuales es la que genera las repeticiones que, a su vez, preservan la finitud como infinitud de la existencia; por eso concluye: «El pitirre/no es uno» (p. 39).

Los planteamientos en torno a la convergencia como fórmula para preservar y continuar la existencia se redondean en el último poema del libro, «En el imperio de la papa frita». Si hasta aquí hemos dicho que la convergencia es el mecanismo a través del cual confluyen los espacios vitales para crear uno nuevo, y que este proceso ocurre en las diversas dimensiones espacio-temporales, «En el imperio...» la creación de un «nuevo mito» puertorriqueño es el ejemplo por antonomasia para explicar la convergencia de espacios.

A lo largo de las primeras tres estrofas se hace una relación de aquellos productos que distinguen el espacio puertorriqueño que, según indica el poeta, hay que mencionar antes de que se pierdan, como se ha ido perdiendo el espacio físico, y además porque éstos van a ser los elementos del nuevo mito. Sin embargo, para que el mito sea una categoría válida hay que incorporar estos «ingredientes nuevos/de un mito nuevo» (p. 46) al espacio nuevo neoyorquino. Paradójicamente, el mito nuevo se crea en ese espacio nuevo en que ha tenido que ir a vivir el poeta y, más que nada, cobrará vigencia cuando en él converjan la papa frita y el bacalaíto.

Tres poetas ante el desafío[1]

Ana Sierra

El propósito de este trabajo es estudiar la escritura propuesta como desafío en la poesía de Alexis Gómez Rosa, Julio Marzán y Carlos A. Rodríguez Matos, poetas que aunque persiguen tres estilos muy diferentes comparten la experiencia de transgredir límites con el fin de crear una nueva expresión poética.

En la trayectoria de la escritura de ALEXIS GOMEZ ROSA las dos obras que polarizan el desafío, *Oficio de post-muerte* (1972) y *Contra la pluma la espuma* (1990), hacen que el texto se deslice de unos poemas cuyo referente es el espacio sociopolítico de la República Dominicana después de la guerra civil, hacia otros marcadamente auto-referenciales en los que el verso se repliega sobre sí mismo, se despoja de todo referente, para concentrarse en el acto que lo hace posible.

Oficio de post-muerte (1972) tiene como marco histórico la guerra civil de 1965, acontecimiento que produce una profunda crisis en Gómez Rosa, cancelando el mundo de la niñez y sumergiéndolo en un estado de profundo dolor y sufrimiento. Las experiencias vividas durante este período reaparecen transformadas en *Oficio de post-muerte* para configurar la idea de que sólo es posible resucitar el ser a través de la creación poética. Sin embargo, si por un lado se le confiere a la poesía el carácter de praxis generadora, en oposición al efecto destructor de la guerra, por el otro, al afirmar que la creación poética sólo es posible después de la muerte, se abre una grieta a través de la cual se percibe el pesimismo originado por la guerra.

La experiencia mortuoria se inscribe en el poema «Cortometraje para una muerte decidida», versos en que el sujeto poético se desdobla y se anuncia a sí mismo la muerte, desde una alteridad que no puede evadir la inevitabilidad de esa muerte:

1 Ponencia leída durante la conferencia «Hombres hispanos y su escritura» el 28 de enero de 1990.

A las seis de la mañana hora standard del este
todos los relojes imprimen tu muerte
...A las seis de la mañana de este viernes de otoño
comienza tu funeral labrado en la distancia
y no crees en tu muerte y la rechazas
y sigue el tic-tac grabado encima de la piedra
y brotan de la piedra pequeñas piedrecillas para la con-
sumación del trabajo.
...A las seis de la tarde
salió el carro fúnebre con mis restos mortales. (pp. 13-14)

La temporalidad es casi una presencia que se objetiva para acentuar el trauma causado por la guerra: la experiencia se produce en un tiempo equivocado, la niñez, época de alegría que la guerra destruye para imponerse con toda su violencia, no sólo en el espacio individual, sino también en las estructuras sociales. Después de la guerra sólo quedan muertos, los que murieron y los sobrevivientes. La escritura, acto realizado post-muerte sólo puede ser elegía, como en «Elegía capital para una sociedad convaleciente», poema breve que en tono de burla imita el discurso de los políticos: «El polvo cobra/lo que le pertenece/apoyada en su fábula/la muerte se va muriendo/a *pasos de vencedores*» (p. 15). El final del verso, «a *pasos de vencedores*» está en bastardilla y lleva un número que remite a una nota al calce: «Frase acuñada en el mundillo político dominicano por los dirigentes del gobierno». Esta técnica, tan usada por Borges como recurso lúdico y como instrumento para borrar las distinciones de género, se usa aquí con el mismo propósito, pero se repite en otros poemas con otra intención. En «Ego enamorado», por ejemplo, el último verso remite a una nota al calce cuya función es continuar el discurso poético. Este poema, que pertenece a la segunda parte del libro, «Poemas para leerse con lupa», se divide a su vez en dos partes. Una primera en la que el sujeto poético, con acentuado humor, realiza una afirmación gramatical de su persona, negando la existencia de las otras: «Decididamente ori(gi)nal quisqueyano batracio/sacudo mi segunda y tercera persona/y las mato/a cuchilladas limpias las mato/con números y estrellas» ... (p. 88). Y una segunda en la que se sugiere que se ha producido una metamorfosis, como resultado de la cual ha germinado la soledad de su ego, colocándolo como espectador de su propia creación:

«Creador y maestro.../vi pasear a mi hijo y su mujer/comieron del fruto comunista/sentados en la piedra-octubraron el fruto/ ...» (pp. 88-89). La nota al calce continúa el poema para traslucir su significado último. El sujeto poético afirma la primera persona, el yo, para dar lugar al nombre, a la palabra:

1. *Anexo:*
   Alianza iridiscente de la espiga la transparencia de los
   nombres (pp. 88-89).

El compromiso sociopolítico inspira los poemas que se insertan en un contexto de denuncia. «Estado de sitio o emergencia,» con sus dos versiones, es un buen ejemplo. En ambos se establece un contraste entre la escritura y la prensa nacional. Mientras que la escritura confiere existencia («Existo en el pasado de mi escritura»), la prensa nacional la aniquila al mantener el orden establecido, desentendiéndose de los problemas que impiden toda posibilidad de cambio: «La prensa nacional/ defensora del sagrado interés/del bien patrio/y la constitución: reza por su mantenimiento» (p. 16). Estas dos versiones expresan la idea de que la sociedad está acosada por terribles males y el gobierno parece enajenado de la situación. La palabra se transforma en arma para combatir la alienación, y la escritura se inscribe en un registro periodístico para ejercer la función que no ha ejercido una prensa cómplice del silencio. Esto se observa en la versión de «Estado de sitio o emergencia» que lleva como subtítulo, «Poema periodístico» y en otro poema titulado «P.P. No. 5451», cuya nota al calce explica lo siguiente: «P.P. No. 5451. El presente informe, escrito en el invierno de 1970, debe su aliento y estructura al benemérito Señor Presidente de la República quien, por espacio de diez años, ha mantenido en el país un estado de tinieblas» (p. 20).

El trauma causado por la invasión de las tropas norteamericanas durante la guerra civil provoca en el poeta una crisis germinadora de los poemas que se componen como reflexión sobre los orígenes. El deseo de saber instaura un espacio para la historia en el que la versión oficial entra en conflicto con la realidad de lo sucedido. En «Memorias prefabricadas de un archivo» se opone la respetabilidad del Archivo General de las Indias a la deformación de los hechos históricos que presenta dicho archivo: «En el respetable Archivo General de las Indias/he visto raras rarísimas especies/mirarme con el aullido de voraces demonios/ feos y enervados a coleópteros similares/pergeñaban la tristísima relación de las Indias/veleidosas ratas mamíferas» (p. 39).

Los temas que configuran el espacio poético de *Oficio de post-muerte* y el carácter elegíaco de muchos poemas harían pensar que todo ello se expresara a través de un sujeto poético mediador de los sentimientos que producen las experiencias vividas. Nada más lejos de la verdad. Por un lado, en algunos poemas se cancela el yo individual para sustituirlo por una especie de yo plural, como para significar que lo acontecido fue una experiencia colectiva pero sin lograr crear una impresión de intimidad. Por otro lado, el tono objetivo, a veces periodístico, a veces de crónica, despoja al lector del sentimiento de cercanía. Parecería que la intención de muchos poemas es transformarse en discurso meramente informativo.

Sin embargo, en algunos poemas de carácter histórico se produce una ruptura en el tono que caracteriza los poemas del sujeto plural, para dar paso a un tono más íntimo, aunque manteniendo la solemnidad del canto elegíaco. Es lo que ocurre en «Centro invertebrado», poema en que la técnica de inclusión de imágenes aisladas de la anécdota anticipa los poemas de *Contra la pluma la espuma*, el libro más reciente de Gómez Rosa:

Sur atravesado Norte
Este a Oeste invertebrado límite del estropicio
Vértice opaco   espuma caribe
Ciudad de Santo Domingo clausurada
línea muriente   ojo vespertino
fulguran en la matriz de tu vientre
polvo de huesos políticos que en tu historia subyacen

madre de tierra Jaragua   boda mestiza
he vuelto a tu principio de hallazgos y mortajas
boca de oro ayer sin hoy legítimo
mano de árbol en la esperanza del fruto
piedra de siglos sobre tu andar manifiesto. (p. 40)

Contra la pluma la espuma se lee por dos lados: por uno incluye los poemas que componen *Cabeza de alquiler*. Al terminar de leer estos poemas, hay que darle vuelta al libro para leer el otro lado, que lleva el título de *Opio territorio*. Ese acto, el tener que hacer un esfuerzo (y el esfuerzo no es mínimo pues es un libro voluminoso, compuesto de 157 poemas), prefigura el otro, el de la lectura de los poemas. Son poemas que aunque tratan una diversidad de temas son en gran medida auto-referenciales, concentrados de una u otra forma en su propio acto creador:

> *Dictado verosímil e inverosímil pretexto (funcionalista), ahogado en la tentativa de hallar en el arte otra razón que no sea el placer que despierta. Denunciarlo hedonista, imaginero, el mismito Narciso, edificando torres de cristal en la página utilitaria* («Escenario de una sombra pura», *Cabeza de alquiler*, p. 95).

Se trata, pues, de una poesía narcisista, usando el término en el sentido descriptivo en que lo define Linda Hutcheon en *Narcissistic Narrative. The Metafictional Paradox* (p. 1). Según Hutcheon la literatura posmoderna se caracteriza por el juego sostenido con las posibilidades de la significación, proponiéndose reflejar la imposibilidad de imponer un significado determinado al texto y explorando las varias alternativas que van desde no expresar significado alguno hasta la multiplicidad de significados. Los poemas de *Contra la pluma la espuma* se desenvuelven en un registro que incluye todas estas posibilidades y que introduce innovaciones en la sintaxis, el vocabulario y las imágenes, para lograr unos versos en los que se muestra un gran dominio de la técnica y el lenguaje poético.

La preocupación por el acto creador convierte la página en «signo-clave», como ha afirmado José Rafael Lantigua (p. 10). Son innumerables las veces en que se alude a la página en *Cabeza de alquiler*, como si ésta estuviera frente al poeta para recordarle que todo discurso germina en la página. Lantingua ha señalado que «el poeta se asoma a la <página en blanco>, en la <página dictada>, <a la página impoluta>, a la <página que prolonga mi casa>, a la página que es <una ventana que no mira>, a la página que <revela>, a la <página mundo>» (p. 10). Es la página la que asegura la fijeza que niega la espuma. Así, en *Contra la pluma, la espuma*, como el título sugiere, la pluma, es decir, la escritura, que se realiza en la página, se erige como contrincante del cambio o la espuma. Es un discurso que aunque no niega todo referente, se repliega sobre sí mismo para crear un espacio que no pueda ser invadido por la inestabilidad que caracteriza la realidad percibida a través de las categorías de tiempo y espacio.

Sin embargo, para Gómez Rosa, como para Octavio Paz, la página en blanco sólo refleja la imposibilidad del decir:

> *Me desprendo*
> *hacia el poema,*
> *a la velocidad de un cuerpo*
> *en espíritu y letra*
> *poseído.*
> *Carne de la palabra amor*
> *que vida engasta el papel*
> *sus instrumentos.*
> *Desprendido/los ojos, el poema.*
> *Escribo*
> *con la voz, sobre*
> *la cal*
> *i*
> *grafía.*
> *Voy*
> *a decir y no digo,*
> *la sombra que me dicta,*
> *me alisa,*
> *a tal*
> *velocidad:*
> *la sombra que me borra*
> *y nos enrolla callándonos.»*
>
> («Ilustración de cuerpo entero»,
> *Cabeza de alquiler*, p. 100).

Pero aunque se reconozca la imposibilidad del decir, el deseo de crear permanece. Símbolo de ese deseo en el discurso poético de Gómez Rosa es el ojo, no el ojo sensorial, sino el que permite experimentar otro tipo de percepción trascendente. El sujeto poético no observa la realidad dentro de las categorías de tiempo y espacio, sino que busca la «otra orilla»: «Estoy viendo con el ojo hacia adentro,/donde un pájaro se desinfla en verde música... El ojo sigue abierto, ordenando domingos/en los que palpa un horario de cangrejos» («Mirar con el ojo al revés», p. 55).

En la búsqueda en esa «otra orilla» Alexis Gómez Rosa se lanza al desafío autor-referencial, con una poesía totalmente innovadora, que olvida el referente sociopolítico de *Oficio de post-muerte* para concentrarse en el génesis artístico que lo hace posible y lo legitima.

El desafío de JULIO MARZAN consiste en la escritura de poemas que buscan recuperar una lengua, el español, lengua que siempre le ha pertenecido a este poeta puertorriqueño, pero en la que nunca antes había expresado su ser poético. *Translations Without Originals* (1986) y *Puerta de tierra* (inédito), constituyen una unidad que revela un proceso de búsqueda de los orígenes.

Marzán publica su primer libro de poesía en inglés y en el título *Translations Without Originals* sugiere la idea de que el inglés es una de sus dos lenguas maternas, idea confirmada en unos poemas que sobresalen por el dominio del lenguaje poético, la técnica y el ritmo. Años más tarde se decide a romper el silencio de su voz en español, su otra lengua materna, y escribe *Puerta de tierra* en el que da expresión a las experiencias de una niñez vivida entre dos mundos, demostrando que puede alcanzar el mismo nivel que en la escritura en inglés. Es un poeta que se declara perfectamente bilingüe, que se sabe creador tanto en inglés como en español, permitiendo que la infancia vivida entre dos culturas enriquezca la escritura en ambas lenguas. Sin embargo, esta certeza no surge inmediatamente, sino que es el resultado de un proceso de búsqueda que se transparenta en su primer libro y se resuelve en *Puerta de tierra*.

En *Translations Without Originals* el sujeto poético es un yo fragmentado que disocia cuerpo y espíritu. En "*Emergency*", por ejemplo, el proceso de búsqueda se detiene minuciosamente en el cuerpo para preguntarse cómo detener el impulso de disminución. En un tono humorístico se describe el deterioro corporal, al recordar una incipiente calvicie a los diecisiete años, una úlcera estomacal, problemas del apéndice, la caspa y los espejuelos que ha usado toda la vida. En los versos finales se expresa una actitud estoica enmascarada en el humorismo e ironía de los versos finales: "*yes, play with the root canal/Save the tooth!/I need it for smiling*" (p. 5).

La debilidad del cuerpo se complementa con la debilidad del espíritu. En el poema "*Eve*", el sujeto poético adopta una voz femenina para recrear el mito bíblico de la caída y mostrar a una Eva fuerte que contrasta con la debilidad de Adán: "*Adam will never change. I/Don't believe he's strong enough for me*" (p. 6). La serpiente es fuerte como Eva y hasta podría gobernar el Paraíso: "*now take this snake: firm, independent,/Why with a pair of feet He could've ruled this place at least as well as God*" (p. 6). Así, la debilidad del hombre se opone a la fuerza de la mujer y de la serpiente. Serpiente y mujer se igualan en el poder fálico y son capaces hasta de desafiar a Dios: "*Listen to the serpent, I tell Adam,/Do it for yourself, for me, I've/Had it up to here with God's bad jokes./This fruit yes, this one no/...*" (p. 6). Sin embargo, si por un lado se crea a una Eva fuerte, firme e independiente, por el otro se le rebaja al afirmar que son esas mismas características las que llevan a Eva a provocar la caída. Eva incita a Adán a comer la manzana, develando así el conocimiento que los conducirá a la expulsión del Paraíso: "*Look how rich and red,/Think of what it means and take a bite*" (p. 6). En la búsqueda de los orígenes este poema invierte las oposiciones binarias y caracteriza al sujeto masculino como víctima.

Explorar los sentimientos ante la ausencia de la amada permite una introspección del ser que descubre un sentimiento de alienación en "*Friday evening*". El poema describe la absoluta inmovilidad del sujeto poético mientras la amada está lejos, pero una lectura cuidadosa revela que la enajenación tiene otras raíces. Comienza con la observación que el sujeto poético hace de sí mismo desde la perspectiva de la ropa que lleva: "*Others would think I was walking somewhere,/Me in my suit, my eyelids up/...My fabric would cross coordinates in space,/Propelled by itself from a place you could name,*"... (p. 19). El cuerpo está fragmentado y las partes parecen moverse por sí mismas: "*For his arms would unimportantly sway,/His shoulders would sweep round the corners as if/Leading his steps along public streets*" (p. 19). La impecabilidad de la ropa funciona como armadura que esconde la verdadera razón de la alienación del ser: "*But no one could look at the crease of my pants and know/How cleanly they cut up the places I passed, nor notice the eyes turned to glass and say/He's far from the country he's from*" (p. 19). Su ser está alienado, no por la inmovilidad que la ausencia de la amada ha provocado, sino por su propia ausencia, por estar alejado de sus orígenes. Así los versos finales que expresan su reacción ante la ausencia de la amada revelan también el efecto provocado por la carencia de un lugar de origen: "*Nothing of me moved while you were away./In silence suspended my brain and my tongue,/I waited frozen in the Arctic of your absence/Going nowhere, with nowhere to be from"* (p. 19). La alienación del ser origina la relación que Hegel ha llamado de señorío y servidumbre. Según Hegel la certeza de la existencia de la propia conciencia excluye siempre al otro pero, al mismo tiempo, surge del otro. Como cada sujeto necesita la legitimización de su conciencia y es, a la vez, una amenaza para la existencia del otro, la lucha entre los dos es inevitable. Esta lucha no se resuelve en la muerte, pues ambas conciencias necesitan sobrevivir. La solución surge cuando uno de los dos se somete al otro, objetivándose. Uno pierde la libertad a cambio de la supervivencia y el otro adquiere el poder. Esta relación se expresa en *"Please: An Appeal"*.

Aunque el poema tiene como referente histórico la situación de las minorías en los Estados Unidos durante los setenta, puede leerse como la expresión de cualquier relación de poder. Comienza describiendo el canibalismo que extermina el ser del otro: *"I miss my legs after all,/ Tonguelessly I gnarled,/I miss my wholeness/Moving by itself. I feel/Heat in the space/where my fingers were"...* (p. 7).

El cuerpo como metáfora del ser, que en otros poemas se ha presentado prefigurando la muerte a través del deterioro, reaparece en este poema, esta vez como objeto del maltrato físico que permite mantener una conciencia dividida: *"Then without a word, mouth/Full of my liver,/He picked up a bone/To smash against my ear, here/On the side swollen up,/and left me out cold",...* (p. 7). A causa de la violencia del otro, el yo poético se deja hundir en el masoquismo del siervo que se rinde a la aceptación de ser aplastado: *"Face down in my blood,/Unfed till the hour/When the boa of my throat,/Bloated with pangs,/Writhes open-jawed,/When I'm driven to please"* (pp. 7-8).

Se produce un intercambio entre los dos, pues por un lado el permitir ser aplastado proporciona lo necesario para vivir, mientras que el otro adquiere el poder: *"Feed me, dear giver,/And these flowing guts,/This banquet of pity/Will smile up till you/Feel in your spine/That secretion of power"* (p. 8).

La relación con el otro también contribuye a definir aspectos de la propia identidad en *"Graduation Day, 1965"*. La búsqueda de los orígenes que se había centrado en la intimidad del ser—una de cuyas metáforas era el cuerpo—abandona ese recinto cerrado, abriéndose para buscar en el ámbito social las causas de la alienación. El poema reconstruye las experiencias de un niño contrastándolas con las de su hermano. Mientras el hermano permanece en prisión por haber protestado contra el sistema, el niño, ya convertido en adolescente, acepta una beca para realizar estudios universitarios en un colegio de Long Island, integrándose de esta manera al sistema. El discurso poético comienza con los recuerdos de la violencia ejercida contra el hermano:

> *Fifteen years ago,*
> *Seconds before two blond marines*
> *Dragged your older brother by the collar*
> *To a street steaming with the captured,*
> *A burned-skin corporal named Vargas*
> *kicked him in the teeth,*
> *And the long thin word of his blood,*
> *Crawling to the shade a jeep,..."* (p. 38)

Y continúa describiendo la violencia del padre contra la madre y el niño, acto que provoca el abandono de la tierra de origen para establecerse en la ciudad de Nueva York. Aquí el niño se refugia en su mundo interno como protección contra el ambiente de miseria en que vive. La esperanza de vivir felizmente en la nueva tierra lo hace desear ser otro:

> *Before you woke up to the screeching of the El*
> *The mice clinging to the blanket,*
> *Enough to make you shut your eyes and leap*
> *Back into the starless space inside,*
> *As if swimming underwater under a continent,*
> *Looking for a glittering passage of light*
> *Skin and scars and a name apart*
> *From a cold metal bed in New York.* (p. 39)

El sujeto poético está fragmentado, no pertenece a ninguno de los dos espacios, ni a la tierra que ha tenido que abandonar ni a la ciudad que lo ha recibido en una fría cama de metal. Sin embargo, gradualmente se integra al orden establecido: *"Seriously your life adjusts its tie and weighs/The advantages of accounting, of R.O.T.C./Today a small state college on Long Island/Offers you a scholarship..."* (p. 39). El hermano queda olvidado en ese pasado obliterado por la promesa del mismo sistema que lo había aniquilado: *"And the past is a stranger calling from a pier,/Drowned out by the winds and a promise"* (p. 39).

"Black Moon Homecoming" puede leerse como la continuación de *"Graduation Day"*. En este poema el sujeto poético reflexiona desde el recinto universitario en que ha decidido estudiar sobre el tipo de educación que se ofrece a los alumnos. Se inicia con un largo epígrafe que incluye los objetivos del pensum universitario formulados en el *Fordham College Catalog*, una cita de Eugenio María de Hostos y otra de Ezequiel Martínez Estrada. A través de este epígrafe se muestra que las esperanzas de hallar la identidad en la integración al sistema han sido frustradas. Ese sistema excluye la contribución de los grupos minoritarios, negándole la posibilidad de cimentar unos orígenes que podrían hacer surgir un sentimiento de identidad.

En el catálogo de Fordham, los objetivos de la educación están limitados al estudio de la civilización occidental que, desde luego, se define como Europa:

> *In pursuit of these objectives, the curriculum...is centered on the classical and modern languages and literatures, the natural sciences, the social sciences, history and on the religious concepts and philosophical systems of Western Civilization from ancient times to the present day.* (p. 40)

La cita de Hostos descubre que se le llama civilización al grupo de hombres que aplastó a los débiles:

> *And they pompously call civilization that band of men who, being the strongest, succeed in crushing the weaker. And they write history as they see fit and say: We, the English, we civilized India; we, the Spanish, we brought progress to the New World, we the Romans, we, pushed humanity to its perfections.* (p. 40)

El poema, entre otras cosas, es una larga rememoración de los años en Fordham, años en los que no aprendió nada sobre su propia cultura, lo cual hace que tome conciencia de cómo han tratado de alienarlo:

> *Has-been Spain once heard to feel imperial...*
> *Men self-ordained God's limbs that disembark*

To chain the natives to forever being taught
To be the Western Man they'll never be...
All the cargo my schooling never brought:
Arawaks, Africans, Creoles who gave life
To Lares, Muñoz's treason and the voltage of this moment
When every jagged edge embraced its match. (43)

El yo fragmentado que funciona como sujeto en *Translations Without Originals* alcanza la unidad en *Puerta de tierra*. Como el título prefigura, se trata de poemas que marcan el acceso a otro espacio, el acceso a la tierra de origen donde se recupera lo perdido. Por un lado, estos poemas suponen un reencuentro con la lengua materna y, por el otro, la recuperación de las experiencias de la infancia.

El primer poema, que adopta la función de prólogo, expresa el movimiento de un espacio a otro y es una síntesis de lo que se ha experimentado antes de la creación de estos poemas:

PROLOGO, PUERTO RICO, 1946

...tras la abertura circular,
                          la aventura fragmentada:
aviones,
              nubes,
                      mar,
                                  distancias
                    palmas,
edificios,   ellos,   nosotros,
familia,
madre,
              hermana,   *yo...*
Cantos desgarrados que se buscan en mapas en blanco.

Al incluir el lugar y la fecha de nacimiento del poeta (Puerto Rico, 1946), el poema adquiere carácter autobiográfico y permite inferir que la fragmentación del yo se produjo en la niñez. Puesto que el poema precede a los otros y además se le llama «prólogo», su lectura puede ser interpretada como necesaria: conocer el estado de fragmentación del yo, antes del surgimiento del acto que origina los poemas, es imprescindible. Sin embargo, por esas mismas razones, el prólogo supone la cancelación de la fragmentación.

La idea de que la fragmentación del yo se resuelve al escribir en español es el motivo que subyace en todos los poemas de *Puerta de tierra* y que se condensa en «El otro niño». Este poema, como todos los poemas incluidos en este libro, recoge en un tono muy íntimo—alejado del tono irónico o agrio de muchos de los poemas de *Translations*—las experiencias de la niñez idealizándolas para crear un sentimiento de nostalgia que establece un vínculo muy estrecho con el lector. Describe uno de los accidentes típicos de la niñez, pero aquí el accidente se convierte en símbolo de la transformación del sujeto poético:

> *Todo dolor dormía*
> *asustaba la tensión.*
> *Mis débiles miembros*
> *se incorporaron soñando*
> *con el niño original*

El «niño original» es la unidad que totaliza las experiencias vividas en los dos mundos y que resuelve la fragmentación.

El desafío de RODRIGUEZ MATOS ha consistido en dirigir todos sus esfuerzos al entendimiento de la especificidad del discurso homoerótico, tanto a través de su obra poética como de su obra de crítica literaria—aunándolas para mostrar su carácter político. David M. Helperin señala en *One Hundred Years of Homosexuality* que en los diálogos platónicos se registra la idea de que estudiar lo erótico no es meramente explorar el fenómeno de la atracción sexual, sino que es, además, inquirir por la estructura misma de la realidad. La poesía de Rodríguez Matos es un esfuerzo por penetrar esa estructura para desentrañarla, pero el esfuerzo se encuentra, muchas veces, minado por la censura que debe enfrentar. En una ponencia leída en la conferencia «Encuentro de dos mundos», por ejemplo, Rodríguez Matos señala que dada la represión que existe hacia los homosexuales éstos no pueden evitar sentirse culpables y la culpa se refleja de una u otra manera en la escritura. Con el humor que lo caracteriza afirma: «Al escribir un poema abiertamente lesbiano u homosexual todavía se experimenta la emoción de que se está cometiendo una travesura, si no una fechoría». El desafío que nos lanza la poesía de Rodríguez Matos es transgredir la prohibición, para de esta manera expresar el carácter revolucionario del Eros.

Michel Foucault, en *History of Sexuality*, dedica gran parte de sus investigaciones a analizar el concepto del Eros que prevalecía en la cultura clásica griega. Foucault sostiene que el Eros o Deseo, como figura en la experiencia contemporánea, no es dado en forma natural sino que forma parte del discurso cristiano tradicional y del discurso científico moderno. En los diálogos platónicos, añade Foucault, el Eros es concebido como la fuerza que dirige toda acción, nos hace elevarnos hasta el Bien y se manifiesta, en su primera etapa, como amor entre miembros del mismo sexo. Al no poseer un Decálogo, la sociedad griega no establecía una ética basada en lo prohibido sino en las acciones voluntarias. La moral no era cuestión de obediencia a ciertas normas, sino que consistía de una práctica regulada de placeres que no dañaran al Estado o a otros miembros de la sociedad.

Rodríguez Matos se propone crear en sus dos poemarios un discurso en que el Eros sea deseo trasformador. En la ponencia de la conferencia «Encuentro de dos mundos» define el amor como fuerza trasformadora que domina la escritura y que es al mismo tiempo elemento constitutivo de su esencia: escribir es un acto amoroso. Pero, puesto que ese amor es celebrado entre miembros del mismo sexo, su expresión supone una transgresión, produciéndose un cambio en la concepción del Eros. La expresión del Eros pasa a ser un acto de rebeldía contra una moral arraigada en la tradición judeocristiana que impone el amor heterosexual. Esa imposición ha sido señalada por Julia Kristeva quien, al trazar la historia del amor en *Historias de amor*, destaca el papel de la ética judía (ética que luego formará la cristiana) en este cambio:

> *Por otra parte, otra corriente poderosa, la bíblica, viene a unirse a estos elementos para componer la materia de nuestros amores occidentales. El judaísmo impone el amor heterosexual, basando su ética en la familia, en la reproducción y en el número elegido de los que escuchan la palabra del Padre.* (p. 51)

El título del primer poemario de Rodríguez Matos, *Matacán*, prefigura el carácter revolucionario del Eros. Las connotaciones de la palabra sugieren, por un lado, que el planteamiento de los temas va a ser agresivo y, por el otro, que el tono escogido ha de ser lúdico y humorístico. La palabra *matacán* puede significar: composición venenosa para matar perros; nuez vómica; piedra para ser cogida y lanzada con la mano; definiciones que sugieren la intención que queda explícita al eliminar la *m* inicial: *atacan*. Son efectivamente poemas que atacan los prejuicios contra el homoerotismo. El tono lúdico constituye un desafío a las convenciones de la poesía, despojándola de su solemnidad tradicional. Se crean unos poemas singularizados por el humor, lo cual sitúa la obra de Rodríguez Matos dentro de esa corriente de la literatura puertorriqueña que utiliza la risa como arma de ataque. Por ejemplo, los juegos de palabras y el doble sentido provocan la risa del lector al observar la incongruencia entre lo que se dice y la intención escondida. El título de la segunda parte de *Matacán*, «Morisquetas», palabra que significa «treta propia de moros» y figurativamente designa la acción con que se pretende engañar o burlar, hace explícito el propósito de estos poemas. Pero no sólo en los títulos se transparenta esta actitud de burla y de juego. Ante el problema existencial del ser humano, el poema «Definiciones (p. 2) dice:

> *Entre la nada*
> *navega mi infinito*
> *—¿Qué es la nada?*
> *una palabra*
> *—¿y el infinito?*
> *otra más larga.*

Al reducir estos conceptos a meras palabras se produce un rebajamiento que define la actitud del sujeto poético. Esto no significa, desde luego, que no haya en esta poesía planteamientos muy serios que preocupen y angustien al poeta. Lo que afirmo es que el tono elegido en la mayoría de los poemas deja fuera del discurso la expresión directa de emociones y angustias, para complacerse en un distanciamiento que logra, con mayor eficacia, la realización de los objetivos de esta poesía.

Si la elección de un tono lúdico y humorístico en la poesía de Rodríguez Matos es uno de los medios para expresar el carácter revolucionario del discurso homoerótico, la creación de un espacio arcádico permite la libre expresión del amor entre los amantes del mismo sexo. El ideal arcádico, señala Byrne S. Fone, ha sido muy valorado por la imaginación homosexual desde la «Segunda égloga» de Virgilio hasta la poesía contemporánea, porque permite erigir un espacio donde la homosexualidad no sea objeto de censura y en el que se pueda expresar libremente el homoerotismo. Los que buscan la arcadia añoran un secreto paraíso que les brinde un cierto aislamiento del mundo que, a su vez, los libere de la culpa que la sociedad les hace sentir. (Fone, p. 13) En varios poemas de *Matacán* (1982) y de *Llama de amor vivita*.

Jarchas (1988) surge un espacio metafórico a través del cual el homoerotismo puede construirse como discurso no subalterno y desde esta posición atacar los prejuicios de una sociedad que lo obliga a la marginalidad. La gran singularidad de esta poesía consiste en el hecho de que ese espacio idílico se utiliza para la creación de un doble código: en la superficie se trata aparentemente de unos versos que no transgreden el orden establecido—el sujeto poético pocas veces se identifica como masculino y cuando lo hace no identifica el género del amado. Sin embargo, por debajo de esa superficie se revela la relación homoerótica en toda su intensidad para de esa manera realizar la transgresión. Por ejemplo, «Ritos», de *Matacán*, parece ser a primera vista un poema sobre la llegada de la primavera. Sin embargo, a través de la metamorfosis del sujeto poético en árbol se describe la relación sexual:

> *Las manos de mi amante*
> *magia certera*
> *despertaban retoños*
> *al tronco*
> *chispa a mi leña*
> *Provocación de vida*
> *su boca humedecía mis raíces.*
> *Enlazadas raíz contra raíz*
> *la savia respondía a fogonazos.* (p. 14)

La naturaleza evocada en ese espacio metafórico es el paisaje puertorriqueño. Por ejemplo en «Para llegarte», de la sección del mismo título de *Matacán*, el sujeto poético afirma:

> *y si fuera carpintero de palabras,*
> *para alcanzarte construiría un verso inmenso gigantesco*
> *con jazmines y gotas de rocío*
> *trinos de ruiseñor, varitas de hada*
> *pedazos de arco iris, malezas y montañas*

espumas de los mares y cucubanos, algas
la canción del coquí, inciensos de café y manchas de guajana
guiñadas de estrellas,... (p. 13)

Ese paisaje puertorriqueño es parte del ofrecimiento de regalos que, según Fone, se incluye en los hechos simbólicos de los rituales que se llevan a cabo en la Arcadia y que tienen como propósito vencer los obstáculos para que el amante se sienta libre. La libertad ansiada se registra en el último verso cuando el sujeto poético afirma: «y yo junto a tu mano rescatado». (p. 13)

No se puede amar fuera de este espacio idílico porque las circunstancias de la sociedad conspiran para separar a los amantes. Significativamente los dos primeros poemas de la sección «Para llegarte» se titulan «Distancias». El primero expresa el origen de los obstáculos que es necesario superar para alcanzar al amado: «Sólo tú y yo/entre los dos una serpiente de olas». (p. 11) La serpiente, asociada en la tradición judeocristiana a una transgresión, alude a la condena que esta tradición perpetúa sobre las relaciones homoeróticas.

La tercera parte de *Matacán*, «Llama de amor vivita (Jarchas)», se amplía para originar el segundo libro de Rodríguez Matos, el cual lleva este mismo título. En *Llama de amor vivita. Jarchas* el espacio poético se crea a través de la imagen de la casa. Gaston Bachelard señala que la casa es una entidad privilegiada para un estudio fenomenológico de los valores del espacio interior, siempre que la tomemos tanto en su unidad como en su complejidad. Añade que no importa el horizonte teórico desde el que la examinemos, la imagen de la casa aparecerá como la topografía de nuestro ser más íntimo. Es desde esta perspectiva que Rodríguez Matos utiliza esta imagen: la casa simboliza su ser más íntimo, el Eros que lo impulsa a la acción y que constituye su esencia. Estos poemas expresan, pues, las preocupaciones más trascendentales: la imposibilidad de una vida que permita la expresión del amor y el desarrollo de la creatividad, en particular la escritura.

La casa no es el espacio del cuerpo porque no hay en el sujeto poético problemas de definición sexual; donde se necesita una redefinición es en la casa familiar y en la sociedad. La casa familiar fue, posiblemente, el primer instrumento represor, como se sugiere en el poema

«Ríos» de *Matacán* en que el sujeto poético evoca el cuarto de la madre, descrito como un cementerio que lo ha sepultado:

> *El cuarto de mi madre*
> *se ha llenado de cántaros.*
> *Dice salvar un río que muere cada año*
> *El cuarto de mi madre*
> *se llenó de retratos*
> *de todos los que he sido y éste que soy pasando.*
> *El cuarto de mi madre.*
> *¡Qué cementerio ingrato!*

La verdadera identidad del sujeto poético (su homosexualidad) no puede ser aprehendida en la falsedad de los retratos que la madre conserva. La casa ha dejado de ser símbolo del espacio interior por lo que impide la creación y es necesario destruirla: «no germina el tintero/ quien fuera a ensamblar el principio se desveló. A extirpar el poema». La casa es percibida como una sepultura:

> *Mi cuarto es una caja en el sepulcro.*
> *El hastío un avance de metraje perpetuo.*
> *En esos momentos en que la vida se me es una*
> *ruta de espejos en pleno asfalto*
> *y los minutos caen como pelotas de hielo*
> *destripando las horas contra el día, ningún deseo*
> *saca de la ropa*
> *ni hay ilusión que haga cosquillas.*

Para recibir al amado la casa debe ser despojada de una tecnología que la ha deshumanizado y que es símbolo de una sociedad de consumo. Con humor se dice:

> *Botaré tanto aparato que atapona mi casa;*
> *tanto pelapapas, mondachinas, rebanatomates,*
> *abrelatas... Todo eléctronico... Mi casa*
> *quedará casi vacía.*
> *Sólo lo imprescindible.*
> *Mi Amado la llenará con su presencia.*

La casa ha dejado de ser símbolo del espacio interior por lo que impide
la creación y es necesario destruirla:

> *no germina*
> *el tintero quien fuera a ensamblar el principo se*
> *desveló. A desandar*
> *pasos de lata. A desasir*
> *la cama. A cegar*
> *la nevera. A extirpar*
> *el poema.*

La erradicación de la vida falsa a la que la sociedad condena a los
homosexuales, sustituyéndola por una en que el Eros se experimente
como deseo transformador que conduzca a la libertad, constituye el
desafío de la obra de Rodríguez Matos, formulado en uno de los epígrafes del Che Guevara que enmarcan *Llama de amor:*

> *Encontrar la fórmula para perpetuar en la vida cotidiana esa acti-*
> *tud heroica, luchar por salir del reino de la necesidad y entrar al*
> *de la libertad.*

OBRAS CITADAS

Bachelard, Gaston. *La Poétique de l'espace*. Paris: Presses Universitaires de
France, 1957.

Fone, Byrne R.S. "*This Other Eden: Arcadia and the Homosexual
Imagination,*" in *Essays on Gay Literature*, ed. por Stuart Kellog. New
York: Harrington Park Press, 1985.

Foucault, Michel. *The History of Sexuality*. New York: Vintage Books,
1990.

Gómez Rosa, Alexis. *Oficio de post-muerte*. Santo Domingo: Alfa y
omega, 1977.

_____. *Contra la pluma la espuma*. Santo Domingo: Editora taller, 1990.

Halperin, David M. *One Hundred Years of Homosexuality*. New York:
Rutledge, 1990.

Hutcheon, Linda. *Narcissistic Narrative. The Metafictional Paradox*. New York: Methuen, Inc., 1984.

Kristeva, Julia. *Historias de amor*. México: Siglo veintiuno, 1987.

Lantigua, José Rafael. «La tarde alegre», sábado 2 de marzo de 1991. República Dominicana.

Marzán, Julio. *Translations Without Originals*. New York: Reed Books, 1986.

_____. *Puerta de Tierra* (inédito).

Rodríguez Matos, Carlos Antonio. *Matacán*. Madrid: Editorial Playor, 1982.

_____. *Llama de amor vivita. Jarchas*. Nueva Jersey: Ediciones Ichali, 1988.

Tres poetas hispanoamericanos de Nueva York: Manuel Marshall, Miguel Falquez-Certain y Pedro López-Adorno[1]

Francisco Soto

> *El poema es algo que sólo se anima al contacto de un lector o de un oyente. Hay una nota común a todos los poemas sin la cual no serían nunca poesía: la participación.*
>
> —*Octavio Paz*

Las obras de Manuel Marshall, Miguel Falquez-Certain y Pedro López-Adorno ejemplifican la variedad y poderío creativo de los escritores hispanoamericanos de Nueva York. Aunque la poesía de cada uno de estos poetas le ofrece al lector diferentes perspectivas y preocupaciones estéticas, los tres pertenecen a una tradición lírica hispanoamericana que se inició con las renovaciones del modernismo. No pienso que sea coincidencia que el desterrado José Martí, precursor o iniciador de este movimiento que inaugura nuestra literatura contemporánea, haya fijado en 1881 su residencia en Nueva York. Nueva York ha sido, y sigue siendo, uno de los centros culturales más importantes del mundo. En esta ciudad los hispanoamericanos, lejos de sus respectivas tierras, han encontrado una comunidad latina que respeta la diversidad cultural de cada grupo. La estancia de José Martí en esta área metropolitana constituyó el período de mayor intensidad y plenitud en su vida, tanto desde el punto de vista político como literario.[2] Actualmente una nueva generación de poetas de origen hispanoamericano continúa escribiendo sus obras en esta gran ciudad, obras de resonancias tan singulares como la de José Martí.

---

1 Conferencia dictada en el coloquio «La escritura latina y los géneros literarios» el 7 de abril de 1990.

2 Fue en Nueva York donde el poeta cubano publicó su libro de versos *Ismaelillo* y donde escribió, sin editarlos, sus *Versos libres*.

I

El escritor MANUEL MARSHALL inició su obra lírica en la ciudad de Nueva York en 1984 con la publicación del poema *Al rescate del hombre*.³ En una nota final a este texto el poeta afirma que su obra fue escrita en dos tiempos: uno, en su tierra natal, Santo Domingo; otro, en el destierro de Nueva York. Por lo tanto, *Al rescate del hombre* es una obra producto de dos culturas, hecho que inevitablemente afecta tanto la visión particular del poeta como la articulación del texto.

Al rescate del hombre es un poema extenso en el cual la voz poética invita al lector a acompañarla en su búsqueda de lo que la humanidad, en su afanoso deseo materialista y progresista, ha perdido:

> ...*esta era gris que en su mecánico progreso*
> *va moldeando la silueta de los hombres*
> *—origen de sueños e infinitos—*
> *a especie de tornillo o de gramófono.*
>
> *Y dentro de poco la vida*
> *(la vida interior, naturalmente)*
> *será ceniza y será hueso.* (pp. 7-8)

En los versos citados se sugiere que lo esencial del hombre, es decir, su vida interior de sueños sin límites, se ve amenazada cada vez más por el progreso materialista que deshumaniza al hombre, convirtiéndolo en un mero instrumento al servicio de un mundo sumamente impersonal y mecanizado. No obstante, a pesar de los problemas que aquejan la vida contemporánea (el hambre, la guerra, la miseria, etc.), el poeta no comparte la visión fatalista ni existencial de la vida de muchos escritores del siglo XX. Aunque en *Al rescate del hombre* se reconoce la angustia y el profundo desasosiego del hombre contemporáneo, no se acepta, y aún más se lucha vehementemente por no aceptar, la opinión de que la humanidad está condenada a la destrucción:

> *y ante el posible esqueleto espiritual*
> *que la Humanidad sospecha tendido entre tuercas*
> *y que presenta ya su cicatriz de desconcierto*
> *¿qué podrá salvarnos?*

3 Manuel Marshall, *Al rescate del hombre* (New York: Víctor Printing, 1984). De ahora en adelante cito parentéticamente en el texto según esta edición.

> *¿Qué camino verdadero*
> *nos conducirá al encuentro del Nosotros,*
> *revivirá en el Hombre su antigua leyenda*
> *de diamante?* (p. 9)

No considero que el propósito de estas interrogaciones sea encontrar respuestas concretas que rectifiquen la crisis humana. Más bien, las interrogaciones subrayan la necesidad de establecer un verdadero diálogo humano solidario. Será solamente en ese encuentro futuro, o sea, cuando las preocupaciones del «Yo» se conviertan en las preocupaciones del «Nosotros», que la humanidad podrá regresar a lo esencial, a la hermandad en solidaridad con todos los hombres. Este futuro de conciencia colectiva sólo vendrá a través de un regreso a la «antigua leyenda de diamante», palabras que reaniman el mito cristiano edénico. El deseo de recuperar el «paraíso perdido», esa vida «brillante» en la cual ni las enfermedades, ni las guerras, ni la muerte acechaban al hombre, se ha articulado a lo largo de la historia de la literatura occidental.[4] La leyenda del Edén ha servido como símbolo de la añoranza de la humanidad por encontrar el orden divino, una realidad imposible de realizar, pero que los hombres todavía se atreven a imaginar.

Al rescate del hombre es un poema con propósitos edificantes. La voz poética le suplica a la humanidad de recobrar lo esencial, de actualizar la leyenda edénica antes de aniquilarse en un cercano futuro apocalíptico. Ya el título del poema anuncia la misión urgente de salvar a la «Humanidad», palabra que Marshall constantemente escribe con «H» mayúscula a lo largo del poema.

Al rescate del hombre está dividido en cuatro partes: prólogo, antesala, sala y epílogo. Sala, que lleva por título «de los hombres y las cosas», es la parte más extensa del poema. Aquí se intenta reencontrar lo medular del espíritu humano. Para lograr esto la voz poética sugiere que es necesario ir más allá del pasado histórico, ya que en éste el hombre se ha visto luchando por ideales y creencias (la ciencia, la patria, la religión, las costumbres) que en última instancia no lo han liberado, sino más bien han complicado y regimentado su existencia aún más:

---

4 Recordemos el caso particular del poeta inglés John Milton y su poema *Paradise Lost* en el cual propone que los hombres son el producto de una constante batalla que existe entre sus deseos, sueños y anhelos, y sus impotentes limitaciones humanas.

Y una maleza de murmullos soberbios
en nombre de la ciencia
erige
trono de reina prepotente;
en nombre de la patria
levanta
susurros de madre que a sus hijos ordena;
en nombre de la religión
fermenta
sentencias de sumisiones ciegas;
en nombre de las costumbres
confirma
sinrazones de alocadas creencias... (p. 28)

Al enfrentarse a estas complicaciones la voz poética añora regresar a una vida:

sin la moral
manoseada de nuestras tradiciones,
sin la atormentada
visión de nuestros ancestros,
sin el prejuicio
patrio de nuestras barbas atosigadas,
sin la canción
de lata de los inventos que saltan. (p. 29)

La voz poética propone la necesidad de ir más allá de los intereses nacionales para llegar a la «bandera-madre», metáfora utilizada para representar la humanidad libre de todo bagaje histórico y cultural. Sólo así, sin los intereses de cada país, se logrará la «cósmica hermandad». ¿Y cómo es que la voz poética propone que el hombre se encamine en esa ruta que lo llevará a esa «cósmica hermandad»?

Debe haber una canción,
una canción donde el arpa de la historia
libere de sus cuerdas al alma humana,
donde nadie diga que viene
con papeles en cuya sangre
las letras refuerzan las cadenas...

> *Debe haber una canción.*
> *Y si la canción no existe,*
> *entonces, amigo: ¡hay que hacerla!* (p. 44)

Antes en el poema se había declarado que para recobrar lo auténtico una de las cosas que se tenía que eliminar era «la canción de lata de los inventos», es decir, todo el falso materialismo motivado sólo por la eficiencia y la productividad. En los versos que se acaban de citar la voz poética de nuevo hace uso de la metáfora de la canción; sin embargo, ahora ésta sugiere la armonía que se necesita para tranquilizar y liberar al espíritu humano de la discordia que actualmente lo aflige.

El poema *Al rescate del hombre* afirma que la historia, discurso de autoridad, no le pertenece a ningún pueblo, ya que dentro de cada historia existen millones de versiones, cada una tratando de subvertir la otra para establecerse como discurso hegemónico. Según la voz poética la historia, al crear naciones, no tomó en cuenta la avaricia y el deseo de poder que han manchado el linaje humano.

Aunque la voz poética no ve en la historia soluciones a los problemas humanos, tampoco la niega completamente. Por ejemplo, la voz poética encuentra un grave peligro en el materialismo de las sociedades capitalistas que apagan la chispa del espíritu humano en sus trampas de consumo. En un momento del poema la voz poética adopta la voz de consejero al dirigirse al lector:

> *Por eso te aconsejo que no entres.*
> *Bien conozco el hechizo de ese truco alborotado.*
> *Y a veces*
> *duermo también como los otros*
> *y sueño*
> *que estoy en todas esas trampas de consumo*
> *estrechando el gusto de los caprichos inconscientes*
> *y comprando:*
> *comprando un fraude de diagnosticadas mercancías*
> *calzadas al pie de la diosa...*
> *...de la diosa publicitaria.* (p. 55)

Al rescate del hombre termina reconociendo la obscura noche, el camino errante por el cual la humanidad ha pasado. No obstante, la voz poética, llena de esperanza, se atreve a imaginar un futuro sin fronteras en el cual el valor de la poesía se reconozca:

> *Suerte (oh Dios) que siempre existe una leyenda:*
> *la leyenda de la libertad,*
> *la leyenda que siempre reza:*
> *Se adivina un mundo nuevo*
> *un mundo donde las palabras*
> *no tienen antónimos descontentos,*
> *donde cada letra está agarrada*
> *al libre juego del momento.* (p. 60)

La visión poética de Manuel Marshall considera la poesía como un plano creativo de pura especulación imaginativa, de imágenes y sentimientos profundos capaces de inspirar al hombre. *Al rescate del hombre* es un acto de comunicación y libre expresión de la integridad del poeta. Considero que este poema pertenece a la tradición lírica hispanoamericana del siglo XX que abraza causas sociales y humanitarias. *Al rescate del hombre* se puede ubicar, no obstante sus diferencias, dentro de la tradición poética de tendencia social de César Vallejo, tanto por su alta misión solidaria, como por su espíritu fundamentalmente cristiano. Recordemos que en *Poemas humanos* (1939) la preocupación social de Vallejo se muestra en su esperanza en un porvenir de conciencia colectiva. Sin embargo, mientras Vallejo se compromete con el marxismo como vehículo hacia esa sociedad socialista, Manuel Marshall no propone ningún tipo de solución política en su poema. Además, mientras en la obra de Vallejo la voz poética surge directamente desde el mismo centro de angustiosa peripecia existencial del poeta, la voz del poeta en la obra de Marshall es más bien la de un observador.

En 1988 Marshall publica su segundo libro, *Discurso del espíritu de las aguas rebeldes.*[5] De nuevo, éste es un libro-poema optimista que brota de la esperanza, que rechaza todo mal, todo límite y toda destrucción. Una declaración al final del texto afirma que el libro:

> *Va al mundo—del cual vino—como un ramo de flores que no*
> *quiere perderse entre recuerdos sino encontrarse entre vivencias.*

---

5   Manuel Marshall, *Discurso del espíritu de las aguas rebeldes* (New York: Calderón Printing, 1988). Sólo se tiraron cien ejemplares de esta obra. De ahora en adelante cito parentéticamente en el texto según esta edición.

Aunque ya presente en *Al rescate del hombre*, en *Discurso del espíritu de las aguas rebeldes* la voz poética entra en un diálogo más extenso con «el mundo de la poesía», visto como pura especulación y aventura imaginaria interior, y el mundo más práctico de la vida exterior en el cual la mayoría de los hombres luchan simplemente para sobrevivir. La voz poética reconoce que estos dos mundos, los cuales se identifican en el texto como el mundo de las «palabras» y el mundo del «pan», parecen contradictorios:

> *porque si la oración—según algunos sabios—*
> *calma el castigo de los espíritus perfectos:*
> *el pan—según enseña la vida—calma la ira de los espíritus hambrientos.*
> (p. 11)

Esta dualidad resulta ser la preocupación central de *Discurso del espíritu de las aguas rebeldes*. La voz poética quiere batallar para superar este dilema:[6]

> *Quiero*
> *(a mi diestra)*
> *la intocable música interna*
> *que a mi espíritu intranquilo acompaña desde niño.*
> *Y quiero*
> *(a mi siniestra)*
> *la sinceridad viviente*
> *que para encausar lo que percibe el alma*
> *todo entusiasmado de las Artes necesita.* (p. 5)

Discurso del espíritu de las aguas rebeldes está dividido principalmente en cuatro partes que llevan por título: la ciudad, el campo, la ciudad y el campo, y la esperanza. Para la voz poética, tanto los obreros de las ciudades como los campesinos del campo sufren y son explotados por sistemas materialistas que se rigen por las leyes del más fuerte. En las sociedades de consumo no se aprecia el espíritu del hombre. En ellas el

---

6   En la tradición literaria española Cervantes, en el *Quijote*, funda el mundo de la poesía (la imaginación, la literatura) y el mundo de la historia (lo real, la experiencia humana). En *Meditaciones del Quijote* Ortega y Gasset explica cómo el realismo cervantino no es simple réplica de la realidad, sino síntesis de realidad y fantasía. La realidad humana es mucho más amplia y compleja que la que se percibe por fuera, el hombre es producto de una imaginación sin límites y un cuerpo mortal. Por lo tanto, Marshall está continuando simplemente dentro de una tradición que se ha dirigido a esta polémica.

hombre se ve sólo como una máquina de producción. A pesar de esta explotación, la voz poética cree que el materialismo no ha podido conquistar la conciencia del hombre, destruir su dignidad, y de esta creencia nace su esperanza:

Y creemos
—en el caso de ser ciertas—
que pueden romperse esas cadenas
con el concurso manifiesto de los hombres
si cada quien, ofreciendo su grano de arena,
coopera en la faena de restaurar
la dignidad de la que el humilde se queja.
[...] así [...] puede transformar la Humanidad
las cadenas de los infortunios de los seres
en noble y luminoso árbol de felicidad. (p. 69)

La voz poética propone que la poesía puede alimentar esa esperanza ya que la poesía le permite a los hombres imaginarse mundos más justos en vez de la miseria y la mediocridad que les ha tocado vivir. Esta creencia en los poderes revelatorios de la poesía hace que la voz poética insista en que la realidad entre en la poesía para elevarla a una potencia estética más alta, a la vez que insista en que la realidad se deje abrir para dar cabida a ese poderío imaginario y servirle de soporte:

si por nuestro silbido aventurero
el hombre recobrara la Hermandad,
si por nuestro vuelo disipado
al hombre la amistad reconquistara:
nuestra voz
sería entonces la felicidad vuestra,
vuestro destino
sería entonces nuestro vuelo. (p. 31)

El mundo poético de Manuel Marshall se caracteriza por su fe en el poder redentor de la poesía. Para Marshall la poesía se atreve a imaginar mundos sin angustia, mundos donde la hermandad reemplaza la crueldad materialista.[7]

7 En 1988 aparece otro libro de Manuel Marshall, *Canto de amor por los vencidos.* Este recibe el «Premio Internacional de Poesía» en Puerto Rico (*Mairena*) donde aparece parcialmente publicado. *Canto de amor por los vencidos* le canta a «el soñador de la justicia», pidiéndole que «desen-

II

En su poemario *Reflejos de una máscara*,[8] poemas escritos entre 1968 y 1982, el colombiano MIGUEL FALQUEZ-CERTAIN reanuda lo esencial y más perdurable del romanticismo—la exaltación del amor, el sentimentalismo, la independencia de espíritu—para articular una poesía profunda y penetrante de sensibilidad contemporánea. En su colección de poemas Falquez-Certain logra mantener una intensidad lírica sin caer en las trampas ostentosas, ni el tono altisonante, de muchos románticos. Sus poemas son reflexiones subjetivas de los esfuerzos y fracasos del amor en un mundo neoyorquino, un mundo urbano cada vez más agresivo y hostil que obliga a los individuos a refugiarse tras una galería de máscaras protectoras.[9]

En *Reflejos de una máscara* los seres amados no se identifican ni por sus nombres ni por sus características individuales. Lo que sí aparece en el poemario son constantes referencias a los rostros. No obstante, éstos no son rostros expresivos que revelan el espíritu singular de cada individuo. La enajenación de la vida urbana ha forzado a los hombres a refugiarse tras unos rostros fosilizados, o sea, máscaras capaces de sólo reflejar vislumbres, momentos fugaces del complejo espíritu humano. La voz poética, en su anhelo de encontrar y forcejear con el amor, muchas veces se ve forzada a utilizar estos rostros ajenos como pantallas en las cuales se proyectan los deseos y estados anímicos. Por ejemplo, en el poema «Viajero vital» la voz poética, en su constante búsqueda del amor, exige de sí misma:

> *Andar, andar,*
> *andar muchísimo*
> *por diversos caminos*
> *y costumbres.*

vaíne el amor de la justicia» para batallar contra «las sombras siniestras de los de hoy». En consecuencia, el poeta-vengador le dará voz a «la ira justiciera de los que se fueron ayer sin ella». Cito de una copia del poema que el autor me proporcionó.

8   Miguel Falquez-Certain, *Reflejos de una máscara* (Nueva York: Editorial Marsolaire, 1986). De ahora en adelante cito parentéticamente en el texto según esta edición.

9   En unos versos de *Piedra de sol* Octavio Paz sugiere que todo tipo de máscara subvierte la posibilidad de unión, sólo contribuyendo a mantener la honda tragedia del ser humano disociado de «el Otro» y de su propio ser: «Las máscaras podridas que dividen al hombre de los hombres, al hombre de sí mismo».

Sólo así me toparé
otro rostro
que me dé la luz
de su mirada. (pp. 19-20)

Con la excepción de los poemas «Caminata sobre el borde de tu risa abierta» y «El desencanto», poemas dedicados a dos amigos, el poemario nunca aclara si estos rostros son las caras de hombres o de mujeres. Esta ambigüedad sexual contribuye aún más a la separación y al vacío que existe entre estos rostros-máscaras que andan por las calles de la ciudad. En el primer poema de la colección, «El desgonce de los años», la voz poética se deja imaginar un futuro encuentro con alguien que en un tiempo pasado ya había amado:

> *Un día nos veremos*
> *en el cruce inaudito*
> *de no importa cuál carrera.*
> *Un crepúsculo mirarás*
> *mis ojos vivos de tu ausencia,*
> *mi figura magra y mis labios*
> *sedientos de la búsqueda.*
> *Un día trataremos*
> *de recordar dos antiguos rostros,*
> *modelaremos*
> *nuestras caras dúctiles,*
> *palparemos nuestros pómulos*
> *como ciegos que creen recordarse,*
> *inseguramente,*
> *y al final comprenderemos.* (p. 8)

Para la voz poética las caras son «dúctiles», es decir, maleables por los deseos de lo que cada uno espera o exige del otro. Cada persona modela el rostro del otro en la figura del amante anhelado. El símil del reconocimiento como un palpar de ciegos subraya lo superficial de dicha comprensión.

A pesar de los muchos momentos de incomunicación que existen en este mundo urbano enajenado, en el poemario sí hay momentos cuando los rostros-máscaras revelan pequeñas rajaduras que intentan comunicar. Las constantes referencias a la saliva y a las lágrimas manifiestan un fuerte deseo por parte de la voz poética de desenmascararse y establecer comunicación. Por los orificios de la boca y de los ojos de los rostros-máscaras se intenta aliviar, o por lo menos disminuir, la profunda soledad. En el poema «Nuevo anturio» apreciamos el goce que siente la voz poética al unirse con el otro.[10] En este poema la voz poética se deja revelar íntimamente al dar su saliva mientras, a la vez, besa la lágrima del otro:

> *Tu cuerpo mío*
> *cayéndose*
> *(cintura morena*
> *sin amarres)*
> *en tu centro*
> *yo*
> *teniéndote*
> *mía tu sonrisa*
> *tu rostro simple*
> *(anturio,*
> *inexperiencia)*
> *yo enseñándote*
> *mis besos*
> *mi saliva*
> *dándote*
> *dándote la vida*
> *tembloroso*
> *tu cuerpo mío*
> *descubriéndote*
> *besando*
> *tu lágrima de asombro*
> *yo*
> *tuyo entero*
> *para siempre.* (p. 28)

Vemos cómo la voz poética proyecta su deseo, aquí, al querer prolongar el éxtasis del encuentro en el rostro ajeno, el cual se identifica como «tu rostro simple». El uso de tantos gerundios en este breve poema («cayéndose», «teniéndote», «enseñándote», «dándote», «descubriéndote»,

---

10 El anturio es una planta autóctona de América Latina. Su uso en este poema sugiere un genésis, el principio de una relación íntima.

«besando») enfatiza y prolonga el momento de placer que la voz poética quiere que dure «para siempre».

En muchos de los poemas de *Reflejos de una máscara* la voz poética se encuentra angustiada, tanto por su terrible soledad propia como por la soledad ajena que encuentra a su alrededor:

> *Uno, a veces,*
> *atraviesa las calles*
> *y sorprende a la gente*
> *con los ombligos de la angustia,*
> *a los edificios*
> *tristes de repetirse*
> *diariamente, de reflejar*
> *la misma sombra.* (p. 23)

La personificación de los edificios en esta estrofa del poema «Horas pico» acentúa la profunda angustia de esta vida urbana alienada, vida en la cual los propios edificios se entristecen al arrojar sus sombras, o sea, sus propias máscaras obscuras. El miedo de continuar en este profundo aislamiento regimentado, en este vacío de sombras, también se expresa en el poema «Sin piso»:

> *Toparnos a cada instante*
> *con ese gemir interno:*
> *múltiples deseos de llorar,*
> *pánico,*
> *nunca sabemos*
> *como será cada despertar.* (p. 39)

En esta última estrofa del poema sentimos la profunda soledad e incertidumbre de la voz poética al levantarse cada día. El temor a caerse de nuevo en un abismo espiritual ya lo sugiere el propio título («Sin piso»). La voz poética no siente seguridad al pisar cada mañana ese incierto suelo emocional.

El breve poema «Autismo» es, quizás, el más trágico de la colección por la profunda desesperación y el severo aislamiento espiritual que sugiere:

> *Solo estoy*
> *Tunélicamente me destrozo*
> *Me desgajo*
> *Me caigo en pedazos*
> *Solo estoy en un alcázar*
> *Sin contactos*
> *Solo con palabras*
> *Huecas-desteñidas*
> *Escudriño en la pared*
> *La cábala no encuentro*
> *La razón de la búsqueda*
> *No entiendo*
> *Me ahoga la salida*
> *Un culo sin salida*
> *Desgarradoramente solo*
> *Estoy inerte*
> *Solo estoy* (p. 25)

El poema comienza y termina con el mismo verso, «Solo estoy». Es precisamente de aquí que radica la angustia de la voz poética que compara su profunda soledad al autismo, condición psicológica que se caracteriza por una exagerada tendencia a la introversión o ensimismamiento. La frustración articulada en este texto aún se ve a nivel formal. La ausencia de signos de puntuación en este poema llama la atención ya que las reglas de puntuación se respetan en los otros poemas del libro. Esta omisión alude a la ineficacia de todo sistema de significación que se propone precisar la esencia humana. Esta idea aparece igualmente en el verso que describe las palabras como «Huecas-desteñidas».

A pesar de toda esta angustia e inútiles esfuerzos para lograr la felicidad, la voz poética continúa su búsqueda del amor. Mientras en muchos poemas, como «Los laberintos de la búsqueda», ésta termina en fracaso, el poema «*Allegro*» celebra la realización amorosa. En este poema la felicidad se expresa a través de un vertiginoso delirio emocional. Al unirse la voz poética a la persona amada, ambos reinventan el amor:

> *Caminaré decidido buscando el nuevo día*
> *con el regocijo de saber que estás conmigo*
> *para abrir las rosas y comenzar la vida.*

Nueva York espera.
Caminemos por las calles de mi barrio [...]
Amor, tus sandalias—
arrójalas bien lejos.
Corramos descalzos contra el sol
y por el mundo asegurando
nuestro encuentro.
Tú y yo para florecer la vida
sembrando rosas [...]
Sorprendamos a la Villa
con nuestra vida nueva,
mirándonos los ojos,
buscándonos los labios,
y mordiendo por el rabo
a la alegría. (pp. 45-46)

La «nueva vida», o sea la unión, se ha conseguido por una comunicación recíproca que de nuevo se ha logrado a través de los ojos y de la boca: «mirándonos los ojos, buscándonos los labios». Otra vez los orificios de los ojos y la boca aparecen como las únicas entradas a los rostros-máscaras.

Nueva York le ha servido a Miguel Falquez-Certain como escenario en el cual ha podido representar íntimas preocupaciones y penas. Los poemas de *Reflejos de una máscara* invitan al lector a participar simultáneamente en el sentimentalismo del placer y en el tormento del amor, en un mundo impersonal y alienado.

En 1988 Miguel Falquez-Certain recibe la única mención honorífica en el primer concurso de poesía del Instituto de Escritores Latinoamericanos de Nueva York. Al año siguiente el Instituto publica estos diez poemas en prosa, *Proemas en cámara ardiente.*[11]

Proemas en cámara ardiente comienza con un epígrafe de *Proèmes* (1948), una colección de composiciones poéticas, de corta extensión, de Francis Ponge. La mayoría de estos poemas en prosa fueron escritos por

---

11 Los «proemas» de Miguel Falquez-Certain se publican junto con los poemas de otros dos ganadores—Jaime Montesinos (segundo premio) y Pedro López-Adorno (tercer premio); el primer premio fue descalificado por no ser totalmente inédito—en *Instituto de Escritores Latinoamericanos de Nueva York, Premio de Poesía 1988* (México: Colección Brújula, Impresos Continentales, 1989). De ahora en adelante cito parentéticamente en el texto según esta edición.

el poeta francés entre la primera y segunda guerra mundial y, hasta cierto punto, son reflexiones críticas motivadas por la escritura de los poemas de *Le Parti pris des choses* (1942). Central a la obra de Ponge es una confrontación a los problemas de la expresión, hecho que, según Ponge, aflige no sólo al escritor sino a todos los hombres. En 1977 al hablar de su «método» Ponge lo comparó a « *un mariage de la critique et de la création* ».[12] Ponge añadió que el texto literario es « *n'en doutez pas, une oeuvre d'art* » (p. 14), creado por un autor/artista que se especializa en el artificio de las palabras. Como vemos, la fácil separación clásica entre la prosa y la poesía, entre el arte y la crítica, queda borrada en la obra de Ponge. Igualmente los proemas de Miguel Falquez-Certain intentan traspasar los límites impuestos por la lírica tradicional.

En *Proemas en cámara ardiente* Falquez-Certain le presenta al lector unas breves narraciones en prosa que hacen uso de recursos poéticos (la analogía, la condensación, la explotación de ritmos, los juegos de palabras, etc.). Estos diez proemas fueron escritos para leerse en conjunto como un tipo de «diario poético» en el cual el escritor reflexiona sobre una relación amorosa desde el «Primer encuentro» hasta el «Quinto aniversario». Como en *Reflejos de una máscara* la preocupación central de la voz poética en *Proemas en cámara ardiente* es el amor. Desde el primer proema («Primer encuentro») las descripciones de esta unión entre la voz poética y el otro—«el funámbulo de goces, pulquérrimo en [su] atavío europeo» (p. 35)—son recuerdos poetizados, o sea, momentos de una realidad íntima sometidos a un ensueño poético.[13] De ahí que las palabras ya no sean simples palabras descriptivas, sino realidades portadoras de vivencias, sentimientos y sugerencias. En el quinto proema, «Artes culinarias», en un momento auto-consciente/auto-reflexivo del proceso poético, señala:

> *Mis escritos han sido clisados en un país remoto. Escuchas sin mucha atención mis «textos» en donde un pensamiento trata de liberarse con la ayuda de un ensueño verbal.* (p. 39)

---

12 Francis Ponge, *L'Écrit beaubourg* (Paris: Centre Georges Pompidou, 1977), p. 11.

13 En los proemas se sugiere que la relación es homosexual. No obstante, dar una definición sexual precisa no es lo que le importa al poeta. Como romántico, su preocupación constante es el «amor».

Los primeros nueve proemas presentan diferentes momentos de felicidad y de conflicto en la relación. De repente, en el último proema, «Quinto aniversario», el lector se percata de que todo se ha acabado. La voz poética en tono melancólico recuerda:

Aquellos pequeños y primeros artilugios, el sortilegio de los primeros días ha desaparecido en los efluvios de los días inútiles.
(p. 44)

Además de la preocupación constante por el amor en *Proemas en cámara ardiente*, la preocupación por la creación poética—la problemática de la expresión que preocupó a Ponge y sigue preocupando a gran parte de los poetas contemporáneos—se articula a través del texto.[14]

III

En su estudio crítico *El arco y la lira* Octavio Paz, reflexionando sobre la articulación poética, señala la paradoja intrínseca de todo poema:

Sin dejar de ser lenguaje—sentido y transmisión del sentido—el poema es algo que está más allá del lenguaje. Mas eso que está más allá del lenguaje sólo puede alcanzarse a través del lenguaje.[15]

Hacia el poema invisible (1981), el primer libro de PEDRO LOPEZ-ADORNO (1954), es un poema autorreflexivo que convierte la búsqueda del espacio del poema *en* poema; «poema» es la concreción en el tiempo y en el espacio de ese «más allá» inefable e incierto al cual Octavio Paz alude. López-Adorno se propone indagar ese espacio ambiguo e inestable. *Hacia el poema invisible* es un viaje auto-consciente a ese desconocido «más allá» que termina reconociendo el desafío que confronta el poeta cada vez que intenta precisar o fijar ese espacio:

14 Actualmente Miguel Falquez-Certain trabaja en su tercer libro de poesía, *Habitación en la palabra*. La mayor parte de los poemas que hacen parte de este libro ya han aparecido en revistas y suplementos, tanto aquí en los Estados Unidos (*Linden Lane*, *Mariel*, *La nuez*) como en Colombia (*El heraldo*, *Huellas*, *Prometeo*).
15 Octavio Paz, *El arco y la lira* (México: Ed. Fondo de Cultura Económica, 1956), p. 23.

poema es un espacio
una orilla
o un tal vez que gira
en la memoria del polvo. (p. 51)

Para emprender este viaje a los orígenes obscuros del acto poético el poeta se une al cuerpo femenino. Esta unión con el cuerpo femenino, o sea, «la otredad», le permite al poeta explayarse en el instante poético, de tal forma negando la sucesión temporal:

Erguido entre los rieles y la sombra
me despido
del mundo y los periódicos
con el disfraz perpetuo
que llevaré
mañana
y pensando tu boca entierro calles
que usurpan la historia de mis pasos
recorriendo tu claridad despiertan alas
en los árboles
que crecen
si tu senos o mis manos
alcanzan a mirar por las ventanas
hacia
otro siglo hecho de orillas
hacia otros silencios
que se llaman
raíces. (p. 17)

De la unión al cuerpo femenino surge un vertiginoso lenguaje metafórico lleno de imágenes sugerentes:

a través de tu mirada
reminiscencia de astros en vigilia
o rebeldía
vertiente que sube de tus senos
a tu nadir
descubrí
el caminar más ancho de la atmósfera
siglos

que se redimen si sonríes
tatuada en un silencio de ventanas sonoras
transformada en palabras
que despliegan
las voces de tu pelo
sobre la sombra de un mundo
aún
por descubrirse. (p. 24)

Este viaje o búsqueda del espacio del poema no se propone ser nada más de lo que es, un viaje «hacia» lo desconocido, es decir, «el poema invisible». Las palabras del poema, la concretización en el tiempo-espacio de lo eterno e intemporal, son meros relámpagos que se cruzan y se esfuman. El poema va de sus orígenes obscuros a la obscura incapacidad del poeta de definirlo. Sólo a través de las metáforas puede el poeta sugerir. No obstante, éstas siempre serán ecos, sombras, polvo:

Como nombrar estrellas
que se fragmentan de lluvia o de palabras
y
repentinamente
siento que tu voz se tuerce en otro aire
en que buscaba alcanzar tu nunca-nombre
en que alcanzaba a nombrar lo inalcanzable de
tu nunca
porque tu forma era tan sólo un nudo
irrealizable
un pretexto de piel sobre el susurro
de un mar agrietado. (p. 29)

El poema es el intento de llegar a un espacio privilegiado, un instante que el poeta tiene que arrancar o arrebatar del tiempo. *Hacia el poema invisible* termina reconociendo que el espacio del poema es:

entidad invisible filtrándose
entre los seres
de una sombra de conciencias desprendidas
polvo

cercana lejanía
piedra que se fragmenta en cada
orilla (p. 51)

El poema es un espacio impreciso que se abre y fluye entre los seres. La idea de que el poema rehúsa fijarse se sugiere a través del oxímoron, «cercana lejanía». Por lo tanto, aunque el poeta escribe el poema, éste no le pertenece. El espacio del poema existe entre los seres, es decir, entre los lectores. Cada vez que un lector entra a este espacio y reajusta sus límites con su propia lectura, el poema se actualiza de nuevo. En 1988 la Editorial Playor (España) publica *Las glorias de su ruina*, el segundo libro de Pedro López-Adorno. Esta no es, ni intenta ser, una poesía fácil para el lector.[16] Considero que la famosa sentencia de José Lezama Lima se puede aplicar a este libro: «Sólo lo difícil es estimulante». *Las glorias de su ruina* invita al lector a participar de manera activa en este visionario mundo poético. El asombroso poderío verbal de este poema resuena de nuevo en cada interlocutor. La importancia del lector como otro autor que reescribe o actualiza el texto con cada lectura lo señala la dedicatoria del libro:

Al lector, cómplice de las glorias de su ruina.

Esta frase propone que el lector es cómplice, o sea, participante activo en la articulación del poema. Al utilizar la palabra «cómplice» también se sugiere que el poeta (el que inscribe el poema) como el lector (el que lo actualiza con su lectura) comparten la responsabilidad del culpable delito poético.

En el primer poema del libro el poeta se propone quebrantar los límites impuestos por las estrictas versificaciones tradicionales:

dinamitar la consonancia opresiva que se obstina
en asonancia disfrazada que desplaza hipnotiza
al lector en su vacío
o aún mejor

---

16 Eduardo Milán en su reseña de *Las glorias de su ruina* se refiere a la poesía de Pedro López-Adorno como una de «las pequeñas luces, oasis en medio de este desierto ... guías inequívocas para las generaciones venideras». Además, Milán afirma: «La poesía, cuando es un acto consciente, lúcido, mantiene un diálogo difícil con el mundo». Eduardo Milán, *Vuelta*, enero de 1990 (Número 158), p. 46.

en la censurada insuficiencia de lo escrito
hacerle estallar al dormido las pupilas. (p. 19)

El querer traspasar los límites impuestos a la poesía implica que el poeta concibe el poema como un posible espacio de conocimiento, un momento de vislumbre/revelación, que conlleva la posibilidad de despertar al lector de su hipnotizado vacío intelectual y emocional. No obstante, a la vez se reconoce que las palabras, hechas de polvo y sombra, no son capaces de fijar ni precisar ese espacio. La palabra poética, humana al fin, está condenada a no expresar lo real, sino simplemente a tocarlo, aludirlo, simbolizarlo:

EL SIGILO DE TUS LABIOS AL ABRIRSE
libro de feroces quemaduras
disfrazar quisiera los domicilios
de su fijeza
pero tus movimientos
desmemoriados colman el espacio de tu próxima
piel
provocan que tus manos suban por el agua hasta lo
escrito palpando el aire de no ser. (p. 32)

El título del libro (*Las glorias de su ruina*) alude al proceso poético condenado a la ruina. No obstante, es precisamente de la ruina inevitable de este proceso de significación de donde surgen las glorias, o sea, esos momentos de vislumbre, ese «más allá» inefable que menciona Octavio Paz. Uno de los grandes poderes del arte es convertir la falsedad y el simulacro de las palabras en súbitas revelaciones de conocimiento. En los últimos versos del epílogo leemos:

en el terreno
insomne
de la inventada trama
recorra la cifra
incierta
de los ecos
que deletrean las glorias
de su rui-
na. (p. 60)

En los últimos dos versos la palabra «ruina» se encabalga. Este encabalgamiento hace visual la problematización posmoderna de la palabra, separada para siempre de la cosa que intenta nombrar. El poeta sólo tiene a su disposición el lenguaje, un alfabeto de signos imprecisos para expresar la esencia de su ser. El horror de este conocimiento ha llevado a muchos poetas al silencio. Pero también ha habido otros poetas que han mantenido el impulso creativo, reconociendo que aunque el lenguaje es pobre, es el mejor instrumento que el poeta tiene a su disposición para expresarse. Por lo tanto, en el deseo de intentar la articulación, de comenzar a escribir el poema—aunque destinado al fracaso—radican las glorias de los poetas, es decir, en reconocer las limitaciones y sin embargo insistir en vencerlas.

En este libro Pedro López-Adorno nos presenta dos epígrafes que ya anuncian tanto el fracaso como las glorias de la articulación poética. El primer epígrafe viene de los primeros versículos del libro de *Ezequiel* del *Viejo Testamento* en los cuales Ezequiel se atreve a describir la espléndida figura de Dios:

> *Y miré, y he aquí que venía del norte un torbellino de viento, y una gran nube, y un fuego que se revolvía dentro de la nube, y un resplandor alrededor de ella; y en su centro, esto es, en medio del fuego, una imagen de un personaje, tan brillante como de ámbar.*

La ingenuidad de querer describir la figura de Dios no disminuye el deseo de querer comprender y expresarse. En los versículos que siguen a los citados, Ezequiel se vale de toda una serie de símbolos, imágenes y metáforas para poder sugerir «con palabras» lo inefable de la figura divina. Obviamente el profeta fracasa y cae en una expresión caótica. No obstante, el mero hecho de intentar una empresa de tales proporciones es precisamente donde se manifiestan «las glorias de su ruina».

El segundo epígrafe viene de *El primero sueño* de Sor Juana Inés de la Cruz. La idea de intentar, aun cuando se esté consciente del fracaso final, es central a este poema considerado como una de las más notables creaciones poéticas de la literatura hispanoamericana:

> *Tipo es, antes, modelo:*
> *ejemplar pernicioso*
> *que alas engendra a repetido vuelo,*

del ánimo ambicioso
que—del mismo terror haciendo halago
que al valor lisonjea—
las glorias deletrea
entre los caracteres del estrago.

En *Primero sueño* el alma de la poeta, separada de las ataduras del cuerpo, se propone llegar al conocimiento total del universo, pero fracasa, pues se da cuenta de las limitaciones del intelecto y de la imposibilidad de comprender el universo en su totalidad. Sor Juana acepta esta derrota a la vez que destaca la importancia de seguir adelante, de atreverse a aceptar el reto aún a riesgo de caer. De los últimos dos versos de este epígrafe viene el título del libro de Pedro López-Adorno. De entre la ruina inevitable de los signos («el estrago») surgen las «glorias» intentando deletrear. En la obra de Pedro López-Adorno existe una perspicacia introspectiva, es decir, un reconocimiento de la relación precaria, y a la vez revelatoria, que existe entre el poeta y el poema. Esta dimensión especulativa acerca de la poesía es inseparable de su labor como poeta.[17]

IV

En resumen, las obras de Manuel Marshall, Miguel Falquez-Certain y Pedro López-Adorno, cada una singular en sus preocupaciones y en su articulación, demuestran la variedad y el espíritu creativo de los escritores hispanoamericanos de Nueva York. Espero que esta introducción general sirva como punto de partida para otros críticos y lectores interesados en conocer más a fondo las obras de estos poetas.

---

17 En 1988 Pedro López-Adorno recibe el tercer premio en el concurso «Instituto de Escritores Latinoamericanos de Nueva York» por diez poemas recogidos bajo el título «Ejecuciones neoplatónicas». Estos han sido publicados en *Instituto de Escritores Latinoamericanos de Nueva York, Premio de Poesía 1988.*

On Drama
De la dramaturgia

Logros de la literatura latina: el teatro[1]

Beatriz J. Rizk

Por motivos de espacio, dedicaremos este estudio al teatro chicano y al teatro puertorriqueño cuyas comunidades representan los dos grupos étnicos hispanoamericanos más grandes en los Estados Unidos. El primero cubre un sesenta por ciento de la población hispana, casi todo congregado en el sur y el sudoeste del país, y el segundo, estimado en un catorce por ciento, está concentrado en el nordeste, especialmente en el área metropolitana de la ciudad de Nueva York.

El principio del teatro latino en los Estados Unidos, tal como se conoce hoy en día, tiene nombre propio: se llama Luis Valdez. Esto no quiere decir que no haya existido un teatro latino con anterioridad. Sabemos, y ha sido brillantemente documentado, de un teatro que parte prácticamente desde el momento en que se firma el Tratado de Guadalupe Hidalgo en 1848, por medio del cual una gran parte del territorio mexicano pasa a la unión americana dando origen a lo que será uno de los grupos étnicos más numerosos del país: la comunidad chicana.

La primera producción en territorio actual norteamericano (El Paso, Tejas) se realiza en 1598, una versión de la danza *Los moros y cristianos*[2], que se repite tres meses más tarde en Santa Fe, Nuevo México, danza proveniente de las festividades que se hacían en el territorio ocupado por los moros en España y reconquistado definitivamente por la Corona hacia 1492. Estas formas populares, al igual que las de origen religioso como las llamadas *Pastorelas* que se celebran para la Navidad, pasaron al Nuevo Mundo implantándose fuertemente en la tradición oral de los pueblos que empezaban a gestarse bajo los signos de una nueva cultura, la hispánica. En el estado de Nuevo México, por ejemplo, durante el mes de diciembre se realizan actualmente una variedad

---

1 Esta ponencia fue presentada en el marco del coloquio «Puntos críticos sobre la literatura latina y la experiencia inmigratoria» el 3 de junio de 1989.

2 Jorge Huerta, *Chicano Theatre: Themes and Forms* (Ypsilandi, Michigan: Bilingual Press/Editorial bilingüe, 1982), p. 192.

de celebraciones tradicionales, versiones contemporáneas de las obras que se hacían durante los tiempos de la Conquista y la Colonia, como la misma danza de *Los moros y cristianos* en Chimayo[3], conocida también como la danza de los *Matachines* que se celebra en Alcalde, Jémez Pueblo, Taos Pueblo, Bernardillo y otros pueblos del norte del estado. En ella doce danzantes o matachines representando las fuerzas del bien (el «monarca», casi siempre un Moctezuma cristiano) y el mal (la «malinche», el «torito») combaten hasta someter al contrincante quedando victorioso, como era de esperarse, el representante del bien[4].

Los pastores, en la que se recrea el drama litúrgico de la Natividad, es parte de las celebraciones que con motivo de la fiesta católica se hacen en varios pueblos y ciudades del estado. Hay compañías como Los pastores del Valle de Mesilla que desde hace veinticinco años van de pueblo en pueblo y de iglesia en iglesia llevando sus personajes (Bartolo, Gila y Lucifer) que ya muestran características propias de las comunidades en donde se presentan aunque la letra de las canciones originales en español y la música se conservan[5].

De hecho, la tradición del teatro se enraizó fuertemente en todo el sudoeste norteamericano. Actuales compañías itinerantes como la de Los Nuevos Maromeros que recorre las comunidades rurales del norte de Nuevo México cada año, representando danzas y cantos autóctonos entreverados con piezas cortas contemporáneas sobre temas de gran vigencia como la de los refugiados centroamericanos, tomó su nombre de otra compañía presumiblemente de origen mexicano, muy recordada en la región, Los Maromeros, que atravesaba el estado todos los años antes de la Segunda Guerra Mundial.[6]

Ningún género tuvo tanto éxito como el de las Carpas o Tandas de Variedades que proliferaron a través de todo el territorio al iniciarse el presente siglo y hasta su propia medianía. Compuestos los espectáculos

3   Victoria Alba, *"Moors Reign in Spain Adds to New Mexico Mosaic," New Mexico Magazine (July 1988),* p. 72.

4   Douglas Kent Hall, *"Los Matachines: Dancers Keep Old World Tradition Alive," New Mexico Magazine (December 1986),* p. 43.

5   Eva Jane Matson, *"Los Pastores del Valle de Mesilla: Packing Them in for 25 Years," New Mexico Magazine (December 1985).*

6   Camille Flores, *"It's Showtime: Traveling Troupe Revives Hispanic Tradition," New Mexico Magazine (July 1988).*

de *sketches* cómicos, de números musicales, bailes y maromas, en no pocas instancias estaban en manos de núcleos familiares que se desplazaban con aparente facilidad por los pueblos aledaños. El investigador T. Ybarra-Frausto rememora varios de ellos como la Carpa García de San Antonio que funcionó desde 1914 hasta finalizar la década de los cuarenta; la Carpa Escalona; la Compañía de Tandas de la afamada «Chata» Noloesca cuya popularidad llegó a sentirse hasta en Nueva York; señalando finalmente, con N. Kanellos[7], la década de los veinte a los treinta como la Edad de Oro del teatro hispano—en español—en el sudoeste norte-americano[8].

Es interesante el hecho de que es precisamente en Tejas con la Compañía de Actores de San Antonio que dirige Jorge Piña, fundada en 1986 con sede en el Guadalupe Arts Center de la ciudad, en donde se ha hecho un esfuerzo por revivir la tradición carpera con la obra *Las Tandas de San Cuilmas—Los Carperos* (1989) comisionada al dramaturgo José Manuel Galván. Dividida en cuadros, *Las Tandas* hace una revisión histórica de la odisea del pueblo chicano desde su origen azteca, pasando por la Conquista, el Imperio (Maximiliano y los franceses) hasta la Revolución en 1910 y la subsecuente emigración masiva hacia los Estados Unidos (un diez por ciento de la población). De este punto en adelante la obra toca diversos temas como la travesía de los «mojados», la explotación de los «coyotes», los vericuetos del amor, cuentos de la mitología popular como el Fausto, etc. También tienen entrada tanto el machismo como la problemática femenina y el eterno conflicto entre el tejano de origen mexicano y el anglo arribista.

Pero no es sino hasta 1965 durante una huelga de los trabajadores del Valle de San Joaquín en California que nace el teatro chicano contemporáneo con los *Actos*—piezas cortas de un acto derivadas de los *sketches* cómicos de las carpas y revistas de tanda cuyos personajes presentan influencias de la *commedia dell'arte* y del *vaudeville* norteamericano—preparadas para presentarlos ante los huelguistas. No se puede hablar del teatro chicano sin darle un lugar primordial al director chi-

7   Nicolás Kanellos, *"The Flourishing of Hispanic Theatre in the South West," Latin American Theatre Review 16/1 (Fall 1983)*.

8   Tomás Ybarra-Frausto, *"I Can Still Hear the Applause*. La Farándula Chicana: Carpas y Tandas de Variedad," *Hispanic Theatre in the U.S.*, ed. Nicolás Kanellos (Houston: Arte Público Press, 1984).

cano. Valdez fue uno de los pioneros del movimiento nacional chicano que a partir de los años sesenta se esforzó—a través de una incipiente literatura que ya ha llegado a alcanzar cierto grado de madurez—a redimir la herencia hispánica como parte de un renacimiento cultural que se ha hecho sentir en todo el país.

El Teatro Campesino, fundado por Valdez, ha experimentado con diversas formas como son los mitos, en los que proponen un regreso al teatro ritual enriquecido con leyendas y mitos de origen indígena (maya y azteca) con el fin de restablecer una unidad cultural con las ascendencias física y espiritual del pueblo chicano y cobrar nuevas fuerzas; y los *corridos,* escenificaciones de las baladas populares, conocidas con este nombre, que han acompañado, documentado y cantado al pueblo mexicano, y por ende al chicano, desde su derivación del romance español.

El ejemplo de Valdez se propagó rápidamente y empezaron a surgir grupos que se dedicaron desde un principio a fomentar una dramaturgia propia siguiendo en varias ocasiones los métodos de creación colectiva que sus vecinos de los países del sur ya estaban utilizando con éxito. De este modo surgen colectivos como El Teatro de la Esperanza, fundado en 1971 por Jorge Huerta en Santa Bárbara, California, y ahora funcionando bajo la dirección de Rodrigo Duarte Clark en San Francisco. Este último autor ha escrito también varias de las obras más conocidas del grupo como *Brujerías* (1972), en la que critica las supersticiones y creencias falsas de una comunidad que vive parcialmente en la ignorancia, e *Hijos, Once a Family* (1979), sobre la desintegración de una familia en un mundo hostil y marginalizante. La última obra del grupo, *Teo's Final Spin* (1987) de Lalo Cervantes, toca el candente tema del intervencionismo norteamericano en Nicaragua. Otros grupos de California han hecho historia aunque algunos ya hayan desaparecido o estén inactivos como el Teatro de la Gente que dirigía Adrián Vargas. Todavía se recuerda su *Corrido de Juan Endrogado* (1973) como una de las obras que mejor recepción tuvo en una primera etapa dedicada a reforzar la unión familiar, guardiana de la tradición y la cultura, y pilar de la comunidad. Grupos más jóvenes como el *Culture Clash* (1984) de San Francisco está haciendo una labor muy positiva al cuestionar a través de sus *sketches* satírico-cómicos la imagen falsa que del hispano han hecho los medios masivos de comunicación como la televisión y el cine norteamericanos.

En todos los estados del sudoeste han surgido grupos que han dejado una huella indeleble en el panorama teatral de sus respectivos lugares; así tenemos en Nuevo México, por ejemplo, la Compañía Nacional de Albuquerque (1977) que dirige actualmente Marcos Martínez cuyo primordial objetivo ha sido el de profundizar en su propia cultura para elaborar discursos que trasciendan lo particular y sirvan de puente de unión entre los diversos grupos étnicos como sucede con *Tito* (1987), escrita por Rómolo Arellano, un memorable monólogo de un alcoholizado cuya vida, a medida que se va hundiendo en el sopor del alcohol, va revelando las circunstancias adversas de su propia comunidad. En Denver, Colorado, el grupo Su Teatro (1976), que dirige Tony García, acaba de adquirir su propio centro y comienza la temporada de 1989 con *Intro to Chicano History 101* (1986), una obra musical colectiva en la que recorren 450 años de vicisitudes del pueblo chicano.

Un poco más al sur, la ciudad de Tucson, Arizona, ha sido un foco teatral hispano de vital importancia. Allí surge en 1975 el Teatro Libertad que ha dado obras significativas para la comunidad como la obra colectiva *La vida del cobre* (1984). La pieza hace un recuento brechtiano de las luchas políticas que enmarcaron la huelga de los mineros del cobre contra la Phelps-Dodge en Tejas y Arizona en 1983 en la que se entremezclan problemas similares de los trabajadores de las minas en Chile animados por poemas y canciones de los dos países. Otro grupo de Tucson, el Teatro Chicano (1981), ahora conocido como el Teatro del Sol (1987), bajo la dirección de Arturo Martínez, ha dado a conocer dramaturgas como Silviana Wood. Su producción, casi toda escrita para el grupo, consta de varias obras en las que explora las figuras tradicionales y alegóricas de la mitología chicana como la llorona, el diablo y la calavera en *Cuentos del barrio* (1980), o bien se inspira en la picaresca española aunque poco realista pues en ella hacen su aparición Tin-Tan, Cantinflas y Chaplin en *La vida dulce de los compadres Mascazate* (1983). El problema generacional que conlleva el inevitable conflicto de las dos culturas, la anglo y la hispana, se reflejan en obras como *Anhelos por Oaxaca* (1984), sobre un anciano que regresa a morir a su patria chica llevando consigo en su viaje a su nieto asimilado, y *Amor de hija* (1986), en la que se dan cita cuatro generaciones de mujeres acarreando consigo los problemas que enfrenta cada edad agudizados por el contexto social.

En el Este, la comunidad puertorriqueña de Nueva York inicia su entrada a las tablas con la presentación de *La carreta* de René Marqués en 1954 teniendo tal éxito que inspiró a una de las jóvenes actrices de la pieza, Miriam Colón, y a su director, Roberto Rodríguez, a fundar una compañía que a pesar de su corta existencia—tan sólo duró cuatro años—alcanzó a tener sede propia: el Nuevo Círculo Dramático. Desde entonces se empieza a delinear un repertorio al que la productora, uno de los pilares más sólidos del teatro puertorriqueño desde esta costa, será fiel—a través del Teatro Rodante Puertorriqueño que funda en 1967: obras del repertorio español y latinoamericano, ya clásicas o contemporáneas, combinadas con otras de jóvenes autores boricuas, algunas veces escritas por encargo o desarrolladas en el Taller de Dramaturgia del teatro que funciona desde 1977[9]. Se puede decir que toda una generación de jóvenes autores puertorriqueños han crecido o se han dado a conocer desde el escenario del Teatro Rodante. Entre estos dramaturgos figuran, por ejemplo, Jaime Carrero, ya conocido entre nosotros por su temprana obra *Pipo Subway no sabe reir* (1973), cuya *Betances* (1979), basado en el insigne prócer puertorriqueño que estuvo implicado en el episodio del Grito de Lares, fue comisionada para el año inaugural de la nueva sede; y Federico Fraguada, quien escribió su obra *Bodega* (1986) en el Taller de Dramaturgia, se anotó tal éxito de taquilla que la obra regresó al repertorio del Teatro durante la siguiente temporada de 1987. En ella un bodeguero del Sur del Bronx debate con su mujer el posible regreso a la isla del encanto hasta que sus sueños se quedan truncados por la mano asesina de un vulgar matón del vecindario. Sorprendentemente su mujer decide quedarse y luchar contra el elemento. Lo que hacen igualmente los personajes de *First Class* (1988) de Cándido Tirado, otro valor que empieza a destacarse con obras en las que el naturalismo visceral de la vida callejera se plasma en intensas escenas violentas que a pesar de su estereotipificación dejan entrever resquicios humanos.

Otra vena que ha enriquecido notoriamente el panorama teatral local ha sido la de los poetas *nuyoricans,* producto de las luchas civiles y movimientos étnicos que sacudieron la nación a partir de los años cin-

---

9   Pablo Figueroa, Teatro: *Hispanic Theatre in New York City/1920-1976* (New York: Off-Off Broadway and Museo del Barrio, 1977).

cuenta y conscientes del doble colonialismo a que está sometida la comunidad puertorriqueña como colonia allá y minoría acá; estas nuevas voces se alzaron clamando justicia para su pueblo, denunciando la opresión en todos los frentes. Pedro Pietri inició la ruta en 1973 con su celebrado poema *"Puerto Rican Obituary"*. Más adelante nos brindará una interesante obra de teatro en *The Masses Are Asses* (1984) en la que introduce una cierta visión del ghetto a través de la cual se percibe el conflicto de clases. En ese mismo año de 1973 escribe el lamentablemente desaparecido Miguel Piñero la que será su obra más importante, *Short Eyes,* sobre las condiciones miserables en que se encuentran muchos de los presidiarios en el país, dándole como marco de referencia los conflictos raciales que, cual reflejo de la sociedad que los gesta, dividen a los presos en grupos irreconciliables. La obra la dirigió el también desaparecido Marvin Félix Camillo con el grupo La Familia, recibiendo los mejores elogios del público y de la crítica en general y mereciéndole los más altos galardones que se otorgan al teatro que se hace fuera de Broadway.

Casi simultáneamente nace el *Nuyorican Poets Cafe* (1974), fundado por Miguel Algarín, Miguel Piñero y Lucky Cienfuegos, con el fin de fomentar el desarrollo de obras de autores que como ellos viven en el pauperizado *Lower East Side* de la ciudad de Nueva York y como tal se encuentran desprovistos de una auténtica dirección artística. Para lograr su propósito consiguieron un local situado en la Calle Tercera y allí no sólo han leído y se han montado obras de los miembros fundadores sino de autores y poetas como Tato Laviera (*La Chefa, Piñones, Becoming García*) y Sandra María Esteves. Es allí donde uno de los asociados de Joseph Papp «descubre» a Reinaldo Povod cuya obra *Cuba and his Teddy Bear* lo llevó al estrellato, al producirla Papp en Broadway con Robert De Niro y Ralph Macchio en los papeles protagónicos. De nuevo es el mundo del ghetto contra el de un padre, traficante de drogas él mismo, que quiere proteger a su hijo adolescente, como es obvio sin ningún éxito.

Hay por lo tanto otros autores puertorriqueños que han logrado hacerse un sitio en el escenario local por vías diversas como es el caso de John Jesurun (*Chang in a Void Moon, Deep Sleep, White Water*) quien tiene su nicho en el mundo del teatro de vanguardia. En sus espectáculos utiliza la técnica moderna que le brindan los videos y aparatos electrónicos para lograr efectos visuales novedosos. José Rivera es otro de los autores del la actual promoción que se ha destacado con obras como *The House of Ramón Iglesia* (1983), presentada en el *Ensemble Studio*, en la que se ventila de nuevo el conflicto de las generaciones y del eterno retorno de los progenitores a la isla, y *The Promise* (1989) en la que explora la veta del «realismo mágico» a través de una familia boricua de Long Island.

Por último, el movimiento del Nuevo Teatro latinoamericano, combinado con el contacto que se va teniendo a través de los festivales con los grupos chicanos, va fomentando la formación de agrupaciones colectivas que empiezan a explorar una temática propia siempre en búsqueda de una identidad propia. Tal es el caso del grupo Pregones que opera actualmente en el Sur del Bronx, por citar tan sólo uno de los casos y quizás el más consistente de todos. Fundado en 1979 por tres actores puertorriqueños, entre ellos la actual directora Rosalba Rolón, el grupo se inició con una colección de escenas del teatro puertorriqueño como *Bienvenido don Goyito* de Manuel Méndez Ballester, *Los ángeles se han fatigado* de Luis Rafael Sánchez, *La carreta* y *Carnaval afuera carnaval adentro* de René Marqués bajo la dirección del poeta ya fallecido Víctor Fragoso. De ahí pasaron a experimentar con obras de la dramaturgia latinoamericana o piezas colectivas sobre problemas específicos, como la penuria social y económica por la que atraviesa el pueblo de Vieques ante la presencia y establecimiento de una base naval norteamericana. Los diálogos, a partir del material aportado por los actores, fue escrito for Eduardo Gallardo. La última producción del grupo, *Voices of Steel/Voces de acero* (1989), trata de la situación de los prisioneros políticos puertorriqueños en las cárceles norteamericanas y el «especial» tratamiento que reciben.

Es indudable que se nos quedan muchos grupos y teatristas por fuera, pero no es nuestra intención agotar el tema sino dar una visión a vuelo de pájaro del desarrollo teatral de los dos grupos étnicos mayoritarios de nuestra comunidad hispanoamericana.

Cuatro dramaturgos latinos: María Irene Fornés Miguel Piñero, Tato Laviera y Pedro Pietri[1]

Beatriz J. Rizk

MARIA IRENE FORNES

Cualquier trabajo histórico sobre la producción teatral contemporánea de los latinos en los Estados Unidos tendría que empezar con María Irene Fornés. Nace en Cuba en 1930 y allí vive su niñez y primeros años de adolescencia. Su padre no tenía mucha fe en el sistema educativo de la isla y la saca del colegio, después de haber terminado su tercer año de estudios primarios, para darle instrucción privada en su casa, ayudado por la madre y hermanas mayores. Fornés es la sexta de cinco hermanos.[2]

Emigra a los Estados Unidos en 1945 y su primera obsesión (es una trabajadora compulsiva) es la pintura. Se dedica a ella por más de diez años. En 1961 escribe su primera obra y desde entonces no ha cesado de cosechar logros en su trayectoria teatral. Su compromiso con el teatro ha sido enriquecedor y polifacético. Su aporte más considerable ha sido en el campo de la dramaturgia, aunque sobresale también como directora—ha dirigido casi todas sus obras—y como formadora de futuros dramaturgos. Fornés ha servido de guía y, no pocas veces, de fuerza motriz para muchos autores de la nueva promoción desde el Taller de Dramaturgia de INTAR que dirige a partir de 1980 y a través de seminarios que ha dado por todo el país, como el de Padua Hills Playwrights Festival. Dos de sus alumnos más destacados, Eduardo Machado y Milcha Sánchez-Scott, reconocen su deuda con la dra-

1 Conferencia dictada el 18 de noviembre de 1989 durante el coloquio «Escritura latina en inglés: ¿escribir para quién?».

2 Cory Zacharia, *"Still in the Center: María Irene Fornés," Hispanic (July 1988)*, p. 46.

maturga en obras tan fundamentales de su producción como *Broken Eggs* y *Roosters*, respectivamente.[3]

En 1962 estrena en Nueva York su primera pieza, *Tango Palace*. Con ella inicia igualmente una etapa que estará marcada por su contacto e involucración con personajes y organismos teatrales de la época, que dejarán una huella indeleble en el teatro de vanguardia norteamericano. Nos referimos, específicamente, al Open Theatre con Joseph Chaikin a la cabeza, el Judson Poet's Theatre con el polémico reverendo Al Carmines como director, y a los dramaturgos Jean-Claude Van Itallie, Megan Terry y Michael Smith, entre otros.

Tango Palace resume en sí mismo los postulados de base del Open Theatre; a saber, el encuentro del actor y del espectador «reunidos por el placer del juego, compartiendo la experiencia de un destino común, casi siempre la de nuestra propia mortalidad».[4] A estos principios, Fornés le agrega una tradición teatral, la de su Cuba natal, tradición que se ha caracterizado por su apego a las vertientes cómicas, a la farsa popular, a la representación grotesca de la realidad y a la parodia iconoclasta. En esta obra inicial, nuestra autora, por ejemplo, pone en tela de juicio algunos de los refranes más comunes del lenguaje coloquial hispano. Refiriéndose, sin mencionarlo, al dicho popular «la fe mueve montañas», uno de los personajes comenta: *"Faith is a disgusting thing. It's treacherous and destructive. Mountains are moved from place to place".*[5]

En términos norteamericanos, el gusto por lo popular se expresa en Fornés a traves de las referencias al cine, de la parodia del cine y sus estrellas y de las diferentes formas populares que la industria del *entertainment* ha sabido explotar tan bien aquí como son el *vaudeville*, el burlesco, la comedia musical, etc. Aunque también utiliza formas derivadas del patrimonio cultural hispánico como son, en esta primera pieza, el uso de la fiesta brava con toda la secuencia ritualista de una corrida de toros («verónicas», «pases de castigo», «revolera», «isadorina», «manoletina», «las banderillas», etc.) y el baile del tango:

3   Ver los prólogos a las obras de la antología *On New Ground* que contiene las obras de Lynne Alvarez, *El guitarrón*; María Irene Fornés, *The Conduct of Life*; John Jesurun, *White Water*; Eduardo Machado, *Broken Eggs*; José Rivera, *The House of Ramón Iglesia*; y Milcha Sánchez-Scott, *Roosters*, ed. M. Elizabeth Osborn (New York: Theatre Communications Group, 1987).

4   Franck Jotterand, *Le Nouveau théâtre americain* (Paris: Editions du Seuil, 1970), p. 119.

5   María Irene Fornés, *Promenade and Other Plays: Promenade, The Successful Life of 3, Tango Palace, Molly's Dream, A Vietnamese Wedding* and *Dr. Kheal* (New York: PAJ Publications, 1987).

One...two...three...dip and turn your head to show your profile.
One...two...three...dip and swing your little foot back and forth.
One...two...three...and rotate one foot, taking little steps with the
other.... (72)

En la obra dos hombres, Isidore y Leopold, encerrados aparentemente en un desván repleto de objetos de variado uso (máscaras, guitarra,
látigo, etc.) «juegan» a representar pequeñas escenas dándole forma ritual
a situaciones que se definen en términos generales de opresor y oprimido, como son el maestro y el alumno, el padre y el hijo, el seductor y el
seducido, etc. La tergiversación de los papeles e inversión de jerarquías
que se llevan a cabo en este teatro-dentro-del-teatro de pronto se convierten en realidad y terminan, como era de esperarse, con la destrucción del «opresor».

Hay, asimismo, una denuncia del materialismo de la vida, la mentira
de las comodidades materiales simbolizadas en los trastos abarrotados en
el escenario, y el automatismo moderno. Isidore se sirve de unas tarjetas
que usa como informador y sin las cuales no puede funcionar. En este
caso la violencia parece ser el último recurso que le queda al ser
humano en su camino a la robotización.

Tango Palace también pertenece a la corriente del llamado teatro del
absurdo, prevalente en su época, y sugestivamente nos trae a la mente la
obra *Las criadas* de Jean Genet, presentada en el Judson Memorial
Church en el mismo año de 1962. En ella, recordemos, dos criadas representan un ritual imitando a la señora, hasta que su acto de aparente
veneración deviene un acto criminal al aceptar una de las criadas la
muerte que le tenían reservada a la señora.

Otra de sus obras más recordadas de la época, *Promenade* (1965), se
estrenó precisamente en el Judson Poet's Theatre, con música escrita por
Al Carmines. Por su contenido, la pieza nos remite a las llamadas
«moralidades» medievales en las que se narraban las peripecias de los
personajes por el mundo, un mundo en apariencia maniqueista, divor-
ciado entre el bien y el mal encarnado el primero por los pobres (la
sirvienta) y el segundo por los ricos (las *ladies* y los *gentlemen*). Los ricos,
de paso, están homogeneizados por los gustos prevalentes y arruinados
por la vida fácil y las emociones gastadas. Es, por lo demás, una visión
crítica de la sociedad por la intención ridiculizadora, con ribetes de pa-

rodia, de una imagen populista de lo que los ricos deben ser. Los protagonistas de la obra, dos inocentes prófugos, logran conservar su estado anímico a través de encuentros fortuitos, y no tan fortuitos, con el mundo exterior. La pieza es, asimismo, una reflexión sobre la vida que una sociedad dada impone a un personaje y su contradictoria realidad interior. Reflexión que, por otra parte, puede llegar a ser un común denominador de casi toda su producción dramática.

La turbulenta década de los sesenta, con las manifestaciones estudiantiles y la guerra del Vietnam, hizo que muchos artistas salieran de su acaparadora inmediatez y asumieran una responsabilidad insoslayable ante lo que estaba sucediendo. Fornés, fiel a su época, no se quedó atrás y en 1969 el teatro La Mama estrena dos obras en las que presenta las dos caras del conflicto bélico: *A Vietnamese Wedding* y *The Red Burning Light or Mission XQ3*. En la primera, la autora describe la ceremonia de un matrimonio rural vietnamita con ingenuidad casi tierna y la segunda es una parodia mordaz sobre la involucración norteamericana en Indochina, usando principalmente el circo y el género de las revistas de tandas para denunciar el aspecto grotesco tanto de la guerra como de sus jefes militares.

Otra de las obras más populares de la época fue *The Successful Life of 3* (1965) en la que denuncia simpáticamente la banalidad imperante en el mundo del celuloide norteamericano y la veneración (léase fetichismo) que ejercen sus estrellas en la gente común. A través de un diálogo salpicado de referencias cinematográficas—entre los nombres que escuchamos se encuentran las Lane Sisters, Douglas Fairbanks, Joan Fontaine, Olivia de Havilland, Alec Guiness, etc.—Fornés desarrolla una acción que es en sí misma una referencia al mundo ficticio de las películas hollywoodenses. Los personajes, por ejemplo, entran y salen de la vida de cada uno de ellos con una facilidad extraordinaria, cual corte de película, y como en el cine se vuelven millonarios de la noche a la mañana y viceversa.

En los años setenta sobresale *Fefu and her Friends*. Los protagonistas son ocho mujeres que pertenecen a la generación anterior, o sea a la generación pre-feminista, pues les falta la franqueza que el derecho a la igualdad ha promovido en las últimas décadas. Un hálito reservado, casi puritano, envuelve a estos personajes que apropiadamente Fornés ha ubicado en el año de 1935. La acción se desarrolla en una casa de campo en la que se expone—a través de seis escenas cortas que a veces se desarrollan simultáneamente—la condición de la mujer de su época en general. El uso novedoso del espacio como relación entre estas mujeres que se entregan a sus propias divagaciones o menesteres por varios rincones de la casa, al mismo tiempo, por su aparente espontaneidad, reduce el espectador a ser un *voyeur*, por momentos impertinente, de lo que sucede en esta múltiple escena. Para algunos críticos, la obra es una de las pocas piezas «experimentales que se escribieron durante la década».[6]

Segun Bonnie Marraca, en su estudio sobre la dramaturga:

> *Because of the play's environmental concept, the experiential factor of the theatrical performance is very strong, drawing the audience into an active intimacy with the actors who, in the middle scenes, appear in cinematic close-up. What appears on the surface to be a realistic play becomes superrealism in performance due to the filmic intensity of the scenes.* (p. 62)

Esta es la misma impresión que se obtiene en su reciente obra *Abingdon Square* (1988). En ella, una joven atrapada en un matrimonio con un hombre que puede ser su abuelo toma la decisión de dejar su hogar, abandonando a su hijo, para rehacer su vida al lado de un joven que le proporciona más penas que gloria. Lo realmente impactante de la pieza es la realización estilística de la misma. La obra va avanzando por etapas, cual si fueran movimientos de una sonata, dejándonos entrever cada vez más aspectos íntimos del personaje central que se debate entre el tradicional deber y el querer. El tratamiento directoral, realizado por Fornés misma, se asemeja al de una película con tomas en diversos locales por medio del uso de tarimas a ambos lados del escenario central. De este modo, la acción se va desarrollando casi panorámicamente.

Los años ochenta, asimismo, han traído gran diversidad a la producción de la autora. Ha incursionado con éxito considerable en el género del teatro musical, siendo quizás sus mejores aportes la obra *Sarita*

6 Bonnie Marraca, "María Irene Fornés," *American Playwrights: A Critical Survey* (New York: Drama Book Specialist, 1981).

(1984), en la que enfoca más directamente la mentalidad latina en la historia de una joven que ama a dos hombres, y dos años más tarde la obra *Lovers and Keepers*, con música de Tito Puente. Ambas piezas presentan una serie de variaciones sobre el tema del amor, uno de sus preferidos.

También ha dedicado considerable tiempo a ejercer el oficio de autor a través de traducciones y versiones de obras. Entre ellas *La vida es sueño* de Calderón de la Barca, presentada en INTAR en 1981, llamó la atención de la crítica por su novedoso montaje. Personajes vestidos con atuendos de la época, a los que adornó con un cierto manierismo asociado con la época barroca, se mezclaban con personajes ataviados con indumentarias contemporáneas. Utilizó variados trucos escénicos—una crinolina caía de arriba para convertir a un paje en mujer, Segismundo recibió un baño de verdad en una tina llena de agua y jabón, etc.—con intenciones obvias de desacralizar el clásico y hacerlo irónicamente accesible a un público moderno.

En 1987, por encargo del Theatre Communications Group y de INTAR, Fornés hizo la traducción/versión de la obra *Aire frío* (1962) [*Cold Air*], del cubano Virgilio Piñera, que le valió el Playwrights USA Award. La pieza trata de una familia que «se niega a proletarizarse» y vive en un mundo de valores en vías de desaparición.[7]

Su acercamiento temático a la América Latina no se limita a las traducciones. De su propia cosecha tiene una obra que ha recibido numerosos montajes a lo largo del país. Se trata de *The Conduct of Life*. El protagonista es un torturador de un país sudamericano al que le seguimos los pasos entre horrorizados y fascinados. Poco a poco, el verdugo va convirtiendo su oficio en algo mecánico, desplazando el escenario de su ignominiosa tarea a su propio hogar, hasta que se rodea de víctimas incluyendo a su propia esposa, a una niña de doce años, a la que recoge y encierra en el desván abusando de ella física y sexualmente, y a una criada, testigo impotente de lo que acontece a su alrededor.

Regresamos cíclicamente a sus primeras obras en el desván, y al juego morboso del opresor/oprimido. Pero es un regreso para arrancar de nuevo, con mayores posibilidades escénicas. María Irene Fornés ha recibido los más altos honores del teatro que se otorgan en el off-

---

7 Rine Leal, *Breve historia del teatro cubano* (La Habana: Editorial Letras Cubanas, 1980), p. 139.

Broadway neoyorquino, teniendo en su haber más de seis Obies, incluyendo uno por sus «logros continuados» en el campo teatral. Sus obras han alcanzado cimas importantes y estamos seguros que continuará brindándonos memorables momentos teatrales.

MIGUEL PIÑERO

No sucederá lo mismo con el prematuramente desaparecido Miguel Piñero, uno de los dramaturgos más importantes que ha dado, hasta ahora, la primera generación de *nuyoricans* (nacidos o criados en Nueva York, de descendencia puertorriqueña).

Muerto de cirrosis en 1988, a la edad de 41 años, Mikey, como le llamaban familiarmente sus amigos, vivió tan rápido y peligrosamente como los protagonistas de sus obras. Desde los ocho años se acostumbró a robar para alimentar a sus hermanos, alternando la vida callejera con la prisión. A los veinticinco años ya había completado siete en la cárcel. Fue en el presidio llamado Sing Sing en donde escribió su primera pieza de teatro completa, *Short Eyes*, apoyado por Marvin Félix Camillo quien, de paso, la dirigió. Camillo daba en ese entonces un taller de dramaturgia y actuación en la cárcel. Todos sabemos el éxito instantáneo que tuvo la obra cuando se estrenó en 1974 recibiendo el galardón del New York Drama Critics Circle como la mejor obra del año. La pieza terminó la temporada ocupando el Vivian Beaumont Theater del Lincoln Center, producida por Joseph Papp.

Como reflejo de la estructura social racista que la engendra, los prisioneros de la cárcel en la obra se agrupan de acuerdo al tipo étnico al que pertenecen: en esta instancia, los blancos, los negros y los hispanos. Una vez definidas las posiciones, se desencadena ante nosotros un insólito drama en el que se entrelazan la historia individual de varios de los tipos característicos de cada grupo, el inevitable y sangriento enfrentamiento de estos grupos entre sí y el destino que le deparan a un corruptor de menores (el llamado *Short Eyes*) estos reos justicieros. Lo realmente novedoso del tratamiento del tema por Piñero se realiza a nivel del lenguaje: su estilo que evidentemente recoge de la calle. Tiene nuestro autor un oído agudo que capta los giros localistas más cargados de ironía y de humor negro al tiempo que copia el habla coloquial no sólo de cada grupo sino del que se desarrolla en la cárcel misma. Oigamos a

Longshoe, el líder blanco, explicar al recién llegado *Short Eyes* el código establecido por los mismos presos:

LONGSHOE

If a spic pulls a razor blade on you and you don't have a mop wringer in your hands...run...if you have a static with a nigger and they ain't no white people around...get a spic to watch your back, you may have a chance...that ain't no guarantee...if you have a static with a spic, don't get no nigger to watch your back 'cause you ain't gonna have none.[8]

De hecho, el texto publicado trae consigo un glosario de *slang*.

Si bien, como dice M. Félix Camillo en la introducción a la obra, la muerte de *Short Eyes* «es el resultado de unos valores raciales y morales rígidos...que copian a los del mundo exterior, aunque más intensos», el énfasis está puesto en la denuncia racial, en la vigente discriminación contra el elemento puertorriqueño, en particular, que en esta sociedad sigue llevándose la peor parte. El siguiente diálogo lo comparten El Raheem, un negro musulmán, y Paco, un puertorriqueño:

EL RAHEEM

You still expect the white man to give you a fair trial in his court? Don't you know what justice really means? Justice..."just us"...whites folks.

PACO

Look, here man. I don't expect nothing from nobody—especially the Yankees. Man, this ain't my first time before them people behind these walls, 'cause I ain't got the money for bail. And you can bet that it won't be my last time—not as long as I'm poor and Puerto Rican.

Piñero se dedicó a varias ocupaciones: poeta de primera magnitud, maestro de jóvenes dramaturgos—entre sus alumnos se cuenta a Reinaldo Povod—y actor (tuvimos la oportunidad de verle en varios

8   Miguel Piñero, *Short Eyes* (New York: Hill and Wong, 1974), p. 28.

episodio de *Miami Vice*). Como bien señaló Joseph Papp en una ocasión, Mikey *"belongs to a tradition of writers whose devious and renegade lives paradoxically result in the most painstaking devotion to the truth and rigor of their craft".*[9] Dejó un legado importante de obras dramáticas. Pobló su mundo de los bajos fondos de prostitutas, chulos, *hustlers*, jugadores, gente nocturna, moradores de la calle, que viven, aman y luchan de acuerdo a las leyes y códigos impuestos por los más poderosos entre ellos. Leyes sagradas cuyas infracciones se pagan con la vida aunque el desenlace, en muchos casos, no es previsible, lo que tiene indiscutiblemente a su favor la obra de Piñero. Se trata, pues, de la verdadera ley de la jungla en donde sólo el más fuerte «hace carrera».

En *The Sun Always Shines for the Cool*, una pieza que parece dejarse llevar por el tradicional camino del honor mancillado de una hija a la que el padre tiene que vengar, termina con el suicidio del viejo, para hacer reaccionar a la joven e impedirle, de este modo, entregarse a la prostitución, como su amante lo tenía planeado.

Piñero no sólo se limita a destacar personajes latinos. Tiene piezas en las que los protagonistas son judíos, negros o blancos. Eso sí, con todas las características y prejuicios asociados a sus grupos étnicos y siempre en contraste con otros grupos, usualmente los negros o hispanos. En *Irving*, un hijo de familia judía respetable reúne a los suyos para anunciarles «su salida del *closet*», o sea su homosexualidad. A la cena familiar también es invitado un negro bisexual quien aparentemente tiene relaciones con Irving y con su hermana al mismo tiempo. Comedia de equivocaciones, llena de humor, pero también mosaico en el que se reflejan la estereotipia no sólo del homosexual sino de los elementos que componen la sociedad. El «negro homosexual», por ejemplo, según el padre de Irving, *"is a two-time loser"*.

En la memorable pieza *Midnight Moon at the Greasy Spoon*, dos hombres blancos mayores, actores o cómicos frustrados, desde su *diner* en las cercanías de Times Square, para estar cerca del distrito teatral, revisan, a través de las conversaciones con los diferentes clientes o entre ellos, todos los prejuicios vigentes en el medio. En sus divagaciones, a veces delirantes, hasta el comunismo serviría a sus propósitos racistas:

9 Joseph Papp, "Introduction," *Outrageous One-Act Plays* by Miguel Piñero (Houston: Arte Público Press, 1986).

JOE

...You know the communists don't have a bad idea when they start out, you know, I mean it. I mean like they have a good idea when they start to throw out the rotten apple before it contaminates the whole barrel. That's their motto and like it or not, it's a good one. If we had in this country stopped all them spics and niggers from going crazy protesting this and that, we would have been in a better more orderly country.[10]

La socióloga Clara Rodríguez, en un reciente estudio sobre la lucha de los puertorriqueños en este país, establece la diferencia en el enfoque de lo racial entre Puerto Rico y los Estados Unidos. Según ella, en la isla *"racial identification is subordinated to cultural identification, while in the U.S. racial identification, to a large extent, determines cultural identification"*.[11]

Este pensamiento nos llevará directamente al corazón de la obra de nuestro siguiente autor, Tato Laviera, por cuanto no ha habido otro autor entre los *nuyoricans* que haya hurgado más a fondo la cuestión de la identidad cultural del puertorriqueño en este país.

TATO LAVIERA

Vamos a referirnos en este estudio sobre todo a las primeras obras de este autor, *Piñones* (1979) y *La Chefa* (1980)[12], aunque en casi todas ellas recurre a la misma temática como en *Here We Come* (1982) y *Becoming García* (1984), pero no de manera tan directa como en las anteriores.

Desde el principio en *La Chefa* el autor, por medio de una canción, nos anuncia de donde son los personajes:

I'm leaving from the mountains,
I'm coming to San Juan,
the boat is to Manhattan,
the plane is to New York.

---

10 Miguel Piñero, *The Sun Always Shines for the Cool, Midnight Moon at the Greasy Spoon* and *Eulogy for a Small Time Thief, Plays* (Houston: Arte Público Press, 1984), p. 50.

11 Clara Rodríguez, "Puerto Ricans: Between Black and White," *Puerto Rican Struggle: Essays on Survival in the U.S.*, ed. Clara Rodríguez, Virginia Sánchez Korrol and José Oscar Alers (Maplewood, N.J.: Waterfront Press, 1980), p. 21.

12 Tato Laviera, *La Chefa, Piñones*, manuscrito sin publicar.

La acción se desarrolla durante el velorio del abuelo Buenportorro. Utilizando una serie de *flashbacks*, el autor nos remonta a diferentes etapas de la vida familiar que concuerdan con acontecimientos políticos importantes. De este modo nos enteramos cómo los americanos aprobaron el *Jones Act* en 1917, que confería a los puertorriqueños la nacionalidad norteamericana, *"to send the Puerto Ricans into war"*. Igualmente, al hablar del momento histórico, bajo el gobierno de Muñoz Marín, en el que Puerto Rico se convierte en estado libre asociado, un personaje judío de nombre Sefardí (los nombres son obvios) interroga a Buenportorro: *"But how could you be free, associated, and a state all at the same time?"* A lo que responde nuestro abuelo: *"It is very clear. Common wealth means free for* Independentistas, *associated for* Populares, *and statehood for the Republicans and the Americans"* (p. 12). Es importante anotar que Tato se ve como un historiador, de ahí su intención informativa que siempre está presente. En uno de sus poemas de la colección *La Carreta Made a U-Turn*, para una entrevista dada al *Midwest Herald* de Chicago (julio 16 de 1980), él mismo escogió los siguientes versos como su mensaje más importante:

> Para ti, mundo bravo
> *in the final analysis*
> *I am nothing but a historian*
> *who took your actions*
> *and jotted them on paper.*

De la necesidad de ubicación espacial pasamos a la necesidad no menos apremiante de definición en términos raciales que lo lleva a tanteos y definiciones de la esencia culturalmente amenazada del borinqueño. Papo Tío, otro de los personajes en *La Chefa*, parece ser el encargado de transmitirlas:

> *Is that Puerto Rican music? Let me put it this way,* cuando yo toco, *when I play, all the rhythms blend, and when all the rhythms blend, that's when all the colors blend...When all the colors blend, that's a Puerto Rican,* Borinqueño. (34)

En cuanto a la diferencia entre el negro y el puertorriqueño, aquí tenemos un intercambio entre Papo Tío y Chefa:

PAPO TIO

You always work for yourself?

CHEFA

I'm Negro, I can't work for anybody else.

PAPO TIO

You are not Negro, tu eres puertorriqueña.

CHEFA

I applied for nursing school, beautician's school, for everything in the '40s. They said I was Negro.

PAPO TIO

You're mulata, *just like me.*

CHEFA

In New York, you're either Negro or white. There are no shades in between.

PAPO TIO

Puerto Ricans are people. We are white, brown, black, yellow, all in one.

Esta fijación del tema racial, de la resistencia a dejarse encasillar en categorías raciales diseñadas por los anglos (en las que un negro caribeño de hecho pertenece a dos razas distintas, la negra y la hispana), sale a flote en *Piñones*.

Descrita por Tato como una fantasía al estilo del *Mago de Oz*, la obra representa el viaje de Freddy a la isla en busca de sus raíces, un joven puertorriqueño nacido en Nueva York, de quien se posesiona el espíritu de Roberto Clemente, el famoso pelotero muerto en un accidente de aviación en esos días. Freddy, como es de esperarse, encontrará quien le aclare sus *status* racial en personas como Filete. Y dice Filete:

"There are Puerto Ricans who think they are all white, others say that they are all black, but the majority of us say Boricua, meaning a mixture of all". Más adelante continúa: *"This is the Caribbean, to be white means to be part of a whole, in America to be white means to segregate, please don't confuse us"*. El afán de decirlo todo llevará a Tato y a muchos otros de nuestros autores *nuyoricans* a usar clichés, frases hechas que tienen la habilidad de parodiar la situación desventajosa del puertorriqueño pero que al mismo tiempo funcionan bien teatralmente por su comicidad inherente, dependiendo obviamente de cómo se empleen. Aunque esta facilidad que tiene en general el *nuyorican* de reírse de sí mismo es cuchillo de doble filo porque, llevado al extremo, puede caer en la trampa de terminar viéndose como lo ven los anglos y de proyectar personajes que de estereotipos pasan a ser arquetipos, caricaturas grotescas que confirman en un público anglosajón los prejuicios operantes en su medio. (La obra *La puta vida* de Reinaldo Povod desafortunadamente es uno de estos casos).

Al cerrar estas líneas tuvimos la oportunidad de ver la obra *Ariano* del autor *nuyorican* Richard Irizarry, en la actual temporada del Teatro Rodante Puertorriqueño (1990) y nos sorprendió en un principio que diez años más tarde de *Piñones* y *La Chefa* el tema de la identificación racial del puertorriqueño se siga trabajando con la misma intensidad. Y decimos en un principio porque es evidente que su vigencia permanecerá hasta tanto el puertorriqueño no haya alcanzado un sitio digno, de igualdad, dentro de la sociedad receptora. De paso, encontramos ecos de la obra de Tato, que puede ser también la de cualquier otro *nuyorican* comprometido con su causa:

DOLORES

(A su hijo)

You are all of those colors and that's the beauty of what a Puerto Rican is...not white not black, not red or yellow. All of those things. I am the New Puerto Rican and whoever doesn't like it can go straight to hell.

PEDRO PIETRI

Por último, vamos a detenernos en una obra dramática de uno de los poetas más reconocidos en nuestro medio, Pedro Pietri. Se trata de *The Masses Are Asses*, presentada por el Teatro Rodante Puertorriqueño en 1984.

El tema de la misma es una pareja del South Bronx que vive en un mundo de fingimientos en el que creen que son ricos y se lo hacen creer a los que los rodean. En el momento de comenzar la obra, llevan encerrados en una cohacha, antiguo inodoro público del piso, más de una semana, sin botar el agua del inodoro o hablar en voz alta para que sus vecinos crean que están en París pasando sus vacaciones anuales.

La pieza no tiene un desarrollo en el sentido dramático de la palabra. Es una secuencia de «pequeños ritos» que van creando las condiciones para que este mundo imaginario se evoque, se cuestione y se ridiculice. Tanto el mundo de los ricos como el de los pobres, que también está parodiado, están basados en creencias populares e ingenuas como el que los ricos tienen que tener criados porque no son capaces de hacer nada por ellos mismos o que los pobres son todos mal hablados.

Por otra parte, este mundo de fingimientos encierra una visión abrumandoramente pesimista. No hay salida para el individuo atrapado en un mundo de pobreza, de discriminación. Un mundo alienante que enajena a la persona desposeyéndola de una identidad cultural y reduciéndola a ser simplemente un ente biológico:

GENTLEMAN

There is nowhere else to go but here. If you leave or stay you are still going to smell the same shit you are smelling right now. Life is a toilet and all we ever do is go from one toilet to the next. We can only pretend to be somewhere else.[13]

Varios de nuestros dramaturgos latinos parten de este punto de vista. Dolores Prida, por ejemplo, en su obra *Coser y cantar* de 1981, nos ofrece el siguiente parlamento en donde, de paso, se devela el significado del título de la obra:

---

13 Pedro Pietri, *The Masses Are Asses* (New York: Waterfront Press, 1984), p. 56.

ELLA

Mi mamá me dijo una vez que la vida, sobre todo la vida de una mujer, era coser y cantar. Y yo me lo creí. Pero ahora me doy cuenta que en realidad la vida, la de todo el mundo: hombre, mujer, perro, gato, jicotea, es, en realidad, comer y cagar...en otras palabras la misma mierda.[14]

Estas dos obras se prestan a un análisis comparativo. Las dos suceden en un espacio cerrado, cuartos convertidos casi en cárceles en los que sus personajes están prácticamente acorralados por ellos mismos y la acción se desarrolla entre dos personajes ficticios. Ella inventa a *"she"*, en *Coser y cantar*, para poder lidiar con la dualidad que un medio cultural antagónico le impone y conservar un cierto equilibrio emocional. La pareja de Pietri se inventa a sí misma, siendo el hombre el líder de la unión, para poder sobrellevar un destino que los tiene condenados desde el comienzo.

GENTLEMAN

The reason some people's problems are never going to end is because they refuse to pretend that they have no problems. They are ignorant to the fact that from the womb to the tomb we have nothing to do but to pretend and any intelligent person will pretend to be very rich. (p. 58)

A lo largo de las dos obras salen a relucir todas las inevitables contradicciones a las que están sometidos los personajes por el mundo de afuera, cuya crueldad no tiene límites. En *The Masses Are Asses*, mientras ellos fingen estar de vacaciones, a una mujer la violan, a otra la roban y asesinan, en el corredor del apartamento, sin que el hombre, ya deshumanizado por completo, se inmute. Según él, la mujer se dejó violar porque si hubiera querido resistir lo habría hecho realmente y la otra escogió morir «honorablemente» en vez de entregar su «anillo de matrimonio» que era lo que le exigía el ladrón.

Las obras terminan por donde empiezan. Los personajes sobreviven en su mundo de mentiras. En el caso de Pietri, una vez perdida su iden-

---

14 Dolores Prida, *Coser y cantar, Tramoya* (México: Universidad Veracruzana, 1990), p. 22.

tidad, la pareja está condenada a vivir solamente a través de los ojos de los demás. Por conservar la imagen de «millonarios» que han proyectado a sus vecinos, están dispuestos a morir si es necesario. De hecho hay un incendio en la obra en el que casi se asfixian, pero no claudican.

Finalmente, la pieza de Pietri nos trae a la mente las obras del mencionado dramaturgo Jean Genet, en las que el autor, igualmente poeta, realizaba las metáforas propuestas a nivel del lenguaje. Todo se hace a través de la imagen, la imagen que los personajes proyectan al adueñarse de un lenguaje codificado e identificado con las diferentes clases sociales, evidente e irónicamente parodiado en escena.

El juego de palabras, la aliteración, las repeticiones de piropos al principio, medio y final, las rimas tontas, toda su facilidad para manejar el idioma se presta a romper la ilusión drámatica constantemente sólo para volver a establecerla con más fuerza.

Definitivamente la obra merece un nuevo montaje, no siguiendo las pautas de actuación naturalista que sin duda confunde el rico mensaje de la pieza basado en una parodia de la parodia y no en un trozo de la vida de los habitantes del ghetto que, en último caso, sería una falsedad y nada más ajeno a lo que se propone el autor.

Re-viewing Latino Theater: Issues of Crossing Over, Mainstreaming, and Canonization[1]

Alberto Sandoval

Broadway is the context from which plays become literature to canonize.
—*Jill Dolan, The Feminist Spectator as Critic*[2]

To Beatriz J. Rizk, for her support and friendship

Dolores Prida, one of the most prestigious, prolific and outspoken Latina playwrights in the United States, has continually denounced Anglo-American theater critics for their lack of Hispanic cultural knowledge and understanding in their reviews of Latino theatrical productions:

> *The problem comes when I'm writing in English and I get critics from The New York Times or The Village Voice commenting on them [plays] negatively. The discrimination is there. They fail to put the plays in context of the experience of the Hispanic community. I think they have a preconceived notion of what a Hispanic is. If they see a woman with a peineta the American critics will say, "This is real Hispanic."*[3]

> *American critics are, in most instances, either patronizing or insensitive to the work produced by Hispanics, even if it is in English.*[4]

---

1 Essay read during the "Latino Literature and the U.S. Mainstream" symposium on June 15, 1991.

2 I have found Dolan's feminist critical inquiry of the mainstream criticism to Marsha Norman's *'night Mother* to be inspirational and stimulating. See chapter two, "Feminism and the Canon: The Question of Universality" (Michigan: UMI Research Press, 1988).

3 Luz María Umpierre, "Interview with Dolores Prida," *Latin American Theater Review* (Fall, 1988), p. 84.

4 "The Show Does Go On" in *Breaking Boundaries: Latina Writings and Critical Readings*, edited by Asunción Horno-Delgado et al (Amherst: University of Massachusetts Press, 1989), p. 186.

In this way, Prida questions the exclusion of Latino plays from the canon of Anglo-American theater and thus problematizes the official ethnocentricities and inherent racism inscribed in the canonical critical response to Latino plays on Broadway and off-Broadway.[5] Indeed, while Prida attempts to open the canon to cultural diversity and difference, the reviewers, whose value judgments and taste result from Eurocentric and phallogocentric ideologies, devalue the plays of Latino dramatists.[6] In this paper I examine how reviews affect the canonization process of Latino plays and their possible future inclusion in the Anglo-American theatrical and literary canon in drama departments and English curricula. I shall concentrate mainly on the reviews of *The House of Ramón Iglesia* and *The English Only Restaurant* in order to demonstrate how mainstream critics evaluate Latino plays according to their Anglo-American cultural horizon of expectations, hegemonic master plots of Western drama and, especially, ethnic stereotypes of Latinos.[7] I aim to question whether these critical responses contribute to the canonization of Latino theater or, rather, if the critics, because of cultural or sociopolitical biases, perpetuate the marginalization of the plays from the Anglo-American canon. Finally, I will focus on issues of immigration, assimilation, and crossing over to the mainstream in order to determine how these ideological constituents of the all-American sociopolitical master plot are all at work for the acceptance, comfortable reception, economic success, critical acclaim, publication, distribution and circulation and, consequently, the ultimate institutional canonization of the plays.

5 Similarly, Reinaldo Povod has condemned mainstream critics: "Those guys have no contact with people like us, so how can they judge you fairly?" William A. Henry, III, "Theater, Visions from the Past: Emerging Playwrights Trade Anger for Dialogue," *Time* (July 11, 1988), p. 83.

6 For example, the review in the *New York Times* on Dolores Prida's latest staged play, *Botánica*, stated the following: "Dramatic logic is not Ms. Prida's strength." What is meant by "dramatic logic"? The critic disliked the most dramatic dialogue of the play when the granddaughter tells her grandmother about her terrible experiences in college. Obviously, the critic cannot identify with her and says: "And some of the incidents are merely distracting, including one powerful emotional moment between Millie and her grandmother." D.J.R. Bruckner, "Street Smarts Round Out an Ivy-League Education" (March 5, 1991), Section C, p. 16.

7 All further references in this paper to both plays are from the following editions: José Rivera, *The House of Ramón Iglesia*, in *On New Ground: Contemporary Hispanic-American Plays*, edited by M. Elizabeth Osborn (New York: Theatre Communications Groups, 1987) and Silvio Martínez Palau, *The English Only Restaurant* (New York: Ediciones Pirata, 1990), distributed by Samuel French, Inc.

I

Clearly the issue is mainstream—whatever that means—when Latino theater moves from the *barrio* to reach wider audiences. Even Luis Valdez aimed at crossing over when *Zoot Suit* opened on Broadway: "We cannot be ignored any more. I will not be ignored as a theater person. I refuse to be ignored by the mainstream of American theater anymore."[8] But, does Latino theater appeal to the predominantly white conservative Broadway theater audiences and theater reviewers? How necessary are Hispanic cultural understandings and knowledge for a mass audience appeal and critical acclaim? And most importantly, in what it concerns the acceptance of multicultural difference and ethnic diversity on Broadway, should it apply to and be taken into consideration by the critics of the Establishment? In the following pages I shall analyze the reviews of *The House of Ramón Iglesia* and *The English Only Restaurant* to explore how critics contribute to the canonization, marginalization, or stereotyping of Latino theater on Broadway. I have selected these two plays, first of all, because they deal in content with the experience of crossing over; second, because the critical response to *The House of Ramón Iglesia* is problematic while *The English Only Restaurant* seems to be a critical and popular success.

JOSE RIVERA's *The House of Ramón Iglesia* was staged off-Broadway at the Ensemble Studio Theatre in March, 1983. The play was widely reviewed given that it was one of the five winners of the Foundation of the Dramatists Guild/CBS New Plays jointly sponsored contest. It was chosen from over 800 entries of new playwrights nationwide. The play was also televised on the American Playhouse series in 1986.

The House of Ramón Iglesia centers on an immigrant Puerto Rican family and its dilemma over returning to the island. Through the years the parents have dreamed about their return but when the time comes, after nineteen years, one of their three children decides to stay in the U.S.A. Javier, who is college educated, assimilated, and willing to cross over, faces an identity crisis while trying to break away from family values and Hispanic cultural traditions. His alienation is accentuated by his

---

8 "First Hispanic-American Show on Broadway: *Zoot Suit*," *New York Theatre Review* (May, 1979), p. 23.

refusal to speak Spanish and by his embarrassment of his "ethnic" parents, especially his father who is an alcoholic. At the end, the family is on its way to its native land while Javier has decided to stay. When he is alone, he starts dancing salsa and pronounces that last lines: "Dance for us, Javier. Salsa for us...Javier." (p. 242) Ironically, these are the same words that his father pronounced when accusing him of his assimilation:

> You've made them so important! You eat their food, wear their clothes, love their women, talk their language but you're still their little Puerto Rican. You're their entertainment, their fun. Something new. Dance for us, Javier! Salsa for us, Javier! Wear the clothes, Javier! Fool yourself, Javier! Keep fooling yourself, Javier! You're a little Puerto Rican, Javier! [...] (pp. 232-233)

In this sense, the play closes with a sad, ironic note of self-hatred by enacting the white gaze that stereotypes his own Hispanic ethnicity and culture within his own "assimilated" persona and appearance. Javier's last lines echo his father's words of wisdom but his Anglo half pulls him to a conceptualization of freedom and individualism according to the "American Way of Life."

Of course, the dilemma of assimilation and ethnic affirmation is no new storyline on Broadway. But what is the critical response when at the end of the play Javier is left alone dancing salsa in limbo? Although this is not a happy ending of social mobility and success, a critic imposed just such a happy ending upon it: "...Javier sighs, smiles, flicks on a portable tape machine and allows himself to sway his hips to a salsa beat. He's cheerful. He really loves his family and his heritage. Why not? He's free at last."[9] In this way, the critic's misreading actualizes the dominant cultural and social expectations upon children of immigrants. Also, there is a storyline model of assimilation and ethnic tribulations in the history of Broadway's plays of immigration, as some critics pointed out:

> It's true that one has seen all this before—in black plays, in Irish-American plays: the problems of dislocation and estrangement between one upwardly mobile member of a family and those who remain rooted in their old ways and beliefs.[10]

9 Douglas Watt, "Winning Puerto Rican Entry Is a Loser," *New York Daily News* (March 17, 1983), p. 83.

10 John Hofsess, "Sensitive Ethnic Drama," *Other Stages* (March 24, 1983), p. 7.

And, anyway, we've been through this thing—whether with the Italian families, black ones, Jewish ones, or whatever—so many times in the past that one tends to be suspicious even of the eternal values. The main difficulty here, though, is that Rivera has provided no fresh insights.[11]

As a stage play it resembles a Hispanic rewrite of Awake and Sing! *and* A Raisin in the Sun. *What is missing this time is a consistent message that grows out of the material.*[12]

The problem with these elements is that the experiences of immigration are considered the same in any given historical moment. Generalizations are made without considering such factors as country of origin, reasons for migrating, class, race, culture, and even gender, and, in the case of Latin Americans, the politico-economic relationship to the United States. What do the critics mean by stating the play "has provided no fresh insights" and that "what is missing is a consistent message"? How many plays portraying the Puerto Rican experience of immigration have been staged on Broadway? *West Side Story*, an Anglo-American production, does not count, if that is in anybody's mind.[13]

The critics mainly classified *The House of Ramón Iglesia* as "ethnic melodrama." There is no doubt that melodrama has pejorative connotations. In these terms, some critics implied the genre as a negative dramatic technique:

With ten-minute scenes, acts that break on the hour, colorful characters and strong action tending toward melodrama...[14]

...the play range[s] in tone from gritty realism to a kind of wildly exaggerated bravura which borders on either hysterical farce or driv-

11 Ibid., Douglas Watt.

12 Victor Gluck, "The House of Ramón Iglesia," *Backstage* (April 15, 1983), p. 63.

13 For a critical reading that decenters Puerto Rican stereotypes and centers on the racist discourse of *West Side Story*, see my article «*Una lectura puertorriqueña de la <América> de* West Side Story,» *Cupey, Revista de la Universidad Metropolitana*, Río Piedras, Puerto Rico, vol. VII, Nos. 1-2 (Jan.-Dec., 1990), pp. 30-45.

14 Ibid., Victor Gluck.

en melodrama. Clearly, the attempt here was to avoid the typical kitchen-table realism of most ethnic dramas, but the style is unsettling.[15]

The characters and complications are so melodramatic and unbelievable that after endless discussion it is impossible to care whether the Iglesias go or stay.[16]

The last comment truly reveals the critic's ignorance and lack of interest in the pains and confusion of immigrant family disfunction caused by displacement and assimilation. What I find most disturbing is how critics take for certain the poverty and low aspirations of Puerto Ricans without considering the conditions that perpetuate their marginalization in the U.S.A. When one critic declares: "Unfortunately, the drama turns on the question of whether the family will return to Puerto Rico...,"[17] there is no awareness and acceptance that the American Dream does not offer material gratification to all immigrants. Thus, it is easy to blame the immigrants without considering their socioeconomic factors and the racist biases to which they are subjected. Such an attitude of ostracism is embedded in the following declaration: "The house stands as a visual metaphor for Puerto Rican life in America—crumbling and unsatisfactory. It is mirrored in the lives of the Iglesia family."[18] Why is the Puerto Rican household "crumbling and unsatisfactory"? Are the critics willing to understand discrimination and racism after Puerto Ricans' years of struggle and hopes for acceptance? Do they consider at all that Puerto Ricans are not political exiles and can return home freely? What does it mean to face ethnic and generation gaps after migration as well as to deal with the crisis of patriarchy in the new homeland?

The critical response to the play becomes controversial when the critics question indirectly the quality of the work and the criteria used for the selection of the play:

15 Sy Syna, "Unusual Style in Striking Play About the Pain of Assimilation," (N.Y.) *The News World* (March 17, 1983), section B, p. 3.

16 Glenne Currie, U.P.I. (March 17, 1983).

17 Laurie Stone, "Looking Homeward," *The Village Voice* (March 29, 1983), pp. 84, 86.

18 Ibid., Sy Syna.

It is to be hoped the other four theaters came up with something better than José Rivera's...[19]

One can only hope that next time out Rivera will break new ground, and that the judges of any future competition staged by CBS and The Dramatists Guild will be willing to support more adventurous work....it is difficult to believe that The House of Ramón Iglesia *was the most imaginative and daring play submitted.*[20]

It's hard to imagine that this work was the most adventurous of the submissions, but, after seeing how much Mr. Rivera makes out of family materials, one keenly looks forward to watching how he'll progress as he ventures further from home.[21]

All critics seem to be dissatisfied with the jury's selection. They also appear discontented with the topic of family crisis and identity dislocations after migration. The expectation is that Rivera "will break new ground" and "venture further from home." Does this mean that he must leave behind his ethnic roots, family ties, Hispanic culture, and Spanish language? Breaking new ground implies starting anew in a new space that is not the home of origin. What the critics suggest is the silencing of his historical, cultural and ethnic experience by assimilating to Anglo-American values totally.

Rivera is well aware that the establishment does not respond enthusiastically to ethnic diversity. This issue was dramatized when the Corporation for Public Broadcasting suggested that the teleplay was "just a little too Hispanic" for them and their audience: "We don't think people will be able to have access to this culture." (p. 194) It cannot be denied that there is a control of what is produced in the theater or televised, and when it comes to minority cultures those in power draw the line on censorship in order to satisfy the white gaze and its horizon of expectations.

19 Ibid., Glenne Currie.

20 Ibid., John Hofsess.

21 Frank Rich, "Stage: 'Ramón Iglesia,' Breaking Away to Stay," *New York Times* (March 18, 1983), section C, p.1225 3. It is surprising to find Frank Rich reviewing a minority play. The reason must be the importance of the award. He gave the play a fair review but at the end questioned the selection by the jury.

May we assert that José Rivera has entered the mainstream? According to the reviewers the play has its flaws but Rivera seems to be a promising playwright.[22] Rivera's own assessment is that he is in the mainstream: "When someone says, 'We are trying to mainstream Hispanic writers,' I think, 'Well, why? I am already.' Putting the Hispanic label on me takes me *out* of the mainstream." (p. 194) Let Rivera's words speak for themselves. Up to what point is he really in the mainstream? Has he realized that the critics are questioning the dramatic quality of *The House of Ramón Iglesia*? Does he understand that they are trying to exclude it from the canon by pointing out the biases of the selection process? Furthermore, Rivera recognizes that labeling him as Hispanic problematizes his assimilation and his acceptance as an all-American mainstream playwright. Or, will Rivera ever realize that the system, in order to mainstream his works, can pronounce when convenient: "Dance for us, José Rivera!...Salsa for us...José Rivera."

Unlike *The House of Ramón Iglesia*, SILVIO MARTINEZ PALAU's *The English Only Restaurant* was a great success in critical acclaim and popularity. The musical play was produced at The Puerto Rican Traveling Theater in July, 1990 and it was on the theater's summer tour that brings theatrical experience to Latino communities in the New York area. Although The Puerto Rican Traveling Theater stages bilingual productions, usually alternating Spanish and English, *The English Only Restaurant* is an exception because the play is in English only.

The action of the play takes place at a restaurant in Queens owned and frequented by assimilated Latinos who want to cross over. As the program reads, it is "a wild, improbable musical farce...sometime in the future, when speaking Spanish is forbidden by law!" Indeed, Spanish is prohibited not only by the system but by the owner and his clients. All of them have anglicized their names, especially Mr. Martínez, the owner, who hilariously, by adapting an English-sounding name, over-pronounces his own name as Mr. Martinezz. The farce is hysterically performed as the characters reveal their pretensions of upward mobility

---

22 Glenne Currie condemned Rivera's writing: "The theme is an honorable one. But 'The House of Ramón Iglesia' should have been severely edited and rewritten before being shown to the public." For Sy Syna there were some dramatic faults: "Some of his episodes are repetitive, others a mite illogical, but he has a stinging sense for feelings."

and snobbery toward Hispanic culture. Their illiteracy in English grammar and language is accentuated by speaking artificial English according to what they have learned in the English Only Method. The most memorable scene is when one of the characters, the prototype of a Latino yuppie who has named himself Henryque Curly, is declared eligible for membership in the most exclusive club, the Blue-Eyed Club of America. At the end, a working-class couple from *El Barrio* enters speaking Spanish and the male, Johnny García, behaves like a Latino pimp. The action is complicated when the owner denies service to them for speaking Spanish and decides to call the Language Police. In the final scene a reporter from Channel 41, New York's Spanish channel, narrates the police's raiding of the restaurant in English. As a result, some characters are killed and Mr. Martínez, nearly insane, laments the collapse of his English Only "American Dream."

Although *The English Only Restaurant* is a very political and satirical play, critics missed its political message. Rather they focused on its humor and farcical situations. The critics also failed to perceive Martínez Palau's critical and satirical view of the traditional format and style for staging musical theater on Broadway. For example, they stated:

> *Happily, the play is not a futuristic tale of Nazi America, merely a pleasurable spoof on the contortions some Hispanics go through to become "real" Americans. Consisting entirely of stereotypical characters, it contains no weighty messages, and the sprightly charm it's performed with makes for an agreeably spent evening.*[23]

> *In the end it is the good humor of everyone involved that makes the farce work.*[24]

> *Silvio Martínez Palau's script is consistently humorous and never preachy, and the tunes by Sergio García Marruz and Saul Spangenberg induce fits of high hilarity.*[25]

23 *New York Native* (August 13, 1990), p. 34.

24 D.J.R. Bruckner, "Eluding the Language Police After Spanish Is Outlawed," *New York Times* (July 27, 1990), section C, p. 4.

25 Ed Morales, *The Village Voice* (July 31, 1990), p. 96.

Therefore, because of its farcical situations, the political message of the play is erased. In other words, the critics totally depoliticized the play by centering on its humor and ignoring its content. Could humor be the reason for the critical praise of the play? Obviously the critics are not interested in a serious political and propagandistic play with issues affecting the Latino community. As one critic observes with relief: "There is one moment toward the end when Mr. Martínez Palau seems to have thought he ought to have a plot, and things turn very briefly serious. That is a small and forgivable intrusion of common sense into what is otherwise a short evening of good nonsense."[26] Clearly the critic is blindfolded to the seriousness of the English Only movement and what it means for Latinos in the U.S.A. How can the English Only movement, which is the result of bigotry, xenophobia, and racism, be "a short evening of good nonsense"? Such a denial contradicts the political message that the director, Susana Tubert, found in the play:

> *Cuando la leí me entusiasmó mucho, ante todo desde el punto de vista político, ya que la obra, verdaderamente, es una farsa política. Es una especie de burla de toda la gente latina y no latina que, de alguna manera, está apoyando la idea del movimiento del «English Only».*[27]

> *[E]s una obra de mucha crítica y, al mismo tiempo, de autocrítica para con nosotros mismos.*[28]

Without doubt the critical success of the musical play is in part because of the caricature and parody of Latinos who make fools of themselves by trying to be anglicized in order to move up the ladder of success. This may be humorous and hilarious, but what about the irony inscribed in this political satire in the characters' quest for total assimilation and repudiation of their Hispanic culture and ethnicity? Who is

26 Ibid., D.J.R. Bruckner.

27 Alberto Minero, «*Se prohibe terminantemente hablar en español*», *El diario/La prensa* (July 13, 1990), p. 26.

28 Alberto Minero, «*Cuando el teatro se adelanta a su tiempo*», *El diario/La prensa* (July 17, 1990), p. 20.

laughing at whom? If Latino theater should move from a ghetto mentality and serious issues, why should it turn into self-caricature? In a way, this is what a critic proposes as a formula for a new Latino theater when referring to the Blue-Eyed Club scene: "...is the kind of wackoid catharsis Latin theater needs much more of."[29] Does this comment reveal that the critics and audiences are tired of depressing stories and dead-end situations in Latino theater? Are they capable of deciphering the irony registered in self-caricature? Or, do they just want to have fun regardless of the political message? Can they decode the irony inscribed in the deconstruction of mainstream stereotypes and self-mocking ethnic characterizations? Given that irony is a double-edge discourse that leads to alternative readings, how does it work when it addresses the issue of crossing over? Take, for example, the following scene between Henryque Curly and Mr. Martinezz:

CURLY

But if I changed my name, Mr. M., it was because I am responsible person that read newspaper in English. I found out through the New York Times. *When I read the article that announces that respectful Hispanics haved [sic] the chance to change their names for more acceptable ones, I rushed to my house, put on my best suit, my English Leather cologne and took a taxi to City Hall. The place was packed when I arrived well dressed. I was amazed to see so many Hispanics there, ready to succeed. (Pointing to himself)...and before me! I felt proud of my roots that day, Mr. Martinezz...*

MR. MARTINEZZ

(Not wanting to interrupt HENRYQUE CURLY, *zalamero*)

Yes, yes, Mr. Curly.

---

29 Ibid., Ed Morales.

HENRYQUE CURLY

(resuming)

Imagine! To see so many Hispanics wanting to go places. I started to believe that day in our people, not before. I always said that we were no good people, lazy and criminal, like in the newspapers and T.V. But after I saw that day, I changed my mind.

MR. MARTINEZZ

(wringing his hands and all of himself)

Oh, Mr. Curly, what a story, lovely. Why don't you write it on a piece of paper and send it to the New York Times? *I am sure they will like it. Such a moving story of American success, this beautiful country. Stories like that give us a good name, make us proud.*

(Telephone rings and MARTINEZZ goes to answer) (pp. 11-12)

Are white middle class audiences capable of reading the irony inscribed in the caricatures and self-mocking by Latinos? If not, in its reception, this irony will reinforce negative stereotypes of Latinos. Indeed, when misread, irony can have a counter-effect by perpetuating in the mainstream's collective imaginary the cultural re-presentations of negative ethnic and racial stereotypes of minorities in general.

II

Recently some producers have unsuccessfully tried to insert Latino theater into the mainstream currents of American theater. Latino theater cannot be used as bait. When our theater is presented as an exotic cultural product or when it is watered down to make it palatable to Anglo audiences, the result is a deformed or distorted version of our culture.[30]

For a Latino play to be a success, to have a general audience appeal,

---

30 Alván Colón Lespier, "Teatro Pregones Finding Language in Dialogue," in *Reimagining America: The Arts of Social Change,* edited by Mark O'Brien and Craig Little (Philadelphia: New Society Publishers, 1990), p. 254.

and to be acclaimed to the extent that it has mainstream attention, it certainly depends on issues of content and language. Lately, without a doubt, crossing over is a topic of general interest for Anglo-American and Latino audiences. However, the mainstream critical response is also responsible for a play's impact, success, and acceptance. In a way, critics must consider ethnic diversity and other ways of seeing, being, doing, and of making theater. For minority plays to be canonized, the opening of the stage to alternative plots implies the opening of the theatrical canon. In the last decade, Broadway has included the voices and stories of minorities. How can we ignore August Wilson's *Fences*, Marsha Norman's *'night, Mother*, Harvey Fierstein's *Torch Song Trilogy*, or David Henry Hwang's *M. Butterfly*'s theatrical productions, critical praise, and ultimate recognition with Pulitzer prizes and Tony awards? In spite of the gendered, black and Asian presence on Broadway, Latino theater is still absent on the Great White Way.

The success of a play that could lead eventually to its literary canonization cannot be limited to the stage production. The play must be published in order to be included in the syllabi of English literature courses and to be staged in the drama departments. Unfortunately, Latino plays are hardly ever published and what might have been included in a minority or mainstream canon-formation simply goes into oblivion.[31]

Nevertheless, how willing are theatrical companies, drama and literature departments to incorporate these plays into their productions and curricula respectively? Will the plays be continuously marginalized with the excuse that they lack dramatic logic or mass appeal for Anglo audiences, that they are badly written, lack quality, universality, and aesthet-

31 But the horizon is not as dark as it seems. A factor that will make Latino plays accessible to mainstream theaters, literature departments, and literary critics, is the publication of Latino plays by Arte Público Press. Under a grant of $133,000 from the Ford Foundation, twelve collections of plays will be issued. See "Arte Público: Keeping Hispanic Literature Alive," *Publishers Weekly* (June 9, 1989), p. 42. The first one features the early works of Luis Valdez. Two collections entitled *Contemporary Puerto Rican Theater: Five Plays from New York* and *Cuban American Theater* will then put into circulation more Latino playwrights. Dolores Prida's *Beautiful Señoritas and Other Plays* is also included in this series. Another publication that has made available Latino plays is *On New Ground* (New York: Theatre Communications Group, 1987), an anthology of contemporary Latino plays. *The House of Ramón Iglesia* is included in the anthology and also Milcha Sánchez-Scott's *Roosters*, which was staged at Smith College in the spring of 1990. Are these signals of Latino theater crossing over? Is the theatrical canon finally opening?

ics, or, that they contain too much Spanish for the English departments? On the other hand they are not taught in the Spanish departments because they are in English.[32] Furthermore, the drama departments refuse to stage the plays because they lack any Latino actors while the literature departments do not have faculty scholars who specialize in the field to teach the material. In this bouncing of repudiation, exclusion, and rejection, Latino plays do not get produced, taught, read, or known. As a last alternative, they are included in the syllabus of courses especially designed to offer Latino literature in the U.S.A. or are taught in ethnic studies courses. These courses work as a counter-canon to the canon of "master works" of Western Civilization. The invisibility and problematic canonical inclusion of Latino literature in the core curriculum once again places the works in a marginal zone and liminal space perpetuating their irregularities, either/or, between and betwixt condition. In this sense their accessibility is very limited given that most of the universities do not offer such courses and some institutions question the opening of the canon to multiculturalism and pluralism.

Is Broadway traversing a period of multiculturalism and pluralism, the same that has shaken the canon in the literature departments? Will Latino plays finally be included in the theatrical canon of the Great

---

32 Eliana Ortega and Nacy Saporta Sternbach explain clearly the reasons for the exclusion of Latino literature from the English and Spanish departments in the following way:

> It has been a common practice to view Latina(o) literature as sociology rather than as a literary production. As such, it has been the object of more ethnological studies than literary ones. When, indeed, it is acknowledged as literature, one of the obstacles cited that impedes its systematic study is the nature of the language in which it is written. Its bilingualism furnishes a pretext for Spanish and English departments to dismiss it; Spanish professors condemn the "mangling" of the language, a phenomenon they grace with the word "Spanglish." Further, as a literature produced in the United States, it is theoretically beyond the purview of the countries they study. This attitude not only ignores the factors that contribute to a Latina(o) presence in the U.S., but also refuses to connect Latinas(os) to the larger Latin American community. English departments, in contrast, consider that bilingualism makes Latina(o) literature inaccessible to non-Spanish speaking speakers. Nevertheless, their failure to acknowledge Latina(o) presence and cultural production reaffirms the concept that U.S. culture, and hence its literature, is only white and middle-class. In both cases, the use of "sub-standard" language is given as reason enough not to consider it legitimate literature. Each would like to relegate it to the other, but neither wants it and neither claims it.
>
> One of its only homes seems to be in ethnic studies departments. ("At the Threshold of the Unnamed," p. 5).

White Way without being stereotyped and considered exotic? How willing are Broadway's audiences and critics to change and question their ethnocentric ways of seeing and their hegemonic imaginary of race, class, gender, and ethnicity? If the institutional commitment is to mainstream Latino plays and actors, a political commitment to cultural diversity and difference is required *a priori*. The theatrical experience of the "Other" is not merely entertainment and escapism, it is an experience to foster racial and ethnic diversity as well as social change. In order to achieve social change and tolerance, it is indispensable to understand and promote cultural and racial diversity. To define "diversity" I turn to the definition given by Arturo Madrid, a Chicano professor of literature:

> *Diversity, from the Latin* divertere, *meaning to turn aside, to go different ways, to differ, is the condition of being different or having differences, is an instance of being different... Diversity is lack of standardization, of regularity, of orderliness, homogeneity, conformity, uniformity. Diversity introduces complications, is difficult to organize, is troublesome to manage, is problematical. Diversity is irregular, disorderly, uneven, rough. The way we use the word diversity gives us away. Something is too diverse, is extremely diverse. We want a little diversity.*
>
> *When we talk about diversity, we are talking about the other, whatever that other might be: someone of a different gender, race, class, national origin; somebody at a greater or lesser distance from the norm; someone outside the set; someone who possesses a different set of characteristics, features, or attributes; someone who does not fall within the taxonomies we use daily and with which we are comfortable; someone who does not fit into the mental configurations that give our lives order and meaning.*[33]

Only by understanding "diversity" in this context will Latino theater be mainstreamed with respect, self-esteem, and dignity. Only then, the Broadway theatrical canon and its official critical response will be opened to the experiences and knowledge of the "Other," that is, Latinos, blacks, Asians, women, gays, and others. Only then, can cultur-

---

33 "Diversity and Its Discontents," *Academe* (Nov.-Dec. 1990), p. 18.

al pluralism and ethnic diversity be fully celebrated as difference.[34] And that will be the ultimate border canonical cross over for Latino theater and other minorities in the U.S.A.

ACKNOWLEDGEMENTS

For providing me with the reviews and press releases of *The English Only Restaurant*, I am grateful to The Puerto Rican Traveling Theater. Especially I am indebted to Ms. Vera Ryan at The Puerto Rican Traveling Theater for her support and help in facilitating materials of their theatrical productions.

Different sections and versions of this paper were presented at a number of conferences with the following titles: "The Reviews of *The House of Ramón Iglesia* and *The English Only Restaurant*: The Marginalization or Canonization of Latino Theater in the U.S.A.?," May 3-4, 1991, State University of New York at Binghamton, a symposium on "The Canon and Marginality"; "Latino Theater Versus the Cultural Mainstream," June 15, 1991, **OLLANTAY Center for the Arts**, at Hostos Community College, the Bronx, N.Y., a panel entitled "A Critical Colloquium on the Perspectives of Latino Literature Versus the Literary Mainstream in the United States"; and "Latino Theater: Is it Alive and Doing Well on Broadway?," November 22, 1991, Smith College, a Latino Symposium sponsored by *Nosotras*.

---

34 Homi K. Bhabha problematizes the politics of cultural diversity and cultural difference in the following terms: "Cultural diversity is an epistemological object—culture as an object of empirical knowledge—whereas cultural difference is the process of the *enunciation* of culture as 'knowledgeable,' authoritative, adequate to the construction of systems of cultural identification. If cultural diversity is a category of comparative ethics, aesthetics, or ethnology, cultural difference is a process of signification through which statements *of* culture and *on* culture differentiate, discriminate, and authorize the production of fields of force, reference, applicability, and capacity. Cultural diversity is the recognition of pre-given cultural 'contents' and customs, held in a time-frame of relativism; it gives rise to anodyne liberal notions of multiculturalism, cultural exchange, or the culture of humanity." "The Commitment Theory," *New Formations*, No. 5 (May, 1988): pp.5-23.

On Fiction
De la narrativa

Feminismo y homosexualidad: las voces de Luisa Valenzuela, Manuel Ramos Otero y Carmen Valle[1]

Alvin Joaquín Figueroa

A la altura de la última década de nuestro siglo todo un aparato teórico producido en torno al género y a la sexualidad está ladrándole al crítico y haciéndole consciente de que la literatura femenina, al igual que la de otros grupos socialmente oprimidos, se escribe desde el margen. Esta literatura se constituye en un proyecto antilingüístico que posee como objetivo ético derrumbar las bases de la falocracia. Lo que Bakhtin define como *el otro*, en su teoría sobre el «dialogismo», es lo que esta literatura potencia. *El otro* es la voz previa de cada enunciado, lo que apunta hacia una ruptura radical con las estructuras cerradas y busca expandirse hacia el reino de lo inconcluso. Esta práctica amenaza el orden «monológico» abriéndolo a la polisemia y la polifonía. Para la teoría feminista (especialmente la francesa: Kristeva, Irigaray, Cixous, Duras, etc.), *el otro* es la mujer, aquélla a quien se le ha negado acceso a la estructura patriarcal y cuya naturaleza semiótica amenaza la lógica del orden falocéntrico. El ideario patriarcal establece los parámetros de la monoglotía a la que Bakhtin se refiere. Frente a los códigos que dicho lenguaje genera, otros signos tratan de establecer una voz propia dentro de la estructura social.[2] A esto M.A.K. Halliday lo denomina el antilenguaje, es decir, todo signo que desde el margen trata de impugnar y ocupar el espacio del poder como «alternativa consciente». El habla de los grupos socialmente marginados: la clase trabajadora, la mujer en general, las personas no blancas, la prostituta y el drogadicto (con la elaboración de argots específicos), la lesbiana y el homosexual, entre

---

1 Conferencia dictada el 7 de abril de 1990 durante el coloquio «La escritura latina y los géneros literarios».

2 Mikhail Bakhtin, *The Dialogic Imagination* (Austin: University of Texas, 1983), p. 12.

otros, componen, desde diversos programas, el proyecto «contestatario» que sirve de reto a lo establecido.[3]

Resulta un poco difícil, sin embargo, llevar a cabo un análisis de trabajos narrativos escritos por autores pertenecientes a sexos opuestos, máxime cuando está tan en boga un delineamiento de las «masculinidades» en oposición al ideario propiamente feminista. Por otro lado, existe también una reciente postura crítica que no ve con buenos ojos la inclusión de un programa liberacionista generado por los discursos *gay* y femenino. Este tipo de análisis despolitiza todo un proceso discursivo aduciendo que no se pueden ver estos lenguajes como un problema de «clase» porque la solidaridad se puede teorizar, pero su existencia es improbable.[4] No obstante, en la medida en que esto dos lenguajes se manifiestan desde el margen y no participan de la complicidad patriarcal, sino que la cuestionan y la confrontan, podemos hablar de estrategias literarias en común. Dichas estrategias se transparentan a través de un lenguaje poético (en el sentido original de *poiesis*), que habla de una sexualidad marginada. Como todo enunciado lingüístico, esto presenta un problema entre lo marginal y el discurso dominante, sobre todo porque, como dice Foucault, el conocimiento no es autónomo y siempre va unido al poder y al placer.

Según Foucault, la historia de la sexualidad ha sido la historia de una hipocresía y un silencio absoluto impuestos por el orden burgués a partir del siglo XVII. Por ende, la civilización occidental ha fallado en su intento por generar un arte erótico digno de igualarse al producido por las sociedades orientales. Pero ante esa realidad «Una gran prédica sexual—que ha tenido sus teólogos sutiles y sus voces populares—ha recorrido nuestras sociedades desde hace algunas decenas de años; ha fustigado el antiguo orden, denunciado las hipocresías, cantado el derecho de lo inmediato y de lo real; ha hecho soñar con otra ciudad».[5] Dentro de esta llamada prédica se inserta la literatura feminista y la literatura homoerótica.

3   M.A.K. Halliday, *Language as Social Semiotic. The Social Interpretation of Language and Meaning* (London: Edward Arnold, 1978).

4   Ver: Paul Julian Smith, *The Body Hispanic. Gender and Sexuality in Spanish and Spanish American Literature* (Oxford: Clarendon Press, 1989).

5   Michel Foucault, *Historia de la sexualidad, I. La voluntad de saber* (México: siglo veintiuno, 1983), p. 14.

Los autores incluidos en este examen, Luisa Valenzuela, Manuel Ramos Otero y Carmen Valle, fundan gran parte de sus escritos dentro de esta práctica. Los tres—la primera argentina y los dos últimos puertorriqueños—residen en Nueva York y Nueva York se constituye en espacio narrativo de algunos de sus relatos. Por supuesto, gran parte de ellos toman lugar también en Puerto Rico y Argentina.

De los tres es LUISA VALENZUELA la que posee una obra más extensa. Ha publicado *Hay que sonreir* (novela, 1966); *Los heréticos* (cuentos, 1967); *El gato eficaz* (cuentos, 1972); *Aquí pasan cosas raras* (cuentos, 1975); *Como en la guerra* (novela, 1977) y *Libro que no muerde* (cuentos, 1977). En 1976 el público estadounidense la empieza a conocer con la publicación de *Clara: Thirteen Short Stories and a Novel*. Publica *Cambio de armas* en 1982.

En el cuento *"Trial of the Virgin"* de su libro *Clara*, vemos un juego «disémico» entre el nombre del personaje principal, María, y la Virgen, el otro «personaje» que sirve de contrapunto a la historia. En este cuento María emula, hasta cierto punto, a la pastora Marcela de Cervantes. Es un ser libre a quien sólo le interesa correr descalza por la playa del pueblo de pescadores en donde se desarrolla el relato. María es el objeto de deseo de la población masculina y esto ha suscitado la envidia y el recelo de sus esposas, las cuales piden con vehemencia su destrucción a la engalanada imagen de la Virgen de los Milagros:

> The Virgin had a face that seemed to understand everything. And yet, month after month, María continued to run, free and wild, and so did the desire of men. But why should María want men, when the caresses of the wind were so much softer and asked nothing of her?

Por el otro lado, los hombres del pueblo le piden a la Virgen otro favor: el cuerpo de María. Ante esta situación las mujeres deciden reunirse con la bruja del pueblo, Raquel, quien les aconseja que durante la celebración del día de la Virgen escojan a un hombre que pueda seducir y violar a María, pues una vez «tocada», los demás hombres perderían interés. Después de rechazar como candidatos a sus esposos, hermanos y padres, las mujeres deciden escoger a Hernán Cavarrubias, el hombre soltero del pueblo. Hernán, sin embargo, no puede dar con María, pues ésta ha desaparecido misteriosamente. El pueblo se siente defraudado y decide destruir la imagen de la Virgen, apedreándola.

En este relato Valenzuela juega con una serie de elementos lingüísticos que hacen del desenlace un acierto artístico. La mujer en esta narración se vuelve cómplice del ideario masculino y en este caso es ella la que reproduce el lenguaje de la falocracia. María, que tradicionalmente es un nombre asociado con la maternidad y la virginidad, se convierte aquí en el recipiente de la lujuria masculina y la venganza femenina. Cuando la Virgen «falla», pues aparentemente se ha puesto del lado de María, el pueblo la destruye sin clemencia.

En *"Trial of the Virgin"* lo que más se pone de manifiesto es este doble juego en torno al nombre MARIA. El símbolo de la madre-virgen del cristianismo es apedreado como a una prostituta al no escuchar las súplicas de los pescadores y sus esposas, de ahí el doble significado «virgen-prostituta» del significante «María». El personaje, sin embargo, defiende su independencia al escapar de los que sólo la ven como símbolo sexual. Un análisis psicoanalítico nos remitiría al tema del complejo de Edipo, pero esta vez fomentado por el lenguaje femenino. Valenzuela distorsiona el signo lingüístico y lo divorcia de las prácticas monoglotas. Al fin y al cabo ésta es la función primordial de la literatura: la ingramaticalidad.[6]

En otros textos Valenzuela insiste en mostrarle al lector las tramoyas de su arte. «Cuarta versión», del libro *Cambio de armas*, es un metarrelato, un cuento sobre el cuento que intercala comentarios técnicos en bastardillas y que sirven de contrapunto a una historia cursi de amor que tiene como marco temporal el período de la guerra sucia. El personaje que narra, Bella, se enamora de Pedro, un cónsul y hombre casado que les da albergue a los perseguidos políticos de la dictadura. Bella comenta:

> *Hay un punto donde los caminos se cruzan y una pasa a ser personaje de ficción, o todo lo contrario, el personaje de ficción anida en nosotros y mucho de lo que expresamos o actuamos forma parte de la estructura narrativa, de un texto que vamos escribiendo con el cuerpo como una invitación. Por una invitación que llega.*

---

6 Michel Riffaterre, *Semiotics of Poetry* (Bloomington: Indiana University Press, 1978).

Es este concepto de «escritura con el cuerpo», favorito de la crítica feminista, el que apunta hacia el problema de la mujer en la sociedad patriarcal y se instaura como posibilidad de resistencia ante el poder. El cuerpo, como resguardo del placer, delinea un lenguaje que, ora real ora ilusorio, representa un programa de oposición. Desde una consideración puramente formal, la ingramaticalidad, el establecimiento de un signo que no trata de ser mimético, sino que subraya lo que Rifaterre llama «la semiosis», constituye una estrategia no sólo estilística, sino también ideológica. De ahí la dificultad que tengo en aceptar los postulados críticos de Paul Julian Smith y del propio Foucault. Para ellos, el poder se manifiesta a través de la sujeción y no de la opresión, por lo tanto la confrontación entre la transgresión y el poder se da en forma de espiral y no como dos programas políticos antitéticos. Un análisis pragmático del texto ve la literatura como «ideologema», y en el caso de muchos de nuestros escritores el lenguaje literario es arma que busca afirmar las identidades marginales. Esto lo vemos incluso en la forma en que se narra: la coprolalia, la parodia, el texto que se comenta a sí mismo, el erotismo franco son sólo algunas de las herramientas que se potencian desde el margen para cuestionar el ideario del poder.

MANUEL RAMOS OTERO también enfatiza al aspecto «deportivo» del texto. Muchos de sus relatos parten de una estructura en donde el juego lingüístico se hace siempre patente. Un ejemplo de esto es *La novelabingo*. Publicada el mismo año que *La guaracha del Macho Camacho*, es éste un texto de gran barroquismo y dificultad conceptual. Cada capítulo comienza con un título intertextual que hace referencia a los nombres que el folklore puertorriqueño le otorga a los números en el juego de la lotería (en las páginas del libro se habla también de la novelotería). A la vez, y también desde el punto de vista estructural, se emula una literatura un tanto cortazariana (al menos la propuesta de la lectura lo es) y las abundantes notas al calce nos recuerdan a Borges. El espacio central es la palabra misma, la palabra que entrampa al narrador. Como en la novela de Sánchez, Ramos Otero, a través del quiasma «literatura de juego o juego de la literatura», hace claro su propósito.

El primer capítulo de *La novelabingo*, «50-mediopaquete», comienza el día de Santa Pitusa de los pederastas y se narra «desde los callejones lácteos de bugarrones de la perla...». Como vemos, el lenguaje *gay* se manifiesta desde el primer sintagma de la novela y es éste quizás el rasgo más característico de la narrativa de Ramos Otero. Su literatura se enuncia desde una perspectiva abiertamente homosexual, totalmente fuera del *closet* y en donde el lenguaje, tanto a nivel formal como a nivel de contenido, constituye una respuesta a los límites de la monoglotía. Es una literatura de ruptura y de pluralidad discursiva.

Manuel Ramos Otero es un manatieño cuya vocación de poeta asalta siempre en su narrativa. Reside en Nueva York desde 1968 y actualmente se desempeña como profesor de literatura puertorriqueña en el Departamento de Estudios Puertorriqueños de Lehman College[7]. Ha publicado *Concierto de metal para un recuerdo y otras orgías de soledad* (cuentos, 1971); *La novelabingo* (novela, 1976); *El cuento de la mujer del mar* (cuentos, 1979); *El libro de la muerte* (poemas, 1985) y *Página en blanco y stacatto* (cuentos, 1987).

De acuerdo a María Arrillaga:

> *Manuel Ramos Otero constituye una figura pionera en el inicio de la validación del habla y sensibilidad homosexual. Su cuento «Hollywood memorabilia» entra en los predios de la literatura fantástica con fuertes reminiscencias de la novela corta de Adolfo Bioy Casares* La invención de Morel, *para construir un asidero estructural para el mensaje respecto de la instauración de la persona excepcional, en nuestra sociedad (heterosexual), del homosexual.*[8]

«Hollywood memorabilia» pertenece a la colección de *Concierto de metal*. El protagonista de esta narración es un escritor homosexual que también es proyeccionista de películas clásicas en blanco y negro en una sala cinematográfica en Nueva York. Los personajes femeninos de las películas, representados por actrices como Greta Garbo, Vivien Leigh y Bette Davis, le sirven de inspiración para crear su propio cuento. El primer sintagma del texto «Yo soy Dios» recalca el carácter de artificio de este cuento que gira alrededor de los amores frustrados del protago-

---

7 Manuel Ramos Otero murió en 1990. *N.R.*

8 María Arrillaga, "El cuento puertorriqueño actual", *La revista del Centro de Estudios Avanzados de Puerto Rico y el Caribe*, 3, julio–diciembre, 1986, pp. 27-30.

nista: Angel, Paul y John. Los códigos hollywoodenses le sirven al narrador para establecer paralelismos con su romanticismo frustrado:

> No es necesario conectar mi introversión con la obsesión cinematográfica. Simplemente las ideas corren hasta la cabeza y no puedo evitarlo. Como ahora por ejemplo recuerdo que en la Superior conocí a Angel Antonio y me dio aquel complejo de Scarlett O'Hara y Ashley Wilkes que aún conservo y cada vez que tomo una ducha recuerdo el tema de Tara y lo tarareo. Recuerdo que Angel era flaco de ojos oscuros y piel clara y pelo castaño con mechones rubios. Como Ashley. A veces la realidad se vuelve turbia y desde la cabina de proyección recurro a la creación de las imágenes (trasposición de las imágenes y lo veo surgir en el lienzo de la pantalla).

Al recordar a su otro amante, Paul, nos dice que «Tiene el cabello delgado y el cuerpo rubio. También a la inversa». Dramáticamente el narrador, llamado de ahora en adelante «yo», se cuestiona «...si supiera en qué niveles la realidad y la ilusión quedan intersecadas quizás se solucione todo». Entonces se convierte en el director cinematográfico de su propio pasado y de su soledad, la cual terminará probablemente con su violenta muerte, la cual, según él, sucederá cuando cumpla los treinta años (como Bette Davis en *The Letter*, Vivien Leigh y Greta Garbo en las dos versiones clásicas de Anna Karenina, Rita Hayworth en *The Lady from Shanghai* y Ava Gardner en *The Barefoot Contessa*). Al final el narrador, desde su cabina de proyección, dice: «No quiero pensar en la posibilidad siempre presente de que la proyección se interrumpa sin que los átomos logren integrarse en la ilusión esperada».

La dicotomía «ilusión-realidad», alrededor de la cual se mueve el personaje, hace que se inserte en la búsqueda mítica del amor absoluto, lo que lo ubica en el espacio femenino del amor como objetivo primordial en la vida. Por eso se identifica con las heroínas hollywoodenses. Esta identificación es lo que más se pone de relieve en el texto y a nivel referencial es un código muy explotado por la «clase» homosexual en los Estados Unidos: el transvestismo discursivo como elemento de la ideología *gay*, especialmente la representada por los grupos que más han estado en contacto con estos productos de información y consumo.

Otro producto cultural-comercial, la revista pornográfica *gay*, sirve de base para la creación del relato «Vida ejemplar del esclavo y el señor». Aquí, los códigos que sirven de pre-texto surgen de publicaciones como *Honcho, Mandate* y, sobre todo, *Drummer*, una revista homosexual sadomasoquista. «Vida ejemplar del esclavo y el señor» es un encuentro entre una pareja sadomasoquista. El narrador—el esclavo—goza de la humillación y el poder que vienen del lenguaje de su amo. Entre otras cosas el cuento ofrece un tratamiento muy abierto del lenguaje erótico, lo que rompe con la medida de la narrativa puertorriqueña tradicional, que siempre se caracterizó por el uso del eufemismo. Ya Luis Rafael Sánchez había iniciado el gesto con la publicación de «Aleluya negra» en 1961, pero en materia de ruptura es Manuel Ramos Otero el iniciador de un discurso literario puramente homoerótico que une lo cotidiano con lo poético:

> *chorro a chorro va viniéndose el señor sobre su esclavo. chorro. a. chorro. en la boca se van formando charquitos blancos de mármol miel. Vente en mi boca o no te vengas. dispara la leche sobre mi lengua adormecida. lucho por la leche de cabro hervida. ordenando al señor. inundación de leche hasta mis costas. rueda. camina como el cangrejo por la garganta. chorro a chorro va bajando. tragándola. se despierta la lengua. camina la lengua sobre su piel. pies a cabeza camina. pies. a. cabeza. el cuello y los tendones del cuello. los hombros y los músculos de los hombros. brazos que abrazan y la lengua sobre el abrazo. sobre el pecho. enroscada en los vellos del cuerpo del señor.*

CARMEN VALLE es yaucana y reside en Nueva York. Ha publicado cuatro libros de poemas: *Un poco de lo no dicho* (1980), *Glenn Miller y varias vidas después* (1983), *De todo da la noche al que la tienta* (1987), *Preguntas* (1989) y un libro de relatos, *Diarios robados* (1982).

Diarios robados es un libro que consta de trece voces narrativas, a las cuales les corresponde un diario en específico. Con la excepción de uno, todos los demás son narrados por voces femeninas. Los relatos no son experimentales, son directos y sencillos, pero no por eso dejan de ser paródicos. Algunos de ellos recrean una visión sumisa de la mujer burguesa. El tercer diario, por ejemplo, es enunciado desde la voz o la no-voz de una mujer que nos recuerda a un personaje de Corín Tellado: la secretaria bonita y lista que logra el sueño de su vida—casarse con el buen proveedor de su jefe. Ahora ella es la señora de Sergio Ramírez Olavide, un amante que es «un sueño» y todo lo que quiere de su «hembrota» es «el placer» que pueda otorgarle. El relato parece retomar ese final feliz en que concluyen las novelitas rosa. Carmen Valle crea un posfinal y va mas allá del día de bodas para mostrarnos el mundo de conformidad de la mujer burguesa. La voz narrativa se cuestiona:

> *¿Cuántas mujeres logran casarse con el amor de su vida?*
> *¿Cuántas logran conseguir un hombre de carácter que sin haber yo encargado todavía, ya esté pensando en el futuro de sus hijos y crea que debe ser la madre quien los críe, que alguien extraño en el hogar nunca y hasta esté dispuesto a montarme una oficinita en un cuarto de la casa para que pueda seguir con mi profesión desde mi hogar?*
> *Lo único que me resta ahora es quedar encinta. Primero, el machito, para que vuelva loco al padre y le dé más responsabilidad. Segundo, una nena para mí, que como son más de la casa, ya que una las doma desde chiquitas, la tendré para que me acompañe. En el cuadro en que veo a mi santa madre no me puedo quedar sin una hija. Teniendo un padre y dos hermanos ninguno ha podido atenderla cuando se ha enfermado. Lo más que han hecho es ir por la clínica y llevarle una caja de galletas. Yo soy la única que hace por ella. Si se enferma no prueba nada si yo no lo cocino y se queda tranquila porque me hago cargo de su casa. No saben qué harían sin mí, dice Papi.*

Sergio es un marido «estupendo», pero el personaje acepta que tiene un «problemita», pues a él no le gusta que ella salga con sus amigas. No obstante, ella acepta su voluntad con sumisión y recrea los códigos de la falocracia: el hombre en la calle, la mujer en la casa. Notemos que primero ha de venir el machito y luego la nena para «domarla» como a un animalito. De nuevo presenciamos un relato en donde la mujer es el ente que fomenta los valores del macho. Al final del diario, el personaje comenta: «Sergio todo lo comprende y me dice que con razón soy tan buena esposa: por ser tan buena hija. ¿Qué más puedo decir?». Las amigas le dicen que ella ha tenido suerte. Sin embargo, es Sergio el afortunado, pues ha encontrado a la perfecta ama de llaves para la casa del patriarca. Ella no puede pedir más nada, pues es incapaz de emitir una voz propia. Sergio la ha dejado sin lenguaje. El final del diario no es sólo el final del texto, sino que dramatiza el problema de la mujer en la sociedad patriarcal. El lugar de la mujer es el margen, el espacio y la línea en blanco.

El marido del primer diario era también espléndido, y el personaje, Flora, ahora viuda y narrando, nos habla de la violencia de la cual fue víctima. Antes de morir, su marido no la dejaba ejercer su profesión de farmacéutica, pues no quería que trabajara. Le pegaba y hasta la llegó a amenazar con un revólver si ésta decidía irse de la casa:

> *El era capaz de cualquier cosa, como cuando me prohibió, sin darme ninguna razón de peso, que fuera aquel día a las tiendas y yo cogí mi cartera, me monté en el carro para irme y él, sacando la pistola, le disparó a las cuatro gomas; lo corrió por toda la finca hasta que no quedaron ni gomas, ni tubos, ni aros, sólo los ejes afilados que hacía parecer al carro como un lechón de metal con dos varas atravesadas.*

El día del sepelio, Flora piensa deshacerse de los gallos de pelea que pertenecían al marido y cuyas jaulas quedaban debajo de la ventana del comedor, pero no lo hará hasta consultarlo con su hijo Augusto, la otra presencia masculina de la casa: «a lo mejor él no quiere deshacerse de los gallos tan ligero...». La duda final dramatiza otra vez esta falta de elocuencia. Carmen Valle maneja con ironía el espacio en blanco del no lenguaje de la mujer, remitiéndonos al mundo de la crítica feminista francesa.

Para la crítica feminista francesa la mujer es percibida como la ausencia o la negación de la norma masculina. En el mejor de los casos, ella es el más inferior de los hombres; un ente que se define como su negatividad. No es el otro sexo, sino específicamente el otro lado del espejo masculino. Por eso se sitúa fuera de la representación y su sexualidad se conceptualiza sobre las bases de los parámetros masculinos. Los personajes de *Diarios robados* sólo logran articular un lenguaje de la dependencia.

En conclusión, los discursos literarios de los tres autores examinados forman un programa alterno de confrontación ante el lenguaje tradicional. Las voces de Luisa Valenzuela, por medio de la ingramaticalidad; Manuel Ramos Otero, al usar la coprolalia y un lenguaje abiertamente homoerótico; y Carmen Valle, con un lenguaje altamente irónico que denuncia la falta de voz de la mujer, componen la «alternativa consciente» al ideario fijo del lenguaje patriarcal.

La problemática de la mujer en los textos de Julia Ortiz Griffin, Mireya Robles y Nora Glickman[1]

Elena M. Martínez

[A la mujer] se le despoja de la espontaneidad para actuar; se le prohibe la iniciativa de decidir; se le enseña a obedecer los mandamientos de una ética que le es absolutamente ajena y que no tiene más justificación ni fundamentación que la de servir a los intereses, a los propósitos y a los fines de los demás.

—*Rosario Castellanos*

En este trabajo me ocupo de la problemática de la mujer en los textos de tres escritoras latinoamericanas que residen en los Estados Unidos: Julia Ortiz Griffin (puertorriqueña), Mireya Robles (cubana) y Nora Glickman (argentina).

Cuentos de aquí, allá y más allá de JULIA ORTIZ GRIFFIN, contiene, como su título ya lo advierte, relatos que se desarrollan aquí (en los Estados Unidos), allá (en Puerto Rico) y más allá (en un espacio que comparte características reales y fantásticas)[2]. La colección consta de siete relatos: «Un recuerdo», «En una calle oscura», «El niño rubio», «El consejo», «El premio», «El profesor de humanidades» y «Ellos, los visitantes».

Los relatos tratan los temas de la marginalidad, el desempleo, la desigualdad de clases y la pobreza. Además textualizan la preocupación por el papel de la mujer dentro de la sociedad la cual le provee opciones muy limitadas. En los siete relatos se traza una imagen específica de la

---

1 Conferencia dictada durante el coloquio «Mujeres hispanas y su escritura» el 3 de marzo de 1990.

2 Julia Ortiz Griffin, escritora puertorriqueña radicada en Nueva York, es la autora de dos colecciones de cuentos: *Cuentos de aquí, allá y más allá* publicada en 1984 por Editorial Huracán; y *Mujeres transplantadas* que se publicó en la Editorial Edil de Puerto Rico, 1990. Todas las citas corresponden al primer texto, las cuales incluyo de ahora en adelante en paréntesis.

mujer que sirve de testimonio de la discriminación a que se le ha sometido. Julia Ortiz Griffin presta más atención a aquellas menos afortunadas, sin educación y sin medios económicos que se ven obligadas a desempeñar las labores de menos prestigio y peor remuneradas en la sociedad. Todos los relatos se caracterizan por privilegiar la relación con el sexo opuesto o las consecuencias de la falta de una relación amorosa. En esos textos somos testigos de uno de los problemas más persistentes asociados con la condición de la mujer: su identidad está marcada y definida por la relación con el hombre.

La autora presenta cuatro estereotipos de mujeres en sus relatos. El primero: la mujer de condición social inferior que tiene que ganarse la vida sin el apoyo de la familia ni de un hombre y que, sin ninguna preparación o entrenamiento, debe realizar las labores más bajas. El segundo: la mujer desempleada que tampoco cuenta con ningún tipo de apoyo. El tercero: la mujer casada que depende del marido, de clase media, con pretensiones sociales pero sin medios para ganarse la vida. Finalmente el de la mujer soltera y completamente sola que, aunque con cierta educación, se convierte en la víctima de los patrones culturales y resulta tan oprimida como las anteriores.

Dentro de la primera categoría cae el personaje del relato «Un recuerdo». En éste se presenta la violación y el asesinato de una joven que trabaja como sirvienta. En todos los relatos de Julia Ortiz Griffin aparece la violencia hacia la mujer, la cual es uno de los problemas más serios, como advierte Esther Vicente en su artículo «Las mujeres y el cambio en la norma jurídica»:

> *Uno de los problemas más graves que confrontamos las mujeres en Puerto Rico es el de la violencia física, emocional, individual e institucionalizada. Este problema se manifiesta en agresiones sexuales, agresiones físicas, hostigamiento sexual y en la explotación de nuestros cuerpos e imagen a través de los medios de comunicación.*[3]

En «El consejo» se presenta el suicidio de una joven soltera embarazada, agobiada por su situación económica y por los conflictos

3 Ver Esther Vicente, «Las mujeres y el cambio en la norma jurídica» en: *La mujer en Puerto Rico. Ensayos de investigación* (Puerto Rico: Ediciones Huracán, 1987), p. 185.

morales de una madre soltera en una sociedad hostil que le niega a la mujer el disfrute de su sexualidad. El relato presenta el estereotipo de la mujer que, sin el apoyo del hombre, se ve perdida. El texto—por medio de tres palabras claves, *marido, dinero y amor,* y preguntas retóricas—reescribe los lugares comunes de la experiencia de la mujer y las concepciones tradicionales sobre ella que resultan de una ideología opresora: «Hacía poco su primer novio, un sinvergüenza del barrio, la había seducido y abandonado al saber que estaba encinta. ¿Cómo se consuela a una muchacha pobre, fea y para colmo de males, encinta y abandonada? ¿Le podría yo prometer un *marido, dinero... un amor?*[4] ¿Qué le podría yo ofrecer que le hiciera abandonar su intención?» (p. 29).

En el relato «El profesor de humanidades»—valiéndose de la ironía—la autora presenta un dramático pero interesante cuadro de la explotación a la que es sometida la mujer hispana por la imposición de papeles y expectativas sociales. La explotación en todos los relatos de Ortiz Griffin puede ser directa, brutal, física; el maltrato o la violación acompañada por el asesinato—como en «Un recuerdo» o más sutil y sofisticada y, por lo tanto, hasta más peligrosa, como en «El profesor de humanidades». Ambos relatos son una radiografía de las costumbres, los valores, las actitudes machistas, y los papeles sexuales. El último de ellos es también una aguda observación y ataque de la familia de clase media, de la ideología patriarcal y del hombre profesional, seudo intelectual que vive atado a convenciones sociales que lo convierten, primero, en victimario y luego, sin saberlo también, en víctima. En «Un recuerdo» y «El profesor de humanidades» se da constancia de dos tipos de machismo: el primero es el clásico e interiorizado—según los denomina Wolfgang A. Luchting—la ostentación del coraje y la potencia sexual que prolifera en las provincias latinoamericanas y también podríamos agregar se encuentra en las comunidades marginadas de los Estados Unidos. El segundo se da en los ambientes cosmopolitas y entre las clases sociales media o alta y (o) de cierto nivel de educación.[5] Tanto el hermano de las señoras de la casa quien viola y mata a la sirvienta en «Un recuerdo» como el profesor encarnan la figura central de la tradición patriarcal: patriarca, padre, *pater* (el hermano en el primer relato funciona como «padre» de

---

4 Las bastardillas son mías.

5 Ver Wolfgang A. Luchting, «¿Machismus Moribundus?», *Mundo nuevo,* Nos. 23-24 (mayo-junio de 1968), p. 76.

las hermanas solteras): «aquel *buen señor* de las señoras que me regalaban dulces» (p. 15)[6]. En el otro relato la asociación es obvia: Víctor es el «profesor», «el modelo», «ejemplo» (por lo tanto también tiene mucho de «padre»).

La autora se vale de la ironía para trasmitir su mensaje y conformar un microcosmos que representa la sociedad patriarcal donde aparecen enfrentados diversos grupos. La ironía aparece en la conformación de los personajes, ya sea por el nombre que les adjudica, por sus acciones o por la desproporción entre la acción que llevan a cabo y el juicio que de la misma hacen los otros. El nombre de la amante aparece en diminutivo, Martita; y a la esposa la llama «Nena»—si bien es cierto que usamos el diminutivo y el sustantivo «nena» para expresar afecto también indica pequeñez y fragilidad. El personaje femenino es empequeñecido; el masculino engrandecido como se ve en el uso de los nombres. El nombre Víctor evoca: «victorioso», «vencer» y «vencedor»; el nombre de la esposa, Consuelo, evoca el papel «consolador» que se le ha asignado tradicionalmente a la esposa, y el de la amante, Martita, parece tener alusiones bíblicas: Marta y María. Este choque produce, precisamente, la dinámica del cuento y es fuente de ironía y de humor: las acciones del personaje masculino aparecen engrandecidas y las del femenino empequeñecidas, rebajadas o desvalorizadas, como ha sucedido tradicionalmente. Este procedimiento sirve como resorte desenmascarador de la injusticia en la asignación de papeles y el desprecio por ciertas tareas que son consideradas «femeninas». Víctor, el profesor y padre de familia, se aprovecha de su situación social, y mantiene relaciones con una estudiante quien no solamente le sirve de objeto sexual sino también de sirvienta, proveedora y secretaria: «Era su mano derecha. No sólo le prestaba servicios valiosísimos en su casa y en la oficina sino que le hacía mandados y le prestaba dinero» (p. 41). Ella, debido a su poca estima y al sentimiento de inferioridad que la sociedad le ha inculcado y que ella acepta como un hecho, se siente agradecida de poder desempeñar esa tarea. En Martita se da la mistificación de la femineidad o sublimación de la debilidad; es un tipo de heroína sentimental que evoca el mito del siglo XIX de «la mujer angelical» o el «ángel de la casa»[7]. Ella es una re-

---

6 Las bastardillas son mías.

7 Ver el artículo de Bridget Aldaraca, «El ángel del hogar: *The Cult of Domesticity in Nineteenth-Century Spain*» en *Theory and Practice of Feminist Literary Criticism*, edición de Gabriela Mora y Karen S. Van Hooft (Michigan: Bilingual Press, 1982), pp. 62-87.

escritura del estereotipo de la literatura victoriana que—como ya señaló John Stuart Mill en *The Subjection of Women*—se debe a una educación, más de sentimientos, que de entendimiento[8]. Los adjetivos que Víctor usa para caracterizar a Marta son los que tradicionalmente se han usado para crear el estereotipo de fragilidad, dulzura y debilidad de la mujer. Martita es descrita como dulce, benevolente, condescendiente, religiosa y «adorable» como la llama Víctor en numerosas ocasiones. Ella, como tantos otros personajes femeninos, establece relaciones de tipo emotivo, y está acostumbrada a mirar la realidad a través de los ojos de algún miembro del sexo masculino. A esta construcción cultural, estudiosos(as) y literatos(as) le han dedicado numerosas páginas. Virginia Woolf la describió en estos términos: «Era intensamente encantadora. Carecía totalmente de egoísmo. Destacaba en las difíciles artes de la vida familiar. Se sacrificaba a diario»[9].

En «El profesor de humanidades» aparecen tres estereotipos comunes: el de la mujer indefensa que necesita el apoyo del hombre; el de la mujer consumidora, vana y tonta, y el de la mala mujer[10]. Consuelo, la esposa, representa a la mujer de clase media con pretensiones sociales, interesada en el qué dirán, y en la competencia con las otras mujeres, fenómeno común en las sociedades patriarcales donde el sistema pone en lucha a las mujeres entre sí, ya sea por clase social, educación, belleza o edad[11]. En el relato aparecen unidos—como sucede en la tradición patriarcal—religión, propiedad privada y familia. En la relación Consuelo/Víctor se ven tres instancias de la relación de la familia burguesa: *complacer a la mujer* (en sus necesidades económicas), *probarle su amor* y finalmente *conseguir u obtener* para ella lo que desee, es decir, proveerle los bienes materiales. La esposa pone a prueba el amor del

---

8 John Stuart Mill, *The Subjection of Women* (1869) reimpreso en John Stuart Mill, *World's Classics Series* (London: Oxford University Press), 1966.

9 Ver «Profesiones para la mujer» en *Las mujeres y la literatura* (Barcelona: Editorial Lumen, 1979). Traducción de Andrés Bosch, p. 69. Virginia Woolf explica en ese mismo párrafo que el Angel del hogar era quien le obstaculizaba su trabajo de escritora y que al fin «la mató».

10 Para un estudio de los estereotipos de la mujer indefensa y la consumidora en la sociedad puertorriqueña véase: «Tres estereotipos de la mujer en la televisión» de Magali García Ramis publicado en *La mujer en Puerto Rico*, pp. 230-238.

11 Ver Carolyn G. Heilbrun, *Reinventing Womanhood* (London: W.W. Norton and Company, 1979), capítulo II (*"Woman as Outsider"*), pp. 37-70.

marido a través de las cosas que él pueda proveerle. En el relato leemos: «yo pensaba que no me querías puesto que no tenemos una casa como la de Antonio, pero si quieres complacerme y probarme tu amor, consígueme una [casa] más o menos igual» (p. 48). En estos relatos vemos cómo la mujer se realiza a través del varón, en la medida que él se realiza: la esposa es ama de casa; él es un «destacado intelectual». Aquí aparecen claramente delimitados los dos espacios o esferas, el del hombre (el espacio público, exterior) y el de la mujer (espacio doméstico, interior: la casa). Se ve cómo la familia y el matrimonio son instituciones cuyas bases no son afectivas sino económicas.

Otro estereotipo muy estudiado por las críticas feministas es el de la «mala mujer» («la prostituta» o la «bruja»), sinónimo de la mujer que transgrede las leyes sociales y asume su sexualidad, lo cual se le ha negado a la mujer en la sociedad patriarcal y que es sumamente paradójico porque, por un lado, se le convierte en objeto sexual, y por el otro, se le niega la sexualidad. Simone de Beauvoir en *El segundo sexo* equipara a la mujer casada con la prostituta pues ambas están al servicio del hombre y su actividad sexual está en función de la sexualidad del hombre y nunca de la suya[12]. Esto viene a reiterar que la mujer permanece como objeto de deseo pero no tiene acceso al placer, como explica Luce Irigaray:

> *This means that the division of "labor," sexual labor in particular, requires that the woman maintain in her own body the material substratum of the object of desire, but that she herself never have access to desire.*[13]

Hay distintas construcciones culturales que recogen esta idea: el mito de Pandora, uno de los arquetipos de la civilización occidental que condena a la mujer por su sexualidad. También se han estudiado los arquetipos de la mujer en la literatura y entre ellos sobresalen dos: la mujer que ha mantenido su virginidad o que la ha entregado en matrimonio, o el de la mala mujer que ha perdido la virginidad fuera de la

12 Simone de Beauvoir citando a Marro dice: «Entre las que se venden por medio de la prostitución y las que se venden por medio del matrimonio, la única diferencia consiste en el precio y la duración del contrato». Ver Simone de Beauvoir, *El segundo sexo* (Buenos Aires: Siglo Veintiuno, 1981), traducción de Pablo Palant, Tomo II, p. 338.

13 Ver Luce Irigaray, *This Sex Which Is not One* (Ithaca: Cornell University Press, 1977), traducción de Catherine Porter, p. 188.

institución del matrimonio[14]. En el cuento Víctor las llama «tipas», aludiendo al carácter de negación que implica su actividad sexual. Esto es, por un lado se les niega la oportunidad de ser, de tener identidad—su valor está en función del servicio que le prestan al hombre—y por el otro la «degradación» que está implícita en su actividad—como señala Octavio Paz en *El laberinto de la soledad*: «la mala mujer es la que busca»[15]. Son éstas con quien Víctor y Gilberto organizan una orgía, para en palabras de Víctor «aliviar su mortificado ego» (p. 46). En la amistad de Víctor y Gilberto se re-escribe la solidaridad masculina o «la complicidad entre iguales». En esta orgía, Víctor (el padre, el maestro) y Gilberto (el Don Juan) descubren algo importante de su vida sexual: tendencias homosexuales reprimidas, descubrimiento que opera como una vuelta de tuerca y que subraya cómo los aspectos patriarcales tienen efecto psicológico tanto en el hombre como en la mujer y cómo dicho sistema de opresión funciona para ambos.

«En una calle obscura» Julia Ortiz Griffin también escribe sobre la experiencia de una mujer sola y los peligros que enfrenta al aventurarse en el espacio exterior, peligroso y reservado para el hombre. Aquí retoma los lugares comunes del discurso patriarcal en que la mujer indefensa necesita el apoyo del hombre y la solución de sus problemas le llega a través de la relación con éste. Los nombres de los personajes son eco de la retórica patriarcal: él, Marte, dios de la guerra; ella, Alma: substancia espiritual e inmortal, capaz de entender, querer y sentir, que informa al cuerpo humano y que con él constituye la esencia de los humanos[16]. Su nombre textualiza la idea errónea de que la mujer posee una superioridad intuitiva y emocional, implicando así una inferioridad física e intelectual. El discurso del personaje masculino (Marte, obviamente, representa la fuerza) recoge los valores de la tradición que ve a la mujer sola como incapaz, y que necesita el apoyo del hombre quien tiene la tarea de *rescatarla o salvarla*: «Podrás divertirte con las máquinas y además me tienes a mí que te quiero tanto. En realidad te quise desde el

14 Un estudio interesante es el de Luis Leal, *"Female Archetypes in Mexican Literature"* en *Women in Hispanic Literature: Icons and Fallen Idols*, edición de Beth Miller (California: University of California Press, 1983), pp. 227-242.

15 Octavio Paz, *El laberinto de la soledad* (México: Fondo de Cultura Económica, 1950), segunda edición revisada y aumentada, 1959.

16 Ver *Diccionario de la real academia de la lengua española*, p. 65.

primer momento en que te vi *solita y asustada* en aquella calle desierta, deseando tanto y tanto escapar de aquella situación y que *alguien te salvase*» (p. 21)[17].

En *Hagiografía de Narcisa la bella* MIREYA ROBLES se vale del humor para crear un microcosmos que confronta no sólo la ideología y las convenciones de la pequeña burguesía sino también las de su escritura[18]. La novela elabora una oposición sistemática al orden social para atacarlo y subvertirlo. Esta oposición se articula en tres niveles: el de la anécdota, el de los personajes y el del lenguaje.

El título de la novela *Hagiografía...* alude a un género literario de gran auge durante la Edad Media: la vida de santos que se caracteriza por su seriedad, su carácter confesional y la conformación de la imagen de un personaje ejemplar. La novela de Robles se sostiene, precisamente, en la diferencia entre los personajes, la anécdota y el paradigma de la hagiografía. Prefiero hablar de «trabajo paródico» y no de parodia, porque esta última supone una imitación cómica o satírica de una obra seria que ridiculiza una tendencia o estilo conocido o dominante; la novela se limita a evocar ese «horizonte de expectativas» del género, pero sin ridiculizar ni imitar de forma sistemática todos los elementos de la hagiografía, sino sólo retomando algunos de sus componentes. Al leer la novela lo que menos importa es la imitación o subversión de ese género y lo que importa es la oposición al discurso autoritario y a las convenciones de cierta clase social.

El carácter humorístico de toda la novela sirve para desenmascarar los mecanismos del orden vigente. El humor funciona a favor de la pulverización de los valores del mundo representado. A través del humor, el narrador se distancia de los personajes y de los sucesos narrados y logra apelar a la inteligencia de los lectores y no a sus emociones. La risa, producida por la imagen de los personajes y sus acciones, entabla una relación mediatizada por la distancia. El humor—como apunta Bakhtin

17 Las bastardillas son mías.

18 Mireya Robles, *Hagiografía de Narcisa la bella* (Hanover: Ediciones del Norte, 1985). Todas las citas corresponden a esta edición. Mireya Robles, novelista y poeta cubana, reside actualmente en Sudáfrica.

en *Rabelais and His World*—funciona como opositor de la autoridad y crea confusión, subversión y desorden, y postula un espacio distinto que recuerda al del carnaval[19].

La novela de Robles—a diferencia de la hagiografía—articula momentos o sucesos de vidas comunes por medio de los cuales la autora critica a la sociedad y a la familia pequeño burguesa. Se ocupa de una familia cubana compuesta por los padres, Flora y Pascual, y los hijos, Manengo, Narcisa y Florita-ita. Los sucesos que narra son nacimientos, fiestas de cumpleaños, vacaciones en la playa, cambio de cuartos en la casa, el comienzo de la escuela, y experiencias de Narcisa. La pareja Flora/Pascual evoca varios tipos de combinaciones que por su carácter inusitado y redundante producen risa en el lector o la lectora. Flora (conjunto de flores y vegetación) y Pascua(l) momento donde florece. La combinación Flor(a)/Pascua(l) o Flor(a) de Pascua(l) tiene efecto cómico.

La novela muestra y ridiculiza las diferencias entre los papeles masculinos y femeninos. Las mujeres (Narcisa, Flora y Florita-ita) cifran la experiencia de la mujer en una sociedad machista donde son desvalorizadas y donde las características que se han llamado «femeninas» se han usado para desplazarlas a un lugar secundario, restringirles su participación al terreno de lo familiar, condenándolas a llevar toda la carga de las ocupaciones domésticas:

> ...*cada uno tomó su rumbo; don Pascual se fue a la antesala a leer el periódico y a fumarse un tabaco; doña Flora se dirigió al fregadero de la cocina a lavar los platos diciéndose que es muy sabroso comer y todo eso, pero esa embarradera de platos es la que la saca de quicio...* (p. 41)

La mujer, sometida a la esclavitud de las tareas de la casa, no tiene oportunidad de desarrollar su intelecto ni de seguir intereses propios. En la novela—como ha sucedido tradicionalmente—la mujer combate de manera pasiva, fenómeno que la crítica argentina Josefina Ludmer ha denominado «las tretas del débil»:

---

19 Mikhail Bakhtin, *Rabelais and His World* (Indiana: Indiana University Press, 1984), traducción de Helene Iswolsky.

La treta (otra típica táctica del débil) consiste en que, desde el
lugar asignado y aceptado, se cambia no sólo el sentido de ese
lugar sino el sentido mismo de lo que se instaura en él.[20]

Flora, esposa y madre, mujer de bajo nivel de educación, exhibe una conducta sumisa ante el marido y se vale de mecanismos compensatorios tales como la sublimación y la racionalización para escapar de sus problemas. Ella se entrega a la ficción de las telenovelas, las cuales, paradójicamente, reiteran las estructuras machistas de la sociedad. Estas promueven una unión primaria y sentimental con el espectador o la espectadora, quien imbuído/a en el conflicto se pone en lugar del que sufre y padece: «Doña Flora comenzó a interesarse de inmediato cuando presentaron una casa rica con varios criados, mayordomo, chofer...» (p. 36). Por el contrario, muestra desinterés por una telenovela que tiene como protagonista a un hombre que trabaja como oficinista: «Mire usted lo que están poniendo, un hombre que trabaja de oficinista, un empleaducho que no vale nada, esta novela va a ser un fracaso...» (p. 53).

El personaje que da título a la novela, Narcisa, evoca en el lector o la lectora inmediatamente el mito de Narciso pero, irónicamente, ella carece de la característica principal del personaje mitológico: la belleza. El nacimiento de Narcisa está marcado por el rechazo; antes de que ella naciera su padre le había advertido a la madre que si lo que nacía era hembra no quería verla: «Flora, mi hija, eso que tú tienes ahí en la placenta procura que sea un macho porque si es hembra, no quiero ni verla...» (p. 2). La familia le niega identidad al no darle nombre y llamarla «esto», «aquello», «el bulto», repitiendo así la tendencia a ignorar a la mujer y de reducir su condición a la nada o a la de algo innombrable.

Las características con las que se representa a Narcisa son las que se han usado para caracterizar a la mujer: obediente, dadivosa, sacrificada y conciliadora. En muchas páginas leemos: «Narcisa esperaba obediente» e inmediatamente: «Manengo exigió» (p. 54). Los proyectos de Narcisa no despiertan interés en la familia y ella no puede llevarlos a cabo por falta de tiempo y espacio; problema que ya a principios de siglo Virginia Woolf había delatado en *Una habitación propia*, texto en que precisa-

20 Ver Patricia Elena González y Eliana Ortega, *La sartén por el mango* (Puerto Rico: Ediciones Huracán, 1984), p. 53.

mente analiza los problemas relacionados con la vocación de la mujer y los inconvenientes que tiene que superar para poder llevar a cabo sus proyectos[21]. Narcisa, como su madre, se vale de mecanismos compensatorios (la sublimación y la racionalización) para corregir la realidad. Ella exagera los atributos que la cultura les ha asignado a la mujer y al hombre: «...mamá, verdad que usted es una mujer entera, mamá, a usted no hay quien le ponga un pie encima atendiendo la casa, y ya sabe usted que es una mujer dichosa de tener un esposo perfecto...» (p. 65).

Pascual, el padre, es portador del discurso machista, patriarcal. Sus rasgos son los que caracterizan al macho: infiel, autoritario y exigente, desvinculado de las tareas de la casa y las necesidades de los miembros de la familia[22]. Pascual no sólo está obsesionado por su sexualidad sino también por la de su hijo quien no responde al «ideal del macho». Pascual supone que la masculinidad se adquiere rechazando lo femenino y se dedica a espiar a su hijo (sus gestos, sus pasos, el timbre de su voz) y le compra un bate y una pelota para, según él, «ver si eso lo enseña a ser macho» (p. 57). Manengo, el hijo homosexual, se niega a asumir el papel que la sociedad machista le impone. Así, la novela junto al discurso feminista le da entrada al discurso del homosexual quien, oprimido como la mujer, cae también en la esfera de la marginalidad: «...nadie, hasta la fecha, lo había comprendido, nadie se había dado cuenta de su necesidad de arrancarse ese sexo que él no quería, ese sexo con que su espíritu delicado y meditativo no podía armonizar...» (p. 25).

La novela tiene la forma de un discurso continuo sin división de partes ni de capítulos y ni siquiera de párrafos, lo cual funciona como elemento de subversión del canon de la escritura. Robles se vale del monológo interior, la repetición de frases, y las preguntas retóricas que al no ser contestadas quedan como materia de reflexión para el lector o la lectora. Las preguntas retóricas funcionan a favor de la ironía ya que los personajes las presentan de manera neutral, pero el lector o la lectora, que tiene conocimiento de otros sucesos de la novela, las recibe dentro del contexto de expectativas diferentes.

---

21 Virginia Woolf, *Una habitación propia* (Barcelona: Editorial Seix Barral, 1980), traducción de Laura Pujol.

22 Flora le advierte a los hijos: «Cuando veas a papá no lo molestes porque él es un hombre que tiene muchas preocupaciones y no se puede estar atormentando» (p. 39).

El lenguaje que Robles utiliza es coloquial, está al servicio de la sátira y la parodia y produce un efecto cómico. La parodia se nutre del diálogo de lenguajes y transpone los valores de los estilos parodiados. El lenguaje familiar satírico que utiliza Robles socava y subvierte el discurso serio y autoritario del texto hagiográfico. La autora toma el discurso hagiográfico y lo rebaja, lo deforma, alterando así no sólo el lenguaje sino también la ideología y las estructuras que lo contienen y le sirven de expresión. Ella hace una desconstrucción del lenguaje donde lo alto se convierte en bajo y mezcla el discurso literario al de otros géneros no literarios como la telenovela, el cine y los programas radiales. Esta práctica sirve de espejo que duplica la problemática de la novela. Muchas de las construcciones lingüísticas provocan risa porque establecen asociaciones que destruyen nuestras expectativas como hablantes. Este es el caso cuando utiliza adjetivos que están en desacuerdo con los sustantivos que acompañan. Por ejemplo cuando dice que Narcisa «Siempre vio en Betty Boop una figura misteriosa e inalcanzable» (p. 55). También el uso de ideas o párrafos que expresan o contienen información que niega la que se ofreció antes; por lo general, un personaje afirma su visión de los hechos y luego la narradora la contradice. Otro recurso lingüístico muy funcional es la repetición de conjunciones (polisíndeton) que se usa para subrayar algún rasgo esencial del personaje, como la exigencia desmedida del hombre: «Y el café, y el agua fría, y prepárame el baño y quiero merendar y...» (p. 52).

A pesar de que la novela trunca las expectativas del género hagiográfico lo que interesa no es la subversión de las características de ese género sino la sátira a la sociedad y en especial al papel de la mujer. La novela presenta una visión caótica que desenmascara la presunta armonía familiar y da testimonio de la experiencia de la mujer latinoamericana. El texto, valiéndose del humor, articula un sistema de oposición que funciona a favor del cambio de las estructuras sociales que mantienen a la mujer marginada, es decir, es un vehículo de concientización social.

La colección de relatos *Uno de sus Juanes y otros cuentos*, de la escritora y profesora argentina NORA GLICKMAN, consta de dieciocho relatos, de los cuales algunos se desarrollan en la Argentina y otros en Nueva York[23].

---

23 Nora Glickman, *Uno de sus Juanes y otros cuentos* (Buenos Aires: Ediciones de la Flor, 1983). Todas las citas corresponden a esta edición. De ahora en adelante incluyo las páginas en paréntesis. Nora Glickman, escritora argentina radicada en Nueva York.

Entre los que se desarrollan en la Argentina están: «El último de los colonos», «Los Bécquer», «Uno de sus Juanes», «Ese otro Juan», «El torno», «Y para colmo es fea». En estos relatos Glickman inscribe la experiencia de la inmigración judía en la Argentina y recrea el mundo cotidiano de los inmigrantes por medio del uso de palabras en yiddish y la asignación de apellidos judíos. Junto a la representación del mundo rural, la autora examina distintos rasgos psicológicos de los trabajadores del campo, el tipo de vida y las calamidades que aquejan a la gente del lugar. En ellos hay una clara diferenciación entre los papeles asignados al hombre y a la mujer. A diferencia de los personajes femeninos de Julia Ortiz Griffin y Mireya Robles, muchos de los personajes de Glickman presentan una imagen positiva y ocupan una posición respetable en la familia. La autora presenta tres modelos: el de la madre y el de la hija, pertenecientes a la clase de hacendados o propietarios, y el de la madre de clase baja, ya sea esposa del peón de la hacienda o ama de casa, hostigada por la enfermedad y los deberes de la familia. La madre de clase terrateniente es fuerte, decidida, capaz, inteligente y dispuesta, que como señala la narradora de «Los Bécquer»: «no era de lagrimear» (p. 19). Por el contrario, la mujer de clase trabajadora es torpe, incapaz de realizar tarea alguna y depende del marido. Ella es propiedad del marido quien a su vez es propiedad del hacendado; es supersticiosa y acepta las calamidades sumisamente sin ni siquiera intentar hacer algo por cambiar la situación—como se ve en «Los Bécquer» donde Irma (la esposa del peón Bécquer) no es capaz de llevar a cabo ninguna de las tareas asignadas.

El otro tipo es el de la hija adolescente y fantasiosa que siente curiosidad por el mundo de los adultos como ocurre en el relato que da título a la colección («Uno de sus Juanes»). En él Luisa, la hija del hacendado, crea un mundo secreto de juegos e intenta hacer algo prohibido, algo que sabe que sus padres desaprobarían: entabla relaciones con Juan, el peón recién llegado a la hacienda. El personaje experimenta el placer y el dolor en el mundo de la fantasía, los juegos y los sueños. Las fantasías son un espacio de libertad donde se puede realizar aquello que se nos prohibe en la vida consciente; éstas—dentro del sistema freudiano—satisfacen un deseo reprimido. Las fantasías de la adolescente son de carácter erótico. Freud, siguiendo la tradición que discrimina a la mujer, falla al no considerar la diferencia de la educación que reciben los miembros de distinto sexo y llega a decir que las fantasías del hombre y la mujer son distintas: las del primero son fantasías de deseos egoístas o ambiciosas; las de la mujer son exclusivamente de carácter erótico, consumidas por el deseo de conseguir el *amor*[24]. El mundo de juego ideado por la adolescente opera como metáfora de la creación literaria; en ambos espacios tanto el creador como el que juega crean un mundo propio, como explica Freud en «El poeta y los sueños diurnos»:

…*el poeta hace lo mismo que el niño que juega: crea un mundo fantástico y lo toma muy en serio; esto es, se siente íntimamente ligado a él, aunque sin dejar de diferenciarlo resueltamente de la realidad.*[25]

El ensueño es lo propio de los cuentos de hadas y a la vez su reescritura como señala Nancy Miller en "*Plots and Plausibilities in Women's Fiction*"[26]. El placer se deriva de la fantasía y no tiene nada que ver con los detalles que la realidad le ofrece: «Sólo guardándoselos en secreto Luisa podía moverlos a su gusto» (p. 27). Sucede lo mismo en «Ese otro Juan» donde una joven de espíritu romántico (se compara con Mimi de *La Bohème*) que fantasea con un muchacho de provincia que se marcha a París al recibir una beca de estudios. El relato se sostiene en la imposibilidad de alcanzar lo que se desea: durante su ausencia ella fantasea con él adaptando las cartas a sus deseos pero a su regreso se encuentran y ella se siente terriblemente defraudada; su fantasía ha sido destruida y se retrae del objeto amado pues lo que desea y ama es el amor romántico y no el objeto en sí. Los relatos «Uno de sus Juanes» y «Ese otro Juan» se fundan en el espacio de la fantasía en que viven sumergidos los personajes femeninos, lo cual reitera la división de los espacios, público y doméstico, la casa, lugar de la fantasía, espacio de la mujer; las calles, la ciudad, el universo, el lugar del hombre. En los dos relatos los jóvenes del género masculino gozan de libertad de acción: trabajan, viajan; la muchacha, por otra parte, está condenada al espacio doméstico, la casa, la cual le estimula los sueños y las fantasías.

24 Ver Sigmund Freud, «El poeta y los sueños diurnos» en *Obras completas*, traducción de Luis López Ballesteros de Torres, 1981, Tomo II, p. 1.345.

25 Ibid., pp. 1.343-1.348.

26 Ver Nancy Miller, "*Plots and Plausibilities in Women's Fiction*" en *Feminist Criticism: Essays on Women, Literature and Theory*, edición de Elaine Showalter (New York: Pantheon Books, 1985), pp. 69-78.

La casa es un lugar importante en muchas narraciones de Nora Glickman y se llega a entablar una relación simbiótica entre la casa y el personaje femenino, como sucede en «Verano prestado»[27]. El personaje femenino alquila su casa durante el verano y toma la casa de unos amigos y comienza a imaginar cómo sería la vida de los que habitan esa casa, es decir, curiosea la vida de los otros. El relato evoca «La casa de azúcar» de Silvina Ocampo y algunos de los relatos de Cortázar por la posibilidad de ser otro y tomar el lugar del otro[28]. Aquí se establece la relación entre la casa y el inconsciente, fenómeno estudiado por Gaston Bachelard en *The Poetics of Space*[29].

En el relato «Y para colmo es fea» recrea—como en muchos relatos de Glickman—las vivencias de la adolescencia, pero aquí revela la diferencia en la crianza de los hijos de acuerdo al sexo y manifiesta la restricciones que se le imponen a la mujer. La narradora censura la poca libertad de acción y la imposición de rígidos cánones de belleza: «Lo que me faltaba en atractivo se me inyectaba en dosis de cultura y modelitos que mintieran mi figura flaca y chata» (p. 80). Se insiste en el proceso de socialización como una experiencia completamente distinta para el niño y la niña; preocupación que se repite en muchos de sus relatos (algunos inéditos) como «El barco»: «Hubiera querido ser varón para insistir en que me dejaran trabajar de marinero...»[30]. Hay diversos estudios que analizan esta diferencia y dan testimonio de la educación «especial» que reciben las mujeres. La escritora mexicana Rosario Castellanos trata esto en *Mujer que sabe latín* donde expone:

> *Por eso desde que nace una mujer la educación trabaja sobre el material dado para adaptarlo a su destino y cultivarlo en un ente moralmente aceptable, es decir, socialmente útil. Así se le despoja de la espontaneidad para actuar; se le prohibe la iniciativa de decidir; se le enseña a obedecer los mandamientos de una ética que le es absolutamente ajena y que no tiene más justificación ni fundamentación que la de servir a los intereses, a los propósitos y a los fines de los demás.*[31]

27 Cuento inédito.

28 Ver Silvina Ocampo, *"The House of Sugar"* en *Leopoldina's Dream* (New York: Penguin Books, 1988), traducción de Daniel Balderston, pp. 69-78.

29 Gaston Bachelard, *The Poetics of Space* (Boston: Beacon Press, 1969), traducción de María Jolas, pp. 3-38.

30 La autora me facilitó una copia de este relato inédito, p. 1.

31 Ver Rosario Castellanos, *Mujer que sabe latín* (México: SepSetentas, 1973), p. 14.

El relato da constancia del proceso de construcción de la «identidad femenina» y la existencia de una ideología que reitera los valores tradicionales diferentes para el hombre y la mujer. De los relatos que se desarrollan en Nueva York cuatro de ellos («La trampa», «Puesto vacante», «Maestra sin portafolio», y «Del diario de una condenada»)—a diferencia de los relatos de Julia Ortiz Griffin y Mireya Robles—relatan la experiencia de la mujer profesional que se desenvuelve en el mundo académico. Sobresale en estos relatos el carácter absurdo y la nota irónica. En el relato «La trampa» ficcionaliza la experiencia de dos mujeres, estudiantes de literatura, que se encuentran para ir a una conferencia y después de una larga espera el conferenciante no aparece. La forma en que está narrado el relato hace de un suceso común una experiencia única y absurda para terminar en un regreso a la cotidianidad:

> *Pero al llegar a la cafetería, en el vigésimo piso, se nos fue esfumando la magia. Los colores fueron perdiendo su brillo. Todo volvía a ser como siempre había sido. Y nosotros lo aceptamos, sin saber dónde estaba la trampa, como aceptamos complacientes otros defraudes cotidianos, y buscamos cada una su bandeja plástica para servirnos el cafecito de la rutina* (p. 35).

En «Puesto vacante» una mujer, Cora Faustínez, jefe de un departamento universitario, pone un anuncio que dice: «Se necesita jugador». En este relato se examinan los inconvenientes que causó el anuncio tan vago: se presentaron gran número de candidatos solicitantes y entre ellos un gran número de mujeres. Aquí se muestra la discriminación contra las mujeres y sobre todo la falta de solidaridad entre las mujeres, fenómeno común estudiado por las feministas: las mujeres confían más en las capacidades del hombre y valorizan más el trabajo de ellos que el suyo o el de otras mujeres[32]. Señala la narradora que a ella le interesa encontrar hombres para el puesto y dice: «siendo mujer y consciente de lo picajosas que están las mujeres hoy en día ante cualquier tipo de discriminación, calculé que mejor sería buscar excusas individuales para cada una de ellas» (p. 37). Presenta con ironía (además de la discriminación

---

32 Carolyn G. Heilbrun, en *Reinventing Womanhoood*, se refiere a este fenómeno en los siguientes términos: *"sexually women, they are professionally men"* (p. 107).

hacia la mujer) muchos de los problemas relacionados con la profesión, entre ellos: el modo de proceder en las entrevistas de trabajo para puestos académicos, el poco tiempo que se le dedica a cada candidato o candidata, la importancia de las publicaciones y la cantidad de plagio de ideas. Usa la palabra «jugador», es decir, aquél que hace algo por placer y que está fuera de los parámetros espacio-temporales según los concebimos. Al final del relato descubrimos que el puesto sigue vacante y la narradora y directora del departamento también está sometida a las mismas reglas del juego como ella misma lo dice: «juega pero en el equipo de otros». El relato queda ante el lector o la lectora como una carta que ella envía solicitando trabajo.

En «Maestra sin portafolio» al igual que en «La trampa» y «Puesto vacante»—como también en los relatos inéditos «Pesadilla diurna» y «La picadura metafísica»—se plantea una situación absurda que sirve para hacer un comentario sobre el funcionamiento del sistema universitario y los problemas de la mujer académica[33]. Una profesora preparada para enseñar su clase se encuentra que no tiene estudiantes; sólo uno llega a clase pero al ver que no hay nadie más, se da de baja. Ella cada día se resigna a la espera. Si aquí relata la experiencia en la sala de clase, en «Del diario de una condenada» relata la experiencia agobiante de una mujer que viaja en el subterráneo neoyorquino: describe la agitación, confusión e incomunicación y el paisaje neoyorquino de los barrios pobres.

Otro grupo de relatos de esta colección tiene que ver con el tema de la maternidad: «Recóndito», «Palabras con mi hijo», «Yo, pulpa» y «¿Quiúbo, Consuelo?». Si los tres primeros recuentan con ternura y lirismo la experiencia de la maternidad, en el titulado «¿Quiúbo, Consuelo?» la narradora se vale de un tono de inocencia que recuerda el de los narradores de Juan Rulfo. Utilizándolo presenta una visión desgarradora de las obligaciones de la mujer condenada, por un lado, por la naturaleza que le impone la carga reproductora, y por el otro por el marido. Este texto, como la novela de Robles, presenta una visión atroz de la familia que subvierte la presunta «armonía familiar» y hace al lector o la lectora reflexionar sobre los problemas familiares y los verdaderos

---

33 En «Pesadilla diurna» cuenta las experiencias de una profesora que presenta un trabajo en la conferencia de la *Modern Languages Association*. En «La picadura metafísica» insiste en los problemas de la vida académica: sueldos bajos, discriminación a la hora de obtener un empleo y politiquería de los departamentos universitarios. Estos relatos inéditos me los facilitó la autora.

móviles detrás de las decisiones de la familia.

«¿Quíubo, Consuelo?» presenta dos arquetipos: el de l;
de la hija soltera. El relato comienza con una exposición m
la situación de la mujer, cifrada en la combinación: enterrar/en vida. A
Consuelo (la hija) la enterraron en vida cuando al sufrir una fiebre alta
la dieron por muerta hasta que la abuela descubrió que estaba viva. El
nombre del personaje femenino, Consuelo—según el diccionario «des-
canso y alivio de la pena, molestia o fatiga que aflige y oprime el ánimo.
Gozo y alegría»[34]—evoca los rasgos que caracterizan al personaje y que
son los que se han dado en llamar «femeninos», asociados con pasividad
y resignación, sintetizando la forma en que ella, al igual que su madre,
acepta su destino: Consuelo cuenta sus historias sin alterarse, inexpresi-
vamente, como si esas cosas del pasado estuvieran destinadas a una zona
accesible, pero insensible de su mente: «como si una derramara lágrimas
sólo cuando pudiera cambiar el curso de los acontecimientos. *Y aquí no
había lugar a cambios*»[35].

En «¿Quíubo, Consuelo?», como en *Hagiografía de Narcisa la bella* y
algunos de los relatos de Julia Ortiz Griffin, se presenta el arquetipo de
«la madre», quien sirve a cambio de protección; y esto se da dentro de
los límites de tres instituciones que condenan a la mujer: el matrimonio,
la virginidad y la familia. Instituciones que le niegan el acceso al placer a
la mujer y la reducen a objeto del hombre, como ha señalado Luce
Irigaray: *"As commodities, women are thus two things at once: utilitarian
objects and bearers of value."*[36] La madre de Consuelo, reducida a—y condenada por—su función reproductora, hostigada por la institución de la
maternidad (tiene diecinueve hijos) no tiene ninguna educación pero es
«fuente de amor ilimitado, es compasiva y tolerante». Adrienne Rich, en
su libro *Of Woman Born*, ha señalado lo siguiente:

> *Institutionalized motherhood demands of women maternal
> "instinct" rather than intelligence, selflessness rather than self-
> realization, relation to others rather than the creation of self.*

34 Ver *Diccionario de la real academia de la lengua española*, p. 349.

35 Las bastardillas son mías.

36 Luce Irigaray, op. cit., p. 175.

37 Adrienne Rich, *Of Woman Born: Motherhood as Experience and as Institution* (New York: W.W.

> *Motherhood is "sacred" so long as its offspring are "legiti-
> mate"—that is, as long as the child bears the name of a father
> who legally controls the mother.*[37]

La mujer aparece reducida a su función reproductora, es un caso de servidumbre natural: está condenada al cuidado de los hijos; no participa en la producción, sino sólo en la reproducción. Contraste en los papeles: el marido es productor, es un individuo autonómo y su existencia se justifica por el trabajo que realiza; ella está reducida al mundo de lo doméstico. Como dice Simone de Beauvoir: «la mujer es integrada como esclava o vasalla a los grupos familiares que dominan padres y hermanos, ha sido dada en matrimonio a ciertos machos por otros machos»[38]. Contrasta la visión de la madre en este cuento con la de los primeros relatos de la colección de Glickman, «El último de los colonos» y «Los Bécquer», donde la mujer de la clase terrateniente es fuerte e inteligente.

En «¿Quíubo Consuelo?» se textualiza el patético destino de la mujer, tanto de la casada como de la soltera: la madre y la hija tienen la carga de las obligaciones de la casa, pero el trabajo que la mujer realiza en la casa no le confiere ninguna autonomía. En ese relato se inscribe la diferencia entre los hijos varones y las mujeres; los primeros toman mujer y las mujeres son dadas en matrimonio. En las sociedades tradicionales la mujer soltera queda en la casa sirviendo a los padres y a los hermanos; el matrimonio es visto como un beneficio económico para la joven sin medios para ganarse la vida. El padre de Consuelo toma a la madre en el acto sexual, ella le presta un servicio:

> *...Eso no es violarla, ni forzarla siquiera: él es el patrón de la
> casa, el dueño de su mujer. El construyó la cama donde duermen,
> él hizo las sillas, la mesa, los bancos...Consuelo no le ponía
> resistencia al marido, que era casi de la edad de su padre.* (p. 67)

Tanto este relato como la novela de Mireya Robles y muchos de los relatos de Julia Ortiz Griffin dan testimonio del abuso a que son someti-

---

37 Adrienne Rich, *Of Woman Born: Motherhood as Experience and as Institution* (New York: W.W. Norton and Company, 1986), tenth aniversary edition, p. 42.

38 Simone de Beauvoir, op. cit., p. 174.

das las mujeres, y del doble papel impuesto: el de víctima de un sistema de estructuras opresoras y—en palabras de Nora Glickman—«el papel de campeona, heroína y santa»[39].

En resumen, las tres escritoras estudiadas rinden testimonio de la situación de la mujer tanto en los países latinoamericanos como en las comunidades establecidas en los Estados Unidos. Las tres asumen la palabra, como todo escritor o escritora, dentro de los códigos culturales y con un lenguaje—heredado y aprendido—dentro de una tradición que niega a la mujer. Julia Ortiz Griffin, Mireya Robles y Nora Glickman escriben desde una esfera de marginalidad doble que supone el ser mujer y latinoamericana.

39 Ver el relato «¿Quíubo Consuelo?».

El escritor latinoamericano en los EE. UU. y su experiencia de la creación literaria[1]

José Martín Ramírez

La fuente más directa de la que echa mano cada escritor o artista en general en su proceso creativo no es otra que la de su vida. Dependiendo de esta experiencia vivencial, matizada unas veces por el éxito momentáneo o la tragedia consuetudinaria, su obra adquirirá lo que la hace personal y diferente a la de otros creadores: «un estilo propio».

Enmarcándonos en este contexto creativo de la experiencia literaria, lógicamente veremos que una obra determinada será hondamente afectada por la vivencialidad del que la escribe, en nuestro caso llámesele «literatura en el autoexilio».

Este exilio, voluntario unas veces y forzado otras, corresponde en último término a la problemática general en la cual el escritor se originó o empezó a bocetar lo que pudiéramos llamar el origen de su obra literaria. La interrelación de dichas partes dará como resultado final una experiencia narrativa «atemporal», pues toma de aquí y de allá, confundiendo a veces, en una dimensión sin espacio ni medidas, lo que puede ser un allá o un aquí real o metafísico, entrando el creador en un círculo del realismo antimágico, donde el realismo mágico se ve amenazado por la incongruencia de las palabras.

A partir de los cambios sociales, y las crisis internas en la década 1950-60, los ojos del mundo se fijan en Latinoamérica, no ya como una inmensa bodega y despensa de materias primas, sino también como un continente en continua ebullición cultural y humana, que tiene mucho que decir y lo expresa por medio de su talento creador, llámesele a este artista, pintor, novelista, cineasta, escultor o poeta.

Son entonces estos personajes los mismos que lanzan su voz al viento y plasman en la tinta de las imprentas a la velocidad infinita de las

1 Se dictó esta conferencia en el «Primer encuentro de escritores colombianos en Nueva York» el 30 de abril de 1989.

rotativas «Sudamericana», «Siglo XXI editores», «Oveja negra», etc. el mensaje de dichas voces, que empiezan así a trascender las limitaciones geográficas y temporales de un localismo parroquial al cual se vieron sumidas por mucho tiempo.

Escritores como Vargas Llosa con su *La ciudad y los perros*, antecedida por el escándalo editorial de «Seix Barral» y sus famosos premios, las rayuelas de Cortázar y los Aurelianos Buendía de García Márquez, le daban la vuelta al mundo y eran leídos desde Nueva York a Moscú, pasando por los *nouveaux salons* de París haciendo, con el despliegue publicitario del famoso *Boom,* de la literatura latinoamericana el epicentro de la atención de las miradas de la crítica mundial, en la Latinoamérica de ese entonces donde intelectuales franceses como Regis Debray desafiaban las fiebres tropicales y las serpientes venenosas de colores, desconocidas en los salones parisienses, para irse a convivir con un grupo de «barbudos idealistas» en las selvas bolivianas y poner el sonoro nombre de América Latina en las primeras páginas de los periódicos y en las horas pico de sintonía en los noticieros de televisión europeos.

Se partía entonces así del coloquialismo literario enseñado por gastados profesores de literatura, con raídos y brillantes sacos, con sus amarillentos Segundos Sombras, «selváticas vorágines» y «desmedidas doñas Bárbaras», que necesitaban un ensayo de veinte páginas para describir el vuelo de una mariposa en las gigantes selvas, madres de la inmensidad y del olvido.

A partir de la introducción de la televisión en América Latina, se difunden con mayor velocidad las ideas y acontecimientos que golpeaban al mundo de nuestra adolescencia: la guerra de Vietnam, los asesinatos de los Kennedy, los viajes del Papa, o los conciertos de música Rock, donde Mick Jagger mostraba sus dientes en una cínica carcajada, seguida por el aplauso enloquecedor de miles de espectadoras que lo consideraban un semidiós y símbolo sexual de una generación cuya consigna fue «Haga el amor y no la guerra».

Al emigrar de nuestros países de origen, llámenseles Guatemalas, Colombias, Ecuadores, la bella Cubita, la República Dominicana o los Méxicos tapatíos, producimos una obra determinada por las vivencias allí adquiridas, que marcarán en una forma decisiva la creación de la misma, aunando los factores vivenciales nuevos de la cultura receptora, en este caso los EE. UU., que como matriz delineará lo que se pudiera llamar «literatura latina en los Estados Unidos», ramificada en divisiones nacionales como la chicana o mexicana-americana, la puertorriqueña, la cubana, la colombiana, etc., las cuales tienen el común denominador de expresar las vivencias, desafíos y luchas en su proceso de adaptación del inmigrante ante la nueva sociedad, la misma que entra a marcar pautas de condicionamiento social y económico, difíciles de desconocer en el entorno creativo de cualquier índole, literaria, cinematográfica, etc.

El narrador se ve entonces abocado a extraer de esa realidad cotidiana en la que se desenvuelve la materia prima de su creación. Surgen así personajes sin identificación étnica; para el anglosajón todos somos «latinos» que se mueven en la vertiginosa cultura de la hamburguesa y que representan un potencial económico incalculable, y se reproduce poblacionalmente con un coeficiente jamás expresado en los libros de matemáticas comunes.

En cuanto a la validez de las obras producidas en la emigración, los conceptos y juicios de valor difieren respecto al lente con el cual sean juzgadas y por la crítica, que en último término es el lector y no los académicos de oficio, los cuales decidieron llenarse los bolsillos de dólares en alcanforadas aulas que respiran olores de seminario o de cuarteles, con juicios y análisis literarios enmarcados en la estrechez de cánones mediocres, los cuales no producen más de dos párrafos con cinco dedos de cerebro.

Entro a citar aquí la frase del compositor Jean Sibelius en 1903 al enterarse de que su obra no recibió los halagos de la crítica: «Nunca a ningún crítico se le levantó una estatua». No se le puede pedir al artista más de lo que puede dar, ni al crítico más de lo que puede ver. Sólo la obra misma y su validez le darán el mérito o la desaprobación con el paso del tiempo, el cual es el mejor crítico pues trasciende los límites de lo humano al ignorar las pequeñeces y limitaciones de una crítica en la cual ya nadie cree, al estar oxidada por el anquilosamiento de su valores e incapacidad creativa.

La nueva voz—después del aclamado, mimado y elogiado *Boom*— será la de aquellos escritores que logren llegar al público lector, en nuestro caso particular al grueso de los inmigrantes latinoamericanos en los EE. UU. Generalmente se trata de personas de baja formación intelectual y mínima escolaridad en sus países de origen los cuales, presionados por la problemática social, política y económica por la que atravezamos en los momentos actuales, se ven abocados a emigrar al país rico del norte donde llevarán una vida de tercera clase con trabajos mal pagados y jornadas laborales con horas infinitas, en muchos casos más de doce, lo cual les hará inalcanzable el leer ninguna obra, por muy aclamada o genial que ella sea. A toda esta problemática socioeconómica se le tiene que añadir su escasa formación académica lo que hace prácticamente inabordable una mediana comprensión de una obra literaria de algún calibre.

Con estos detalles en mente y las dificultades en la vida personal por las que también atravieza el escritor—quien usualmente trabaja en otra actividad que nada tiene que ver con la literatura lo que hace del vivir en cualquier parte un acto prometeico, a menos que sea una de las tan mencionadas «vacas sagradas»—se dedica a una labor árida, desesperanzada, solitaria y sin apoyo de casa editorial alguna, es decir, en pocas palabras se dedica a «lo imposible».

Si obviando las anteriores barreras se hace una edición financiada por el autor, generalmente con los ahorros de inverosímiles trabajos y después de pasar un mar infinito de dificultades, la obra será leída por muy pocas personas, usualmente los amigos del escritor a quienes les regaló el libro. Luego terminará guardando los demás en un rincón de un *closet* al no poder vender sino pocas copias de los mismos y al ser rechazado de los estantes de las librerías por ser un autor desconocido y sin ninguna posibilidad comercial para los dueños de las mismas; éstos prefieren poner en exhibición las obras de los autores consagrados que ya sabemos le reportarán pingües ganancias ante el alto costo de venta de los libros publicados en español en los EE. UU.

Los escritores con más suerte o «mejores méritos literarios», o «conexiones efectivas» verán en la docencia un alivio al peso de sus dificultades. A lo mejor serán ellos los llamados a llegar desde sus aulas o por medio de sus obras, si las logran publicar, a dar cuenta de esa nueva literatura que pudiera llegar a producirse en la emigración y que marcaría la pauta en la expresión de un nuevo arte narrativo latinoamericano en las tierras del norte—áspero, frío y difícil, que no sonríe sino a muy pocos escritores—al cual me refiero, recordando una frase de mi abuela en los tiempos de mi infancia: «Muchos son los llamados y pocos los escogidos».

Forging a
Theory of the Latino Novel
The Role of
Politics and Ideology[1]

Lizabeth Paravisini-Gebert

This discussion of the relationship between the U.S. Latino writer and his or her chosen literary genre affords us the opportunity to identify those elements that characterize the generic practice of Latino writers in the eastern United States, and to begin to formulate a Latino theory of literary genres. An exploration of the theoretical foundations of Latino literature would help us to understand not only the discourse and context in which this literature is produced, but also the intellectual forms and practices used by Hispanic authors in their forging of a new literary tradition based on their unique concerns and experiences.

For the purposes of our discussion of the features that characterize the novel as practiced by Hispanic authors I will concentrate on the role played by politics and ideology in the formation of personal identity in four novels published in the 1980s: Omar Torres's *Apenas un bolero*[2], Hugo Hanriot's *Johnny Ortiz, Presidente de USA*[3], and two novels by Ed Vega, *The Comeback*[4], and his recently completed and yet unpublished work, *A Brief Introduction to the Przewalski Problem*[5].

1 This lecture was given during the "The Literary Genres of Latino Writers" conference on April 7, 1990.

2 Omar Torres, *Apenas un bolero* (Miami: Ediciones Universal, 1981). All page references will be to this edition and will appear in parentheses in the text.

3 Hugo Hanriot, *Johnny Ortiz, Presidente de USA* (Sommerville, New Jersey: Slusa, 1983). All page references will be to this edition and will appear in parentheses in the text.

4 Ed Vega, *The Comeback* (Houston: Arte Público Press, 1985). All references will be to this edition and will appear in parentheses in the text.

5 I am grateful to Ed Vega for his generosity in providing me with a copy of *A Brief Introduction to the Przewalski Problem* and of chapters of his novel in progress, *Los dinosaurios de Perico Colón: un rompecabezas en diez cantos y 3.000 pedacitos con cintas y lados y to (una novela en puertorriqueño)*.

The novels may seem at first glance to have very little in common. *Apenas un bolero* and *Johnny Ortiz, Presidente de USA* are written in Spanish; Vega's works in English. The linguistic "choice" establishes a difference between the works that transcends language and touches upon ideology and the nature of the author's relationship to his or her social environment. Few writers indeed have a "choice" of language open to them since, even if completely fluent in many languages, they may find literary expression possible and feasible only in one. But whether one chooses a language—or as is most often the case a language chooses one—this "choice" sets into motion chains of communication, relationships, themes and links with the audience that vary greatly according to whether one is a Latino writer writing in Spanish or in English. The linguistic "choice" can define the particular audience the text addresses, simultaneously including and excluding various segments of the possible Latino and general audience.

Apenas un bolero and *Johnny Ortiz...* also differ from Vega's works in the level of complexity of their novelistic structure. The novels by Torres and Hanriot are structurally uncomplicated works which follow lineal plots that are narrated chronologically, with a clear focus on a central character or phenomenom and few (if any) secondary plots; Vega's novels are zany parodies that incorporate a multiplicity of characters and novelistic sub-genres taken from the mass media, and they are characterized by complicated subplots that offer a panoramic view of American society.

Despite these marked linguistic and structural differences, however, the works share a focus on their respective protagonists' political activities and on the implications of their varied political ideologies in determining their sense of personal and social identity. In all four novels political activity is central to the plot and the characters' fates are closely determined by the nature of their political beliefs and decisions.

I

The earliest of these texts, OMAR TORRES's *Apenas un bolero*, published in 1981, exemplifies the connection between political allegiance and personal identity. Omar Torres (1945) is a Cuban-born poet,

novelist and dramatist, educated in New York where he attended
Queens College. He has published several volumes of poetry, among
them *Conversación primera* (1975), *Ecos de un laberinto* (1976), and *Tiempo
robado* (1979) and has written a number of plays, including *Cumbancha
cubiche* (filmed by WNET in New York in 1979), *Antes del vuelo y la palabra*, based on the poetry of Eugenio Florit (1976), *Yo dejo mi palabra en
el aire sin llaves y sin vuelos* (1978), and *Abdala José Martí* (written with
Iván Acosta). Besides *Apenas un bolero* he has published a second novel,
Al partir (1986). Torres is co-founder of New York's Cuban Cultural
Center and of the musical movement «*La nueva canción cubana*».

   Apenas un bolero follows the career of Miguel Saavedra, a Cuban
poet in exile whose poetry, paradoxically, has gained acceptance both in
Cuba and among the fiercely anti-Castro Cuban community in Miami,
New York and New Jersey. The jaded and markedly misogynistic protagonist (his attitude towards women is gratuitously atrocious), tired of
leading an empty life of unread verses and meaningless seduction in
Miami, flees to New York in search of his authentic self. Once there, he
falls into a complex web of political intrigue when he is invited to read
his work in Cuba during the festivities surrounding the celebration of
the 20th anniversary of the Cuban Revolution in 1979. His participation is intended as a symbol of the possibility of rapprochement
between pro-Castro and anti-Castro forces, a positive development in
principle, but one which goes agaisnt the very *raison d'être* of the Castro
movement in the United States, for which any compromise with Castro
supporters means the end of their hopes of returning to the Cuban
society they knew. Therefore, anti-Castro groups in New York con-
vince our reluctant hero to use the opportunity his expected proximity
to Castro during the celebrations would afford to do the patriotic thing
and assassinate the Cuban leader. Saavedra agrees, but his half-hearted
(but nonetheless suicidal) assassination attempt ends in his death.

   In *Apenas un bolero*, the need to define the self through ideological
allegiance and political activity is paramount. In the heavily charged
political atmosphere of the novel, the clearest assertion of personal identity lies in the martyrdom to the cause, even when that martyrdom
implies a rejection of basic aspects of the personality. Miguel Saavedra
rejects the multiplicity of self-definitions available to him as a poet,
lover, newspaper reporter, Martí biographer, neutral intellectual, in

favor of an ideological identification sealed and certified by his death in the pursuit of what his community has defined as the ultimate political goal. In a community rent asunder by the Cuban revolution, for whom Castro symbolizes the loss of everything cherished, the ultimate hero will be the one who avenges the Cuban collectivity by assassinating Castro and returning the community to its wholeness in Cuba. That this goal goes against the character's very self-image is attested to by the profound embarrassment and sense of ridicule he feels when, after reading his poem entitled "Death of a Tyrant," he turns, gun in hand, to shoot Castro, only to find him gone. Castro's premature departure in the middle of Saavedra's reading signals a rejection of both Saavedra's poet/self and of his hero/self:

> *Sintió una vergüenza horrible por el papelazo que estaba hacien-do. De pie, en la tribuna presidencial, durante la celebración del veinte aniversario de la Revolución Cubana, Miguel Saavedra, un desconocido poeta del exilio cubano, se hallaba con una pistola en la mano sin tener a quién dispararle. Fue tanto el bochorno, que no sintió la bala que le dio en la frente, lanzándolo de espal-das contra el suelo.* (p. 94)

In the context of Saavedra's desire for heroism as defined by the anti-Castro community, his interest in José Martí's image as the mar-tyred intellectual in the struggle for Cuban independence results in his attempt at emulating Martí's heroic transformation from intellectual into man of action. (Ironically, he also recreates Martí's martyrdom.) Like Martí, the characters the reader is expected to admire in the book, such as the murdered newspaper editor Antonio Pérez, are those for whom boundless and unquestioned patriotism is the prime motivation. The positive value of martyrdom is underscored in the novel by the curious ending, which finds a character identified as "the author" awakening from a dream in which his character dies after his failed assassination attempt, only to proceed to make a phone call in which he, "the author," agrees to follow his martyred character's steps to Cuba.

The novel, in insisting upon Saavedra's identification with the dom-inant ideology of the anti-Castro Cuban community, even at the cost of the denial of positive and creative aspects of the self—and ultimately at the cost of life itself—points to the role of the Cuban novel of exile in articulating the community's nearly-obsessive concern with the political situation in Cuba at the expense of a commitment to its immediate sociopolitical environment. In this context, the affirmation of the individual's indentity seems less desirable than the consolidation of the communal political identity. As such, the novel recreates a highly politicized situation which in turn determines the structure of the work as lineal, goal-oriented, centered on Cuba and the community's hopes of triumphant return, presenting allegiance to anti-Castro ideology as a requirement for acceptance and approval, ultimately sacrificing the character's artistic freedom, personal integrity and life itself to what has been defined by others as political necessity.

II

HUGO HANRIOT's *Johnny Ortiz, Presidente de USA,* published in 1983, is different in its depiction of politics and ideology in that it is centered on the successful pursuit of the American dream whose highest goal is the presidency of the country.

Hanriot (1937) is a Chilean-born novelist and short-story writer who has lived for many years in Somerville, New Jersey. In addition to *Johnny Ortiz, Presidente de USA,* he has published a novel, *Mita' p'arriba, mita' p'abajo,* and a collection of short stories entitled *Bajo este cielo.* Hanriot publishes a community newsletter for Hispanics in Somerville for which he has received well-deserved recognition.

Johnny Ortiz... differs from *Apenas un bolero* in that it presents political activity as oriented towards the fulfillment of the Hispanic community's needs within a society perceived as racist and uncaring, rather than focusing on the political needs of the countries left behind, as was the case with Torres's novel. Its fantasy of a mulatto Puerto Rican character of great integrity and charisma who becomes president of the country is a farfetched, sometimes parodic, most often candid and sincere celebration of the middle class values embodied by the protagonist. Johnny Ortiz, owner of a small software firm, living in suburban New Jersey, active in local democratic politics, repeatedly elected to the town council, emerges as a decent guy who is attuned to but not corrupted by the cynical and manipulative American political establishment. Johnny Ortiz seems to have been created as a compilation of all the qualities that signal a successful adaptation to American culture: born in the South Bronx, a graduate of a vocational high school who joined the Air Force after graduation, an up-from-the-bootstraps veteran with a degree in computer science from N.Y.U., he is a devoted father of two and a caring husband who moved his family to a comfortable suburban home to protect them from urban threats. To complete this picture of integration, Johnny is an avid jogger who gets affectionately chided by his live-in mother-in-law for coming into the house with dirty sneakers.

In his creation of a Hispanic vice-presidential candidate who appeals to the downtrodden masses with his independence and his inspirational, quasi-religious motivational message, Hanriot satirizes the political powers that be and their cynical fabrication of candidates, while reaffirming his faith in the people's capacity to recognize genuineness when they see it and in the soundness of a system that allows such a candidate to prevail. That the candidate is otherwise totally inexperienced and lacking a platform, for example, is not allowed to interfere with the utopic dream on which the novel is based.

The novel's ideological position thus seems at times naïve and unrealistic. The naïveté is tempered by the parodic bent of a significant number of the novel's episodes. The text is peppered with humorous scenes that often have as their butt the stereotypical president-elect from Texas whose death on the eve of his inauguration makes Johnny President. The epitome of Texas excess, Mack O'Brien, Jr. drinks and eats too much, and indulges in too-frequent energetic sex with his voluptuous first wife—whom he lusts after in spite of having left her for a politically more palatable and elegant second wife whose chest (alas!) is too flat to satisfy his breast obsession. Mack, it should be noted, also had to dump his first vice-presidential candidate after the media reported his own disparaging remarks about Hispanics and blacks, making the inclusion of a mulatto Hispanic candidate on the ticket indispensable. His most endearing trait is his penchant for burping often and publicly.

More importantly, the humor is most often based on a satire of the cultural idiosyncracies of the candidate's family, whose behavior (at least in the case of the mother-in-law who's an irrepressible gossip and of the wayward son who, in one of Johnny's dreams, decides to paint the White House green) is often in sharp contrast to the WASP middle class sophistication expected of First Families and, therefore, stands as a potential embarrassment to the President and the administration. Johnny's mother-in-law, for example, seems modeled on the unrestrained, uncontrollable grandmothers of ethnic sitcoms, and the humor of the episodes centered around her derives from the contrast between her Latin spontaneity and frequent gaffes and the studied coolness and guarded manner of typical candidates' wives like Mrs. O'Brien. Mrs. O'Brien is, in turn, cruelly mocked in an episode that finds her husband coming into her room unexpectedly, amorously trying to make love to her out of their normal twice-a-week schedule, only to discover that behind her sophisticated, polished façade there's a toothless, lashless, eyebrowless horror.

The political satire, on the other hand, is often not biting enough in its depiction of the establishment, stopping just short of the point at which it would emerge as truly comic parodic excess. This constraint, this unwillingness to go further into a satire of the system, seems dictated by the novel's ideological stand vis-à-vis the relationship between Hispanics in the United States and the political system. Parody aims at the destruction of old structures and is often revolutionary, while *Johnny Ortiz…*, through its depiction of its Puerto Rican character's path to the White House, counsels integration into the political establishment, not rebellion against it, as the means of finding avenues to empowerment for minority groups. Johnny envisages his relationship with his constituency as that of serving as a model of what can be accomplished within the American system:

> *Si a Jimmy Carter y a Ronald Reagan los habían escuchado en el South Bronx, a él, nacido y criado en esas mismas calles, tendrían que prestarle mayor atención cuando les explicara cómo en sus años de esfuerzo por llegar a ser alguien, jamás tuvo tiempo para detectar la discriminación.*
> *…Ese mismo día, Johnny Ortiz, en Aurora City, suburbio de Chicago, rodeado de una bulliciosa masa de puertorriqueños y mejicanos, reiteraba su posición por los valores tradicionales del partido Demócrata: «Oportunidades de Progreso y Justicia para Todos por Igual».* (pp. 31, 69)

In the world of *Johnny Ortiz, Presidente de USA*, it is the people in charge, not the system itself, who are responsible for the oppressed status of Hispanics and other minority groups in the country. Thus, the solution to the problem of Hispanic empowerment and enfranchisement is to be found in increased political participation among Hispanics and increased access of Hispanic candidates to positions of power. The novel is thus structured precisely around the goal of Johnny's potential presidency and ends with its achievement, underscoring the author's belief in Johnny's ascension to the presidency as symbolic of the solution to the political quandary facing Latinos.

III

ED VEGA's depiction of political and ideological systems is more complex and harder to categorize, since his novels offer parodic excess in great abundance and are highly satirical. The parodic element is uppermost in his work as the novels incorporate multiple linguistic registers and many popular genres such as police procedurals and science fiction, political thrillers, fantastic literature, and folklore.

Vega (1936) is a Puerto Rican-born novelist and short-story writer who has lived for many years in New York City's *El Barrio*. His fiction, written for the most part in English, has appeared in journals such as *The Americas Review, Revista Chicano-Riqueña, Maize* and *The Portable Lower East Side*. He has published one volume of short stories, *Mendoza's Dreams* (1987) and a novel, *The Comeback* (1985). He has completed a second novel, *A Brief Introduction to the Przewalski Problem*, which is awaiting publication, and is currently working on a new novel, *Los dinosaurios de Perico Colón: un rompecabezas en diez cantos y 3.000 pedacitos con cintas y lados y to (una novela en puertorriqueño)*, in which he explores the language spoken by the mainland Puerto Rican.

Vega's choice of Cervantes and the picaresque novel as structural models for his first novel, *The Comeback*, is significant in our context since in his attempts at writing a Latino novel in English for which few models exist, he returns to the origins of the modern European novel and finds a similar solution in the parody of the reigning popular genres. Like Cervantes's *Don Quijote* and Quevedo's *El buscón*, modeled on the popular genres of the time (i.e., the chivalric and pastoral novels, the moorish tale), Vega must chisel out a hybrid of the dominant popular narrative forms of his times in his quest for a suitable novelistic form that draws as much on traditional Puerto Rican culture and literature (and on their Spanish models) as on American cultural and ethnic experiences.

The result is a Latino picaresque tale with a very unlikely hero—a Puerto Rican hockey player who believes himself to be a part-Eskimo economics professor seeking integration into the American system who, through his politically committed Puerto Rican girlfriend, gets involved with a pro-independence revolutionary group which attempts a daring paramilitary rescue mission when our hero suffers a nervous breakdown and is given to the care of a loony psychiatric establishment. The tale is a zany mélange of the strangest adventures told with a broad satiric eye, but its focus remains always clear on the character's confused identity and on his attempts at finding his true self through activities which always end up being political whether he wants them to be or not.

Vega explores in *The Comeback* the foundations of personal identity in ethnic identification and powerful cultural symbols, but counsels against an identity that is solely ethnically and politically driven, finding in such a narrow sense of self a denial of the potential richness of human experience. The possible extremes are represented by Frank Garboil, the hero, and his girlfriend Maritza Soto. Whereas Frank is foundering in a sea of confusion about his true self, needing to explore aspects of his personality which appeared to have been buried under his "non-descript, anonymous, turned-off, white intellectual" life, Maritza is too dependent on her identity as a "Puerto Rican through and through," suffering from "too much identity," acting "like a walking Puerto Rican day parade 365 days out of the year." The juxtaposition of these two extremes in a couple that wants to remain together allows Vega to explore the foundations of identity and to seek a compromise that makes possible an ethnic identity that is enriching rather than limiting.

Thus, the end of *The Comeback* finds our now avowedly Puerto Rican hero and heroine caught in the trap of politically-driven ethnicity, seeking from the author a re-write that, while not denying their ethnicity and political goals, broadens their possibilities of personal fulfillment in an American society in which they must find a niche since a return to Puerto Rico is not feasible. As in *Apenas un bolero*, a character identified as the author/narrator appears at the end of the text as a *deus ex machina* that can resolve a seemingly unresolvable situation. Counseling against total absorption into Island politics, he advocates a focus on strengthening the economic basis of the mainland Puerto Rican community as the best weapon in the protracted war against oppression, and advises Maritza to forget the romantic notion of an armed struggle for Puerto Rican independence against the U.S. and go to law school instead, since independence will more likely be achieved through a legal battle. As if countering Omar Torres's championing of martyrdom to the cause of Cuban freedom in *Apenas un bolero,* the character named Vega finds that

> *Even little skirmishes and bombings in order to draw attention to our plight and raise the consciousness of the people are a waste of human resources and part of the martyr mentality and very romantic. Except it's outmoded.* (pp. 475-476)

This advice is consistent with Vega's impatient critique of the limitations of the traditional ethnic novel and its insistence on "sociological significance" as he explains in his novel in progress *Los dinosaurios de Perico...*:

> *Déjeme hacerle un breve apunte y decir que sin quitarle mérito a los autores referidos, todas estas obras tratan de individuos que logran trascender la experiencia del arrabal como resolución al problema de la identidad, ya sea personal o de pueblo. Después de doscientas o trescientas páginas de degradación, el protagonista en este tipo de obra nota que ha sido víctima de un sistema inhumano, que como individuo está totalmente marginado y decide adoptar una manera de ser sumisa, mansa, agradable y más o menos aceptable a la sociedad yanqui. En fin, se asimila, en lo que aparenta ser una victoria para el protagonista, siendo en vez una capitulación total ya que el sistema es el que gana.*

Vega's critique of ethnic literature echoes Afro-American novelist Ishmael Reed's concern with the predominance of what he calls "social realism and tragedy" in Afro-American fiction. In his novels *Yellow Back Radio Broke Down* and *Mumbo Jumbo,* Reed uses parody and humor to satirize social realism and to attempt—in an effort echoed here by Vega—to transcend the limitations placed on the ethnic writer by the expectation that he or she explore the minority experience to the exclusion of other concerns.[6]

IV

The three novels discussed above demonstrate the broad range of ideologies and notions and political participation open to Latino authors in the United States. They all present characters that define themselves through their political commitment, but the political goals and the strategies recommended to achieve those goals cover a broad spectrum. Omar Torres's *Apenas un bolero* is oriented away from the concerns of the Cuban community's growth and survival in the United States, focusing instead on that community's chances of returning to its wholeness in Cuba. Hanriot's *Johnny Ortiz, Presidente de USA* counsels swift integration into the political structures of the system as a means of making the resolution of the Hispanic community's problems feasible. It is interesting in this respect that whereas *Johnny Ortiz...* reads as a Hispanic novel that cuts across the divisions between the different Latino groups, *Apenas un bolero* can only be described as a Cuban novel.

Vega's *The Comeback* offers a more complex assessment of the political options open to the mainland Puerto Rican; rejecting a commitment to the armed struggle for Puerto Rican independence as a viable option, and repudiating total assimilation and its concomitant cultural suicide as well, it promotes instead something akin to a cultural guerrilla movement, an "underground," surreptitious struggle from within the system:

> *"The better the cover you create, the more invisible you become.*
> *Study what this country is about and then beat its brains out at*
> *its own game...."*

---

6 In *Yellow Back Radio Broke Down*, for example, social realism is satirized in the parody of the attack on the Lone Ranger by the Cavendish gang. Reed's hero Loop Garoo, an "individualist given to fantasy and...off in matters of details," is "put through changes" by Bo Shmo and the Neo-Realist Gang, for whom "all art must be for the end of liberating the masses." ("Being neo-socialist realists and not very original," writes Reed, "they gave him a version of Arab Death.") Reed is an author with whom Vega shares many stylistic, linguistic, structural and ideological features. A comparative study of these two authors, although out of the scope of this paper, would yield interesting insights into Vega's novelistic practice.

... "Because the solution has to be a political one," Vega said. "One that's fought on the basis of world opinion. For that you have to become invisible and let the issues speak for themselves. You have to put your ego aside and really think and fight whatever it is that keeps you personally from being free." (pp. 473-474)

This encouragement of a cultural covert war is consistent with Vega's description of his novel as a "mickey" to slip onto the unsuspecting reader. The novel argues that successful, politically-conscious Latinos, like cultural and political "mickeys," can undermine the system's foundations from within, appropriating and transforming them to make the system more responsive to their needs.

V

Vega's last completed novel, *A Brief Introduction to the Przewalski Problem,* is a richly textured and tightly structured tale which seems to incorporate the very best elements of the three works discussed above. Although not yet published, *A Brief Introduction...* is of interest in our context because it addresses some of the political and ideological concerns explored in this analysis.

A Brief Introduction to the Przewalski Problem is a tale of a brilliant Harvard student from *El Barrio* whose complex career includes political terrorism and the sophisticated production of acid and other hallucinogenic drugs, who is programmed by a somewhat sinister and all-powerful agency to become the first Hispanic President of the United States (if Johnny Ortiz doesn't get there first). The novel parodies science fiction in its depiction of its Puerto Rican hero, Christopher Monserrat, as truly an alien from the planet of the Przewalski from which the abreviation "PR"—as in "Where are you from?" "I'm from PR."—really derives. As is typical of Vega's works, the novel defies description and I will limit my remarks here to a brief comment on its depiction of politics. The science fiction model, in the hands of the very cool narrator Raheem Rodríguez el Kalif, allows Vega to explore in highly exaggerated parodic terms the insidious control the System (with a capital S) exercises over the individual. This control is evident in the successful "packaging" and selling of a drug-peddling terrorist murderer as a presidential candidate. As *The Comeback* counseled against a sense of personal identity excessively determined by ethnicity and political ideology at the expense of other human possibilities such as that proposed by Omar Torres in *Apenas un bolero,* the Przewalski novel expands in a richly nuanced critique the "Big Brother" aspects of the political system that Hanriot hinted at in *Johnny Ortiz, Presidente de USA.* Ideologically, the novel moves away from political concerns, such as Puerto Rican independence, that may seem parochial if seen from the perspective of global politics, and which eventually are resolved in the text as details in larger, geopolitical agreements. With its focus on its globe-trotting terrorist protagonist, from whom we learn how truly "alien" Puerto Ricans (or Przewalskis) really are, Vega humorously counsels an integration into the world's political community from which a solution to the present political quandary will emerge.

VI

Any attempt at articulating any theoretical conclusions about the Latino novel based on the brief discussion of these four texts would be both premature and inappropriate given the many novels not considered and the many variations of the genre to be found among Latino writers. However, we can draw some preliminary conclusions about the depiction of politics and ideology in these works which in turn have implications for the discussion of the bases of a Latino novelistic theory. The most notable thread linking these works is to be found in the connection between political ideology and activity and the invidividual's personal identity, and in the limitations such a connection places on the characters' and the communities' possibilities for a broader development. Ideological positions vary greatly among Latino writers in the eastern United States, and the debate—particularly among Puerto Rican, Cuban and, to some extent, Dominican writers—about the language in which their literature is written, the audience they mean to address, the mainland versus island concerns, will continue to develop for years to come. The authors discussed here explore a broad range of generic, linguistic and ideological options in their literature, an understanding of which can aid us in forging a path to a clearer awareness of the generic practices of Latino writers.

On Literature
De la literatura

Apuntes sobre la literatura latina de los Estados Unidos[1]

Alfredo Arango

LA CUESTION LATINA Y LATINOAMERICANA

Es indudable que la literatura latina de los Estados Unidos no ha sido estudiada adecuadamente y no por desinterés ni incapacidad sino porque, aunque sus antecedentes se remonten al siglo pasado, es relativamente nueva y de una emorme complejidad. Veremos más adelante algunas de las dificultades que entraña el análisis de la misma.

Entender nuestra literatura se hace imperativo en momentos en que veinte millones de personas de habla española vivimos en los Estados Unidos, convirtiéndonos, desde el punto de vista lingüístico, en la minoría más numerosa y políticamente en la más neurálgica dentro del marco de intereses nacionales e internacionales de este país. La producción cultural de un grupo humano de esta magnitud es riquísima y exige una exhaustiva labor crítica. Nuestra literatura latina, aunque joven, tiene edad suficiente como para que se le lleve al baile y se le dé su lugar.

Como la palabra «latina» no es muy clara, quizás convenga recordar que nuestra literatura aquí es hija de un quehacer literario latinoamericano que incluye variedad de lenguas de origen europeo, indígena y africano. Aquí en los Estados Unidos nos dejamos ganar por criterios tan segregacionistas y confusos que mucha gente no reconoce, por ejemplo, a un haitiano, y ni siquiera a veces a un brasileño, como latino o latinoamericano. En realidad venimos de un todo grande y profundo como nuestra América. Por consiguiente, dado lo extensa que es, no vamos a referirnos a toda esa literatura (además no nos consideramos idóneos para hacerlo) sino a una de sus partes: la que se escribe en

---

1 Conferencia dictada en el marco del coloquio «Puntos críticos sobre la literatura latina y la experiencia inmigratoria» el 3 de junio de 1989.

español y a veces en español e inglés. Cuando digamos literatura latina nos referiremos a ésta en particular sin desconocer o hacer caso omiso de la literatura producida por otros latinoamericanos en este país y con la cual en algún momento futuro tendremos que hacer las conexiones necesarias.

LAS NACIONALIDADES

Sabemos que no sólo en el caso de la literatura, sino también de la música, la danza, la artesanía y demás expresiones artístico-culturales, a veces las diferenciaciones basadas en demarcaciones político-territoriales, o mal llamadas nacionales, chocan con una realidad que no reconoce tales fronteras. En algunos casos podemos decir de determinado arte que es exclusivo de un país, pero la verdad es que la mayoría de las veces esto no es posible. Decir por ejemplo que Macondo es un lugar geográfico-literario sólo ubicable en Colombia y que la literatura de García Márquez es exclusivamente colombiana sería una locura. Estas clasificaciones tienden a desaparecer frente a otras más acertadas. Nos hemos propuesto esa búsqueda.

Resulta aún más complejo trasladar esas diferenciaciones nacionales al contexto de nuestra comunidad latina en los Estados Unidos dado que aunque se distinguen, digamos aquí en Nueva York, grupos puertorriqueños, dominicanos o colombianos asentados en un determinado lugar, las condiciones objetivas de vida (es decir de estudio, trabajo, vivienda, salud, diversión) nos hacen mover hacia una integración que no permite ser muy rígidos ni decir, por ejemplo, que un fenómeno como la salsa sea exclusivamente puertorriqueño o que una determinada forma de pintar el Alto Manhattan sea exclusivamente dominicana. Pero por otro lado, el artista traslada al ámbito de su exilio gran cantidad de influencias de su propio país o región donde se ha formado o donde se formaron sus padres. Estas distintas influencias son culturales, económicas, sociales y políticas. Resultaría absurdo meter a todo el mundo en una misma bolsa, batirla y arrojar su contenido sobre la mesa diciendo que ésta es la literatura latina de los Estados Unidos—se mezcló, es todo lo mismo, no hay diferencia entre sus partes. Esto no puede ser porque significaría desconocer la historia específica de cada país latinoamericano que no es exactamente la misma. En otras palabras, y para aclarar esta aparente contradicción, digamos que nuestra literatura aquí se caracteriza por una gran unidad compuesta de partes en las cuales podemos encontrar particularidades. Cuando se usen aquí expresiones que nombren nacionalidades no se debe ver en ellas el mismo énfasis que se les da en Latinoamérica. Al hablar por ejemplo de literatura peruana en los EE. UU., la palabra peruana intentará más bien identificar el origen de sus autores que referirse al cuerpo de literatura que podemos llamar peruana en Latinoamérica; veremos más adelante por qué.

Ahora bien, nos interesa trazar algunas de las características que permitan hablar de unidad y de particularidades. Pero antes de proceder en esa dirección, conviene enfocar más el concepto de lo que es esta literatura latina desde el punto de vista, ya no de su forma, sino de sus contenidos.

NUESTRA REALIDAD AQUI

Entendiendo la literatura como un producto social, es decir, como un trabajo intelectual que nace de, y reelabora, las condiciones de un determinado lugar y tiempo, es que podemos clasificarla, nominarla o reconocerle su identidad, con vías a diferenciarla de otras literaturas. Así las cosas, si vamos a clasificar un determinado trabajo intelectual como latino de los Estados Unidos tendremos que suponer que se trata de un trabajo que es el resultado de, y reelabora, las condiciones de los latinos en este específico país. Resulta claro que la literatura latina es aquélla que nace de nuestra condición de latinos en los Estados Unidos y no simplemente la que se escribe en los Estados Unidos reelaborando realidades latinoamericanas excluyentes de la experiencia nuestra aquí. Dicho en otras palabras, el lugar donde se escribe cualquier trabajo literario no es lo que nos permite clasificarlo como de ese lugar. Veamos un ejemplo muy claro. Elizabeth Burgos, de nacionalidad francesa y venezolana, publica el libro *Me llamo Rigoberta Menchú y así me nació la conciencia* en el cual Rigoberta, una mujer guatemalteca, explica la cultura de su pueblo quiché y denuncia el terrible genocidio cometido contra el mismo. En la última página del libro dice «París, 1982». Mal podríamos pensar que se trata de una obra de la literatura francesa porque fue escrito en París; no tiene nada que ver. El libro es guatemalteco, quiché, latinoamericano. Por el contrario, una novela como *Rayuela*, escrita en París, cuya trama sucede además en París, es sin duda literatura francesa (argentina y latina por supuesto). Tan francesa es como para que la estudien en Francia los franceses. Otro caso palpable es el de Neruda cuando escribe su *España en el corazón* o Vallejo su *España aparta de mí este cáliz*, ambos libros sobre la guerra civil española, que resultan tan españoles como cualquier poema de Miguel Hernández.

Quiere decir lo anterior que lo que nos permite identificar una obra literaria como de un determinado lugar no es, repito, simplemente que se haya escrito en ese lugar sino que sus contenidos tengan una cierta conexión directa con la realidad de ese lugar.

Lo anterior nos lleva a afirmar que aunque existen muchos escritores latinos que viven y escriben en Nueva York desde hace muchos años, su literatura no es necesariamente latina de Nueva York o los Estados Unidos. Esto se ve más claro en el trabajo del lector. Si un lector lee un cuento y en ningún momento le pasa por la mente esta ciudad, esta realidad, ese cuento no es literatura latina-neoyorquina, aunque al final, en la última página, diga: Nueva York, mil novecientos tal. Y puede que estemos hablando de un escritor que lleva aquí en Nueva York veinte años o más. Ahora bien, si un poeta ecuatoriano viene a Nueva York por una semana y escribe aquí o al regresar a su país un poema lleno de imágenes de Loisaida o de Harlem, de Queens, del Bronx o de Brooklyn, estamos frente a un poema que enriquece nuestra literatura latina-neoyorquina; lo cual, por otro lado, no haría que este poema dejara de ser ecuatoriano, en la medida en que se describen las experiencias de un ecuatoriano que sale al exterior. Aquí vemos cómo no es fácil poner hitos, decir aquí acaba esto y allí comienza aquello cuando nos movemos en universos tan complejos como la literatura y la migración.

Hay una literatura que combina ambas realidades: la del país latinoamericano y la que toca esta experiencia migratoria de nosotros aquí. Ahora bien, ¿es nuestra realidad aquí parte de la realidad latinoamericana? Por supuesto que sí. Pero no debemos confundirnos. Si bien es cierto que nuestro proceso migratorio a los Estados Unidos es parte de nuestra realidad económica y política latinoamericana, también lo es el hecho de que la situación del que entra a este país asume características nuevas o diferentes a la del que nunca ha emigrado aquí. Así pues, una novela que se inicie en Tegucigalpa y termine en Los Angeles es latinoamericana y también hondureña y por supuesto latina de los Estados Unidos. Queda claro, pues, que una clasificación no necesariamente excluye otras y que deben haber elementos específicos de nuestra presencia aquí en una literatura que vamos a clasificar como latina de los Estados Unidos.

PUENTE CULTURAL

Lo estético

Así como al emigrar vamos cambiando de gustos, de expresiones, de nostalgias, de modo de ser, el escritor de la migración, en cuanto enfrenta un nuevo mundo para nombrar, va creando una forma distinta de lenguaje que no es el que tenía antes ni es el de quienes han estado siempre en el nuevo país. En nuestro caso, podemos ver un ejemplo de esto en la literatura hecha por puertorriqueños y chicanos. Al conectar los dos mundos de que hablábamos antes, esta literatura logra contenidos y estética diferentes a la de la literatura exclusivamente puertorriqueña de la isla, o exclusivamente mexicana. Por dar un ejemplo de estos perfiles auténticos, y ya que el vehículo de la literatura es precisamente la palabra, tomemos el caso del bilingüismo. Frances R. Aparicio, comentando la obra de dos poetas que usan el *code switching*, Tato Laviera y Alurista, afirma muy acertadamente:

> *A través de la interacción entre dos lenguas, la poesía cobra más resonancia cultural y asume nuevos caminos de expresión que sólo son posibles a través de esa combinación lingüística.*

Claro se ve esto en un cuento como «Pollito *chicken*», de Ana Lydia Vega, donde sólo al enfrentar la mitad de la historia en inglés podemos alcanzar el clima que nos permita sentir y entender la magnitud del conflicto que arrastra la protagonista del mismo, Miss Suzie Bermúdez [sic], a la vez que percibir una ironía que no sería posible de otra forma. No quiere decir esto que la utilización del inglés sea una condición de nuestra literatura aquí. Pero sí quiere decir que una literatura que pretenda ignorar estos aspectos centrales de nuestra condición, como es la problemática del idioma, puede hacerse inclasificable no por otra razón que por su falta de pertinencia.

Pero lo anterior, es decir la simbiosis entre formas del país de origen y las de los Estados Unidos, es apenas una parte de la particular estética de nuestra literatura latina. La otra parte tiene que ver con la simbiosis que se produce al influenciarse unos latinoamericanos con otros dentro del estrecho contacto que logran aquí. Si bien un escritor joven no necesita moverse de Bolivia para influenciarse por Rulfo ya que *Pedro Páramo* viaja hasta la Paz en su busca, también lo es que quien vaya a México y conozca a Rulfo en su ambiente va a sufrir esa influencia más amplia y definitivamente. Así pues, el escritor que en Nueva York tiene contacto directo con gente y, más específicamente, con escritores de otros países latinoamericanos, ve cambiar su forma de escribir de una manera que al final a él mismo le es difícil explicar qué ha tomado y de dónde.

A partir de estos dos procesos de relaciones culturales es que nuestra literatura latina adquiere una estética muy particular.

Lo ideológico

Otra característica muy importante de nuestra literatura aquí es su carácter «contestatario» o de resistencia a las condiciones objetivas de vida del latino en este país. En el mismo artículo dice Frances R. Aparicio:

> *Debido a la lucha política de los chicanos y los puertorriqueños como minorías dentro de una cultura dominante, la literatura pro-ducida por éstos se caracteriza por un intento de reafirmación y de resistencia cultural ante la presencia del Otro, del anglo...*
>
> *El escritor tercermundista, en este contexto, protesta contra las actitudes negativas del mundo educado, burgués y alfabetizado...*

Ciertamente, nuestra literatura aquí es una de dos cosas: o bien descubrimiento de las fuerzas existentes en este país y cómo éstas afectan tanto a sus mismos ciudadanos (blancos, negros, latinos o asiáticos) como a los otros países ubicados dentro de su campo de influencia, demos el caso de los poemas de Neruda en *Que despierte el leñador,* o bien, ser respuesta directa a esa manera en que se nos percibe y se nos trata, respuesta que se forma a partir de los elementos más básicos de nuestra cultura. Como toda regla tiene su excepción, tenemos el caso de cierta literatura que rompe con la tradición «contestataria» para hacerse vocera y defensora de valores norteamericanos en una abierta contradicción con nuestra subsistencia cultural. La verdad es que resulta muy difícil clasificar una literatura así toda vez que se desenfoca de nuestra propia existencia llena de imperativos políticos, económicos, sociales y culturales que no se pueden afirmar y negar al mismo tiempo.

NUESTRA PROYECCION AL FUTURO

Dijimos al principio que la literatura latina tiene antecendentes en el siglo pasado. Pues bien, nadie mejor ni más grande que José Martí para hablar de nuestros orígenes. Martí es el padre. Martí preñó a los Estados Unidos con su palabra fértil y de ahí viene nuestra literatura latina; somos hijos de una palabra clara y rotunda. Desde luego que el Apóstol no llegó aquí como llegar a la China. Cuando vino, ya había aquí una comunidad latina trabajadora con la cual él amasa y edifica su palabra. Con los tabaqueros Martí enrolla su pensamiento y entre todos lo encienden. Esto quiere decir que no sólo somos hijos de la palabra sino también del trabajo, del sudor latino conque se aceitan las máquinas en las fábricas norteamericanas en el siglo XIX y a lo largo de nuestro siglo. Es importante dejar claro esto porque la madurez de nuestra literatura no puede permanecer inconexa de la madurez de nuestra clase trabajadora, de nuestra comunidad en general. Nuestra presencia aquí y la posibilidad de expresión que hoy tenemos no se explica sin entender el esfuerzo de nuestras madres durante medio siglo cosiendo ropa o recolectando fruta, de nuestros padres lavando platos y pisos. Los escritores y críticos que desconozcan esta conexión fallan en cada verso y cada línea, porque precisamente nuestra mejor literatura es la que se compromete a narrar esa existencia y no simplemente a explicar lo hermosos que son los *expressways* o lo divinas que se ven las luces de Manhattan de noche.

En nuestros orígenes aparecen otras grandes voces como la de José María Vargas Vila que comienza a hablarnos de lo que significa ser escritor en un exilio donde, debido a la barrera del idioma, se entera que es mudo. También las de los pioneros puertorriqueños Bernardo Vega y Jesús Colón. Federico García Lorca, a quien desde hace mucho tiempo y con mucho amor adoptamos en Latinoamérica, nos deja en su libro *Poeta en Nueva York* unas sagradas escrituras que siempre nos orientan. Jorge Luis Borges, en su *Historia universal de la infamia*, nos retrata como nadie la crueldad que hemos tenido que enfrentar aquí, lidiando con seres como Billy the Kid, el asesino desinteresado que no marcaba en su revólver los mexicanos que mataba porque sólo llevaba la cuenta de los hombres. El mismo Pablo Neruda, como comentamos antes, nos deja de herencia un reclamo, una petición angustiosa: *Que despierte el leñador*, el espíritu antiesclavista y democrático que duerme el sueño pernicioso de la bella durmiente del bosque. Ernesto Cardenal desde un seminario en Kentucky nos dibuja como nadie las entrañas de este país, la cultura «plástica» del capitalismo. Carlos Fuentes, quien fue criado en Washington, luego de un gran conflicto en la escuela elemental sale decidido a escribir en español y nos aporta novelas y cuentos de gran valor acerca de esta cultura. El colombiano Alvaro Cepeda Samudio nos dejó en los años cincuenta un valioso testimonio acerca de la soledad de Nueva York. La lista es larga.

Como se puede observar en estos pocos ejemplos existen aquéllos que pasan por estas tierras del norte y se van, y existen aquellos otros que se quedan para siempre. Como quiera que sea, nuestra comunidad permanece; nuestras frustraciones y logros serán una constante al despuntar del siglo XXI. Pero hemos podido constatar a través de los encuentros de escritores de diferentes nacionalidades organizados por **OLLANTAY**, por medio de revistas como *Brújula/Compass*, en ferias de libros y concursos literarios que no sólo se consiguen ya en las librerías trabajos de extraordinario valor literario acerca de nuestra experiencia migratoria a este país, que es también nuestro país, sino que también hay una hornada de escritores a punto de salir con nuevos bríos a abrirse paso con la palabra en la década del noventa. Esperemos que las editoriales y quienes tienen en sus manos algún poder de difusión literaria y cultural no la desaprovechen y la saquen a tiempo para impedir que se queme en la boca del horno.

La (des)ubicación de una escritura: algunas reflexiones[1]

Lourdes Gil

Hablamos de la producción literaria de la inmigración latinoamericana en el marco de la sociedad estadounidense. Y hablamos de una literatura escrita durante los últimos...¿cuántos? ¿cincuenta años...cien... quince? Puede decirse que siempre se ha escrito en español en los Estados Unidos: desde el siglo XVI, cuando los misioneros españoles bautizaban toda la región sudoccidental con el santoral a cuestas, hasta el siglo pasado, cuando muchos hombres de letras hispanoamericanos viajaban al Vecino del Norte—que había tenido ya su revolución—a recaudar fondos y reunir armas para sus propias luchas de independencia. Cirilo Villaverde, el autor de la novela antiesclavista *Cecilia Valdés,* escribió la segunda parte de la misma, así como su versión definitiva, en el transcurso de los treinta y cinco años que vivió en este país. Y de todos es sabido que José Martí escribió la mayor parte de su obra en Nueva York. No obstante, se trataba de emigrados temporales, y nunca ha habido dudas respecto al lugar que la obra de ellos ocupa en la tradición literaria de Cuba.

La emigración del escritor, su desplazamiento físico provisional, ha sido una constante en la vida de Hispanoamérica y, salvo raras excepciones, la obra escrita en el extranjero se reincorpora al *corpus* literario del país de origen. Aunque durante los tres primeros siglos del coloniaje español nuestros intelectuales se trasladaban mayormente a París y a Madrid, tanto para completar su educación formal como por exilios políticos, en el siglo XIX se incrementa el tránsito por tierras norteamericanas. Nombrar a los escritores que entran en esta categoría haría una lista interminable. Pero de nuevo, su producción literaria forma parte

---

1   Ponencia leída en el marco del panel «Posibilidades de la literatura latina» el 3 de junio de 1989.

inequívoca del legado cultural del país de origen.

El siglo XX trae consigo otra problemática histórico-política, principalmente (o casi exclusivamente) en lo que respecta a las relaciones entre Latinoamérica y los EE. UU. Así comienza un paulatino derrame humano, marcado en altas y bajas por fechas cruciales, y tras el cual golpes de estado, revoluciones, crisis económicas y feroces dictaduras hacen de la tragedia un acto cotidiano. Esta hemorragia lenta, fija y continua se agudiza en los últimos veinte años y recorre todo el espectro sociopolítico de los países de procedencia de los emigrados, particularmente de lo que aquí nos preocupa: los escritores.

Como antes indicamos, nuestros escritores vienen de una larga tradición emigratoria, independientemente del fenómeno más reciente de inmigración a los EE. UU.: Julia de Burgos, Asturias, Cortázar, García Márquez, Carpentier, Gonzalo Rojas, Donoso, Puig, Arenas, Fernando Alegría, Cabrera Infante y tantísimos más, de derechas e izquierdas, vivieron o viven aún por extensos períodos de tiempo fuera del país de su nacimiento. Es indiscutible que la obra de ellos forma parte de las respectivas literaturas nacionales, pero, aún en los casos de emigración permanente (como Sarduy o Benedetti), no podemos llamarlos escritores inmigrantes; o que la suya sea una literatura de emigración. Estos autores se forman dentro de sus países respectivos, y su obra comienza a publicarse antes de su partida.

Sin embargo, los ejemplos aislados de Donoso y Fuentes en los EE. UU., o Carpentier y Cortázar en París, no son representativos de los desplazamientos sistemáticos de grandes segmentos de la población latinoamericana hacia los Estados Unidos, que lleva ya más de medio siglo en algunos países. Oleadas provenientes de México, Puerto Rico, Cuba, República Dominicana, Chile, Centroamérica, etc. van constituyendo los estratos de esta nueva población que alcanza ya los veinte millones en Norteamérica, donde se la cataloga como «minoría» (un término irrisorio tratándose de semejante cifra) por presentar características lingüísticas, étnicas y culturales semejantes, pero muy ajenas al espíritu anglosajón.

Unidos por la lengua y las raíces españolas, indígenas y, en el Caribe, africanas, estos grupos diseminados por la extensa geografía estadounidense (con mayor densidad en cuatro o cinco núcleos específicos) presentan muy diversas características, propias de la riqueza de su patrimonio cultural, así como las variables dadas debido a las condiciones socioeconómicas en que se desenvuelven. Ciertamente, los escritores surgidos de estos núcleos llevan el común denominador de la cultura y del idioma, pero presentan una gama variopinta de estilos, temática, proyección, uso arbitrario y subjetivo del español y del inglés, en el proceso de la escritura, debido precisamente a la heterogeneidad de las fuentes étnico-culturales, socio-ambientales y demás que antes señalamos. A esta gran riqueza que matiza la expresión literaria de la inmigración latinoamericana en los EE. UU. se le ha denominado *"Hispanic"* y «latina», entre otros epítetos, en un intento de agrupación clasificatoria que mediatice un entendimiento, pero que constituye una simplificación genérica (quizá útil en las esferas administrativas) y corresponde a la costumbre americana de catalogar y «masificar» los grupos humanos y las manifestaciones étnico-culturales, en su afán de compartimentalizar la existencia humana. Además de facilitar una definición de identidad para el anglosajón, los términos *"Hispanic"* y «latino» cumplen la función de colocar nuestro arte y nuestra literatura en un nicho que, acompañado de subvenciones monetarias, delimita las fronteras de nuestras expresiones culturales y las enmarca muy concretamente (y muy marginalmente) dentro del amplio e incontaminado contexto de la sociedad norteamericana—lo que se llama *mainstream.*

Ahora bien, que la literatura hispánica en los Estados Unidos existe es innegable. Existe por la calidad de permanencia de muchos de los grupos inmigratorios, que con el transcurso del tiempo han producido escritores ya nativos a este país; existe porque aún en los casos de inmigración temporal, el período de residencia en esta nación se ha extendido de tal modo que las vivencias de la misma, sus problemáticas, sus condiciones, su literatura, han ido penetrando la respiración y el pálpito del escritor latinoamericano y, como consecuencia lógica, el proceso de su escritura; y existe, finalmente, porque es irreversible la sustitución de la lengua española por la inglesa en tantos casos. Los escritores que usan el inglés abundan más entre chicanos y puertorriqueños, quienes constituyen las emigraciones más antiguas, más numerosas y más traumáticas. Pero ya hay una segunda generación de cubanos que ha comenzado a escribir en inglés. No es difícil imaginar, por tanto, que otras nacionalidades recorrerán esta trayectoria en el futuro.

La asimilación a la sociedad norteamericana es inescapable una vez el emigrado participa en los ámbitos del trabajo y la educación, lo que lo ubica dentro del tejido social. El grado de mayor o menor incorporación se reflejará de modo patente en la adquisición de la lengua inglesa, no como una segunda lengua, sino como un sistema de signos y sonidos en el cual el escritor hilvana su expresión literaria y realiza su escritura; o sea, una prolongación de su ser. Entonces el escritor latinoamericano de injerto lingüístico (nos preguntamos) ¿es portador de una nueva visión?; ¿es un renovador con nuevos códigos en la escritura?; ¿qué le queda en común con García Márquez, salvo la raíz y resonancia de unos apellidos?; ¿en qué medida son comparables la realidad que describe la narrativa de Asturias y la que describe Barry López?

Quizá debamos conceder significación especial al momento en el tiempo en que el español es reemplazado por el inglés en la experiencia literaria. Quizá ese punto de la bifurcación lingüística sea la coordenada del eje invisible desde el cual parten las vertientes paralelas de la escritura del latinoamericano en los EE. UU. Quizá sea ahí donde debamos detenernos y preguntarnos si es cierto que nos hallamos ante un nuevo proceso de creación; si la experiencia de la emigración no encaja en las convenciones del lenguaje heredadas del mundo anterior; si la cambiante perspectiva del país de adopción abre al escritor a otro modo de decir. Quizá la escritura del autor bilingüe (a diferencia del autor monolingüe) refleje estructuras mentales poseedoras de dos sistemas interdependientes, dos ordenamientos gramaticales y conceptuales antagónicos, pero que en él se hacen compatibles. Y también debemos preguntarnos: ¿quién es el lector del escritor emigrado que escribe en inglés? Ciertamente la masa de lectores de Hispanoamérica queda excluida de esta experiencia literaria. Y en cuanto al público norteamericano, leerá con extrañeza este nuevo ordenamiento de su lengua, este discurso cuyos signos son ecos vivos de una sobrecarga inconsciente heredada de una cultura ancestral. Tampoco existen indicios de que esta escritura llegue a considerarse *American literature*.

Nos encontramos, pues, que no hablamos ya del escritor emigrado tradicional de tiempos anteriores, al modo de Darío o Cortázar, sino de un autor cuya escritura surge desde el seno de una experiencia inmigratoria. El primero es un escritor que va *hacia* la experiencia de la emigración, le da cabida (ya sea por su voluntad o por la fuerza) y por tanto, al trasladarse desde el país de origen, penetra la experiencia, se inmerge en ella. El segundo es un escritor que sale de esa experiencia, parte de ella; la emigración está ya dada como fenómeno cuando él comienza a escribir, así que proviene de la misma. Como tal, su escritura se proyecta *desde* adentro de la emigración, no va *hacia* ella.

Hemos visto que tampoco estableciendo diferencias entre las literaturas que usan el inglés o el español logramos encontrar una definición o pauta que nos permita clasificar la escritura de la inmigración, debido a la infinidad de formas que cobra la misma experiencia. Aun cuando nos limitemos a agrupar a los escritores residentes en el radio metropolitano de Nueva York de la última década, surge la problemática sociolingüística del país de origen. La literatura de Chile, por ejemplo, no va a fundirse con la de Guatemala o la de Colombia, simplemente porque tres escritores (aunque de semejantes méritos literarios) provenientes de estos países converjan durante diez años en Manhattan.

No obstante, nuestra ubicación histórica en el espacio neoyorquino nos lleva—siempre portando nuestros bagajes nacionales en el habla y en el hábito—a una reunión y a un diálogo que permitan la meditación y el análisis de las condiciones que nos hermanan o distinguen. De estas conversaciones y estudio sólo pueden producirse proyectos y metas compartidos, y desde los que podría vislumbrarse algún sistema o jerarquización para la nueva (si es que es nueva) escritura; o que la remita a la fuente de su literatura nacional. Sólo el tamiz del tiempo hará visibles las demarcaciones. Por ahora, dado lo reciente del fenómeno inmigratorio latinoamericano (y digo reciente respecto al panorama de la historia: recordemos que la identidad nacional de las repúblicas de Hispanoamérica tardó tres siglos en formarse), y dadas también las diferencias abismales de criterio existentes entre, por ejemplo, un escritor chicano nacido en Los Angeles con obra original en inglés y, al otro extremo del espectro, una escritora venezolana de clase alta y educación europea que viva en Nueva York desde hace siete años, con obra publicada en el continente latinoamericano, debemos conformarnos con observar la yuxtaposición de materias disímiles, semicrudas y medio-diluídas que no permiten aún la proyección de un movimiento literario nuevo, ni de un tipo de escritura peculiar que pueda o no (independientemente de los preceptos estéticos aplicados) reincorporarse a la tradición literaria del país de origen.

Readers, Writers, Translators, and Latino Texts[1]

Edith Grossman

When we speak of Latino literature, we make certain assumptions about the role of culture in the creation of literature, and about Latino-ism and its relationship to the writing and the reading that fill our lives. I would like to address, in a speculative and perhaps impressionistic way, the thorny problem of definition, of what exactly we have in mind and what we imply—geographically, ethnically, linguistically—when we use the term Latino.

As a non-Latina critic and translator who has devoted her profes-sional life to texts by Latin Americans—as a stranger, in other words, at the gate of what is called Latino culture—I am obliged to think every day about the nature of cultural influences on my connection to the Hispanic world and its writers. Although, as a translator, I am seen by some as an interpreter of that world for English-speaking readers, I am unhappy both with the role that others have assigned to me and with the unitary and often exclusionary view of culture, in this case the cul-tures of Latin America and North America, that seems to lie at its heart. The reason is that the very concept of culture is murky for me; I'm not sure what people mean when they talk about it, I'm especially not sure what they mean by Latino, and I am particularly resistant to the notion that culture, whatever it may be, and regardless of whether it is formu-lated as Latino or Anglo, determines or predicts in any significant way the artistic style and statement of literary works; style and statement, not culture, are, after all, what writers write, what translators translate, and what readers read.

I think of translating as work that allows English-language readers the opportunity to experience something analogous to what their Spanish-language counterparts experienced when they read the origi-

---

1   This lecture was read during the "Latino Texts, Non-Latino Readings" colloquium on November 11, 1990.

nal; I see the translator as a writer who creates a second version of another writer's text, not as a cultural emissary or interpreter. On the other hand, after *Love in the Time of Cholera* was published in this country, I received an indignant letter from Mexico in which the writer accused me of being prim and Victorian in my approach to García Márquez: I had translated *«a la mierda con el arzobispo»* as "to hell with the archbishop." I had what I though were good reasons for doing so, but I spent a fair amount of time wondering if this was a case of *«cada loco con su tema»* or a problem of cultural difference beyond my capacity to comprehend. I never did come up with the answer.

Recently I heard the plot outline of a science fiction novel. It articulated an idea that had a powerful effect on me; it actually was the moving force behind my writing this paper and attempting to clarify for myself some of the ramifications of terms like Latino and Latin American that many of us tend to use without thinking too much about them.

The theme of the novel was that intelligent creatures throughout the universe told what were essentially the same stories although the artifacts and landscapes, and, of course, the languages, varied. On our own world, for instance, although an Eskimo might allude to snow and seals, or a Bedouin describe sand and camels, the underlying purpose and meaning of their tales—the bedrock of emotional, imaginative truth—were basically the same, for snow and sand could not predict in any profound way the shape of the intimate, creative spaces that produce a work of art.

That story is a fair reflection of my own feeling about culture in relation to literature, for my biases are international and universalist, and although I understand that "internationalism" has become a political buzz word in academic circles, I intend no hidden agenda when I use it.

I believe that human beings share needs, desires, ideas and truths that are remarkably similar despite the immense chasms, such as language, that separate us, and that in the long run the similarities are more important and more enduring than our separateness. If I did not believe this, there would be no point in translating, for one of the underlying principles of translation, it seems to me, is that commonality is more crucial than difference, that a text can be made accessible to readers in another language, and that the audience for a good writer is not confined to the particular time or place in which that writer lives, or lived. If this were not true, how could we possibly account for the fact that today, so many centuries after the fact and in countries throughout the world, people who do not read ancient Greek still thrill to Homer, or that those who do not know the Spanish of the early seventeenth century still relish Cervantes?

Of course I know that customs and peoples do vary, sometimes very deeply, and often with tragic consequences, and certainly I confront the systemic and structural differences between languages when I translate, but I have never been quite at ease with the word "culture." Used by different disciplines to mean different things, too often it seems a portmanteau abstraction that tends to skirt clear and helpful definitions in favor of generalizations and overly obvious descriptions. And therefore, like Ezra Pound, but hopefully for different reasons, I'm tempted to pull out my pistol when I hear the term.

Some of my distrust of the concept stems from a belief that the significant reality of any place, people, tradition or language is too unpredictable, too unclassifiable, and too polyvalent to fit easily into a single entity that we call "culture." Just as a language is always larger than any dictionary, and just as even the best dictionaries always seem to be at least twenty years behind the languages they attempt to demarcate, so the mix of people, places, and events that influences our daily living (our "culture," in other words) is always more powerful, more vital, more complex, and more volatile than any one conceptualization of it. A monolithic, all-inclusive term like "Latino" seems more like a colander than a solid construct; it attempts to hold too wide a field of multiple possibilities, and, therefore, too much that is consequential slips through. It appears to me, for example, that a writer living in Mexico City or Buenos Aires has as much (or as little) in common with a *campesino* or a *gaucho* as a New Yorker or San Franciscan does with a Wyoming cowboy or a Georgia farmer. In fact, despite the language difference, despite the varieties of food they eat or the holidays they celebrate, city dwellers all over the world are probably more similar to each other than they are to the rural people in their own countries. And I can't help but wonder what the word Latino really describes when its geographical referent can range all the way from a Caribbean island to an Andean mountaintop, a rain forest to a New York *barrio*; when its spectrum of racial and ethnic backgrounds makes the Rainbow Coalition look monotone; when Machito and Mongo Santamaría have a closer connection to Dizzy Gillespie than to Villa-Lobos or Ginastera. It's in this sense that I'm made acutely uncomfortable by any restrictive definitions of culture or any exclusionary predictions and prescriptions regarding the influence of culture on writers and readers. Too much that is important simply does not fit the formulations.

In the last decade of the twentieth century, when technology has all but destroyed the possibility that groups of people can live in total isolation from other communities, when international interests bestride our world like a colossus and that world is called a global village, and when millions of people live, write, and read in voluntary or involuntary exile from their homelands, when all of this is true, the culture-based judgment seems futile. The effort to explain the artfulness of specific works of literature by having recourse to particular cultural influences, to predict what kinds of works a culture will produce or to prescribe what kinds of works they should be—the attempt, in short, to create a kind of cultural barbed wire around the writer—produces little of intellectual substance and much that is potentially damaging: the explanations, the predictions, the prescriptions can never be broad enough or complete enough to cover all the cases or to take into account the unpredictability of an individual's resistance to, acceptance of, or deviance from varying aspects of a particular social milieu. The explanations, the predictions, the prescriptions seem to disregard the mysterious and always slippery connection between a particular environment and the individual, and very private, artistic impulse. In other words, although we might safely say the obvious—that the Eskimo, for example, will probably write about snow fields but not about the desert—there is no way to know ahead of time how or why the culture will affect what really matters in a literary work—no way to know what emotions or insights, what images or metaphors, the Eskimo writer will or should employ to evoke the snow or the passions and destinies of the people who live in it. And I doubt there is much to be gained from assuming that only another Eskimo can respond to those passions and those destinies, or to censure the writer for daring to imagine and write about something other than snow.

Since we're in a speculative mode, I'll close with a wish. I would love to see our literary community free of cultural preconceptions or self-imposed cultural restrictions (the bigots and the know-nothings will impose them, in any event, without our help). My point is this: regardless of whether the story takes place on the Nevsky Prospekt, on Broadway, or on the Plaza de la Revolución, regardless of whether the landscape is filled with snow or sand, regardless of whether the language is Spanish, English, or Russian, we call great writers great not because of the societies they live in or the languages they write in, but because they address our shared condition as humans and engage us, regardless of their cultural background or ours, in the playing out of that great universal drama.

Contextual Readings of Latino Texts[1]

Eugene Richie

Contextual reading is the discovery of the unique, personal, linguistic and cultural elements that make up a poem, story or novel. One of the major goals of a translator is to negotiate these contextual elements of literature into another language. Though this negotiation is possible without the help of the author, a translator can often benefit from the opportunity to work with an author while translating. My own translation of Latin American literature has been greatly enriched by being able to communicate directly with Latino writers and with other native speakers of Spanish who live in New York City.

When I came to New York from California in 1974, I had never before translated poetry or fiction with the author of the work. One of the first people I met was a little-known poet from Ecuador, whose real name was Gustavo Benavides, but everyone called him Angel. Though he had held several jobs in New York, he was at that time the elevator operator at the Columbia University Faculty House. I was employed there too as a waiter while attending graduate classes in the Writing Program of The School of the Arts. One night after work we went to a bar called "The Gold Rail," on upper Broadway. After talking and reading each other's poems over a few pitchers of beer, we realized we had similar interests and began translating each other's poetry together whenever we could. Life couldn't have been better.

By the time cold and dark December had arrived I had managed with the help of a fellow-worker, a senior at Columbia College, to arrange for a small reading for us in a student-run cafe called "The Crypt," in the basement of St. Paul's Chapel. We had put up signs all over the university and in local coffee shops, but by the time we were to begin the reading, there were only eight people there: the poet Billy St.

---

1 Lecture read during the "Latino Texts, Non-Latino Readings" colloquium on November 11, 1990.

Clair, who was supposed to read with us; his girlfriend; my girlfriend
(the poet Rosanne Wasserman); the poet and translator Jonathan
Cohen; the reverend from St. Paul's Chapel; the student who was selling
cider and snacks at the cafe window; Angel and me. The readers were
all a little disappointed, but we began about 8:15 with Billy reading a
few poems first. Angel was next, but something was wrong. I don't
know whether it was the small size of the audience or the frustration of
trying to communicate as an author writing in Spanish in New York,
but just as I was about to get up to introduce him, he whispered to me
that since there was only one other person in the room who understood
Spanish he only wanted to read one poem in Spanish and that I could
read as many translations as I wanted to in English. In my introduction,
I informed the audience of our decision that Angel would only read
one poem in the original, a sonnet entitled «*Recuerdos*» ("Memories"),
and that I would then read the translation and several other poems only
in English. I also said that I thought he was a fine poet who had come
to the United States years ago from Ecuador where he had several times
read to auditoriums full of people, but that this small group was lucky to
be his first audience in New York. While Angel was reading his sonnet,
I noticed that everyone seemed to be truly enjoying the melodious
sounds of the Spanish, and I felt sad that Angel was not going to read
more poems. When he had finished, I got up to read the English of
«*Recuerdos*» and a couple other poems I had just finished translating.
Then I ended with some poems of my own.

    After this reading, though we translated other poems together, we
had very little time to work with each other as we tried merely to sur-
vive, and before we could get any translations published or arrange
other readings, we drifted apart. Still, though our first reading was hardly what one might call a success, I've never forgotten that night because
it taught me two very important things. I realized how difficult it is to
be a writer in New York and, therefore, how much more difficult it is
for Latino writers who are writing in Spanish. I also realized that it
would be important for me as a translator to share with others who
could not read Spanish my own experiences with Latin American writers and literature. It became more and more of a challenge for me to
fulfill Angel's high expectations for sharing Latin American literature,

which I found to be beautiful and moving, with English-speaking readers.

Ironically, the very same things that made New York hard to live in and often overwhelming—its competitiveness and extreme diversity—made it a very fertile ground for meeting new Latino writers. Years later, while studying comparative literature at New York University, I met the two writers whose work I have most translated and published—Jaime Manrique, who was born in Barranquilla, Colombia, and Matilde Daviú, who was born in Maracaibo, Venezuela. Though I didn't know it at first, they both were very good friends, and as I translated more of their works it seemed to me that they were continually opening up their friendship to include me.

In those years at New York University, another very important thing happened to me that has influenced my contextual translation of Matilde Daviú's work. Before having met either Jaime or Matilde, I happened to be seated one night in a large auditorium next to a fellow NYU student whose name was Raimundo Mora and who had also been born in Colombia. We were at a lecture by George Steiner, one of the foremost theorists of language and translation in the United States. I remember that, for me, one of the most impressive things Steiner said was to be a key to my own method of translation and to my future relationship with Raimundo as co-translators of the poetry and fiction of Matilde Daviú. He explained how a translator was like a scuba diver who, in the excitement of being in an underwater world, had to remember one thing—the further one traveled into the depths of the ocean the more the pressure would increase, making a diver so uncontrollably dizzy that it would increase the temptation to tear off the scuba mask and to breathe in the water with an exaggerated sense of self-sufficiency and ecstasy. This of course would immediately result in an explosion of the body and the death of the diver.

Whenever I am translating, along or with another person, that warning about the "rapture of the deep" seems to remain foremost in my mind. Though I take risks, I try not to be a foolish, overconfident, deep-sea diver. I negotiate the recollections, sense memories, and cultural or historical contexts that come up in the process of translation into the new language in order for the transmission to be as contextually complete as possible. This, for me, is the source of both the pain and the pleasure of translation.

«*La transfiguración de Ofelia*» ("Ofelia's Transfiguration"), from *Maithuna* (Caracas: Monte Avila, 1978) was the first story of Matilde Daviú's which Raimundo and I translated. It was eventually published in the *Anthology of Contemporary Latin American Literature: 1960-1984* (ed. Barry Luby and Wayne Finke, Rutherford: Fairleigh Dickinson University Press, 1986). I had been working as a grant writer and consulting editor for a special issue of *City Magazine* at City College with the theme of the experience of writers from other countries in New York City, and Matilde had sent the editor her book of short stories entitled *Maithuna* and a poem entitled «*Raptos*» ("Raptures"), which at that time was one of the few poems she had written. The *City* editor, Michael Gorelick, gave them to me since I was responsible for determining whether or not untranslated work in Spanish or French might be worth publishing in the issue.

I read the poem and several other stories and then passed them on to Raimundo. When we next talked about Matilde's work, we decided to translate the poem and the enigmatic story about Ofelia. We also decided, even before we began translating, what had to be done with the names Ofelia (the crazy but beautiful town whore) and Nueva (the heroine of the story). We would keep Ofelia in Spanish since it was easily pronounceable in English and yet preserved the original Spanish flavor, and we would leave Nueva in Spanish as well because its meaning was easily recognizable in English.

Another preliminary negotiation had to do with the ambiguity of the story's ending. The story was about a lawyer and a woman named Nueva who were simply looking for a noted paleontologist in the mountains, but were unjustifiably detained and interrogated, and then brutally tied to an iron fence in the town square to await execution. Ofelia, who was more like a Venezuelan version of a prophetess at the Delphic oracle than a prostitute, lived in the only hotel available to out-of-town guests in this provincial little mountain town, and seemed to have lost part or all of her mind. At the moment when the bullets were to be fired, her shrill voice pierced the air: «*¡Cáiganse! ¡Relájense...! ¡Háganse los muertos! ¡Háganse los muertos! ¡Carajo...!*» ("Fall down!

Pretend you're dead! Relax...! Pretend you're dead...! Damned fools...!"). What puzzled Raimundo was what Ofelia could have meant by these words. Was there a question of whether or not they had died, as in *Tosca*? And if they had died, were their deaths meaningless or symbolic of their liberation? And how could the repressive and malicious nature of small-town provincialism and the evil of authority, embodied in the character of the police chief, a *coriano* from the province of Coro (in northwestern Venezuela, about seven miles from the Caribbean), be transmitted to an audience who had no idea of small-town life in the mountains of Venezuela or of what a *coriano* was, much less a good or bad one? What we were to find out was that the translation would have to accurately represent both the provincialism of a small mountain town in Venezuela and life in any such small town anywhere, in a universal sense, where freedom and authority would come into conflict.

We happened to have been invited that New Year's Eve by Matilde, through Jaime, to a party given by a Venezuelan friend of Matilde's in the East Seventies. In fact, though it was through Jaime that I first met Matilde, I had first seen her without knowing who she was. One evening earlier that year I had gone to a reading which was introduced by the director of the New York Latin American Literature Conference, sponsored by the Committee for International Poetry. On Saturday of that week, Jaime and I gave a bilingual reading as part of the conference, and after it Jaime introduced me to Matilde on the steps of the New York Public Library on Fifth Avenue and Forty-Second Street. We had only talked briefly, but in the meantime, Jaime had told Matilde that Raimundo and I were translating her work, and this party, he suggested, would be a casual opportunity to get to know her. Though we had already made other plans, we said to Jaime that we would come over after midnight. After a long subway ride from the Lower East Side to the East Seventies, we arrived between 2 and 3 a.m. When we got there, all the remaining guests were just leaving. Though the clean-up had already begun, we were warmly welcomed by Matilde. After greetings and drinks, Raimundo mentioned how much he loved «La transfiguración de Ofelia.» When the sun came up that New Year's Day we were still discussing the ending. As we walked out into the morning sunlight, I knew that we had found the right combination to deal with the complex personal, linguistic and cultural contexts of Matilde's work.

Another negotiation we were soon to face together as we continued to translate was how to preserve the sound and identity of «*la flor de cayena*.» Unable to find any satisfactory equivalent in English, we translated the phrase as "the cayena flower." These elements, as Gregory Rabassa once called them in a class I took with him at the CUNY Graduate Center, are the little puzzles of translation. The translator must solve them as adequately as possible by research, through conversation with a native speaker who can provide some contexts, or in negotiation with the author.

My experiences translating with Jaime Manrique have likewise been guided by a spirit of negotiation and mutual discovery of the contexts of his poems. Jaime is one of those rare bilingual writers who is able to write both fiction and poetry and do it well. Usually now, though this was different at first, he writes his fiction in English and his poetry in Spanish. Though he has on occasion translated his own poems, he prefers to offer this opportunity to translators, making the work more of a gift than a task. I first met Jaime at a bilingual reading of the poems of Vicente Aleixandre. We met with the help of the Uruguayan poet Roberto Echavarren, who was one of my professors at New York University. After the reading we went with the Colombian writer Miguel Falquez-Certain, also a student at NYU, to a bar in the Village and got to know each other better. Shortly after that I visited Jaime at his apartment off Times Square and he gave me a rare edition of a special issue of his poems published by the magazine *Golpe de dados* in Colombia. Written years ago, about the time when Jaime was awarded a major national literary prize for his first volume of poems, *Los adoradores de la luna* [Moon Worshippers], these were the first poems of his I ever read and translated.

One of those poems, «*El espantapájaros*» ("Scarecrow"), became the title poem for a bilingual chapbook of Jaime's work translated by me and Edith Grossman and published by The Groundwater Press, a publishing company I founded with my wife, Rosanne Wasserman. What was most immediately striking for me about Jaime's poems was the way their lush details reanimated memories with a sense of truthfulness to human experience.

«*El espantapájaros*» begins with such details, which Jaime informed me were from spending a short time in Spain where the landscape made a dreamlike impression on his mind:

> *Después de muchos meses, hoy me despierto*
> *al dulzor de los naranjos. Las flores blancas*
> *estarán cargando las ramas y durante las próximas semanas,*
> *hasta que la flor se convierta en fruto,*
> *las abejas zumbarán desde el alba*
> *hasta que el sol se oculte.*

> *(Today, after many months, I have awakened*
> *to the sweetness of orange groves. White flowers*
> *will soon be heavy on the branches, and for a few weeks,*
> *until flower gives way to fruit,*
> *bees will buzz incessantly from dawn*
> *to the setting of the sun.)*

This poem is narrated by the imagined voice of the scarecrow who has been put away for the winter, but who tomorrow will be picked up by the farmer and placed again in the field until the first signs of winter approach in the autumn. My main goals in translating this poem were to reproduce in English that Spanish landscape which was mixed with memories of tropical rains and life in Colombia and to transmit that scarecrow's humanlike solitary thoughts and feelings about life.

In another more recent poem entitled «*Los años de Nat King Cole,*» a musical context that I felt had to be translated with the poem was the appreciation in Latin American countries for this great popular singer from the U.S.A. This appreciation extends to cinema too, as is evident in works such as Manuel Puig's *La traición de Rita Hayworth (Betrayed by Rita Hayworth)*. However, in addition, in Jaime's poem, he has used phrases from songs in Spanish by Nat King Cole that may or may not have English versions:

> «*Acércate más y más y más, pero mucho más*
> *y bésame así, así, así, como besas tú*»;
> *y* «*Muñequita linda, de cabellos de oro*»;
> *y (mi favorita): *«*Tuyo es mi corazón*
> *oh sol de mi querer*».

("Come much much closer to me, even closer
and kiss me too, like this, like this, the way I kiss you";
and "Beautiful baby doll, with your blond hair,"
and (my favorite): "You are my heart,
oh sun of my love.")

Though I have translated these words, my job as a translator of this poem will not be complete until I have listened to all of the songs of Nat King Cole that I can find in English to search for the existence of the very song that Jaime had heard in Spanish. Though I may not find this before the poem is published, I will go on searching for it, for the work of a translator does not always end when the work is translated and published. Often the changes caused by contextual illumination drift in over the years, and contexts too change from decade to decade, until finally another translation and another translator will be needed to transmit the work into a new time and place. These personal, linguistic and cultural contexts of the original work and of the translation affect the life of the translator in ways that he or she could never have imagined. Translation has the lasting influence on one's life that could only be attached to something as meaningful as the act of communication, at first between author and translator and then, later, between the author and the many human beings whose lives will also be influenced as they read those same works in their own language.

The Reader as Networker: Sharing Latino Texts
Creando redes: compartiendo la escritura latina[1]

Elizabeth Starčević

This title of this panel is "Latino Texts, Non-Latino Readings" and so here, before you, sit four white (whatever that means) college professors who have come specifically as non-Latinos to talk about Latino texts. We are a particular group, we as college professors, translators and literary critics [Starčević, Edith Grossman, Eugene Richie and John Antush], and we came here to do what we usually do.

We came here to talk about literature, about the wonderful ways in which words are put together to give us our universe, or some else's.

When my cousin Carmen married, the guards at her father's finca took the guests' bracelets and wedding rings and put them in an armored truck for safekeeping while wealthy, dark-skinned men, their plump, white women and spoiled children bathed in a river whose bottom had been cleaned for the occasion. She was Uncle's only daughter, and he wanted to show her husband's family, a bewildered group of sunburnt Minnesotans, that she was valued...

So, for example, this world given us by the poet Julia Alvarez in her book *Homecoming*. We are here talking about books that we like, that we read and are excited by, irritated by, moved and enlightened by, books that speak to us and make us want to speak to others about them. We are talking about literature. That is what we came here for, to **OLLANTAY**, a Latino center for the arts located in Queens. We are talking

---

1 Lecture read on November 11, 1990 during the colloquium "Latino Texts, Non-Latino Readings."

about literature; Latino texts, a new topic, but not really. We have been talking about Cervantes for a long time, we have been talking about the Chronicles of the explorers for quite a while and especially these days, and we have even talked about *The Mambo Kings Play Songs of Love* for a Warholian fifteen minutes or so. In fact, listening to this panel, one might get the impression that Latino texts have been part of our history for *un largo rato*, when, in truth, we would have to say that Latino literature has never really been a well-known entity in the United States. However, to the degree that it has been mentioned at all, except for this most recent period, in the places where it has been talked about: in the classroom, in the university setting and even in the *New York Times Book Review* or in the *Daily News* (you know, those union busting pigs) weekend magazine "Vista," it has been given to us to talk about it. It is we who have had the monopoly on the word. So it isn't new to have non-Latinos talking about Latino texts, it isn't new for us to serve, appropriately or not, as the vehicles of validation or non-validation for the literatures of the peoples from traditions other than our own. We have always talked about literature. The question is how? What is new, perhaps, is that we are being asked to come to a Latino venue, by Latinos, to talk with them about their texts. What is new is that we are asked to speak, not as the bringers of THE WORD, but as the contributors of some words, among the many words, that they, our Latino hosts and the Latino public, have already spoken and written about Latino literature.

For this is a different day. After many struggles, in which many of you, as well as I, took part, these are no longer the days when a small group of elite university professors grudgingly concedes that *One Hundred Years of Solitude* has a place in a survey of world literature, or includes the concept of "magical realism" in its literary critiques. Gabriel García Márquez and his *confrères* in Latino literature are now a part of the academic literary context. So it might seem, as I indicated before, that we have come a long way in achieving acceptance for Latino literature within the framework of the literati dialogue. We can certainly point to the ever increasing number of Latino texts that are being translated (thanks to people like my co-panelist Edith Grossman, among others) and made accessible to an English-speaking public. We must, however, recognize that the validation of this literature to and for that public has traditionally depended and continues to depend, although less, on us and people like us. This is both a problem and a challenge.

But perhaps my categorizing needs some refining and I should clarify this use of pronouns *un poquito*. For even as I have been making broad statements about the "we" that has been talking about literature in general and Latino texts in specific, I need to remind you, both panelists and public, that our history shows that those who were talking were, for the most part, of a gender other than mine and that the texts they were talking about were almost always written by folks of a gender other than mine. And while neither gender should have a monopoly as literature spokespersons, nor should one believe that gender in itself gives enlightenment, it is new and important to have women talking about and for literature, especially about and for literature by women.

Once again to the pronouns. This paper was to take the form of a response to the journalistic "W" words: who, what, when, where, how and why, and I hope that I am carrying this out, albeit meanderingly. This means locating myself more clearly within the we you see before you. Thus I should tell you that I am of many categories and do not fit easily into the "what you see is what you get" rubric. For this white person before you, whose family came from Europe, has her roots in Africa, since I am a Jew. I have roots in a long tradition of struggles for social justice, since I am the daughter of Communists. I have historical roots in the Latino community, since my father, a lawyer, defended the Puerto Rican nationalists and taught me the importance of Spanish. I am a woman, a Ph.D., an academic and, among other contradictory things, a progressive administrator, with very deep roots in City College which is both my alma mater and the place that I have worked for over twenty years. I am a woman, a single parent, with two wonderful daughters: one from my flesh and one whose Dominican mother generously lets me claim her as mine as well. My history has placed me on a strange margin and given me a certain set of responsibilities and it is from there and through these that I speak and write.

In the many years that I have been at City College, teaching Spanish in the Department of Romance Languages, and in the last four years or so that I have also been Assistant Dean of Humanities, I have gotten to know a large number of the faculty. To many of them I talk of literature. Not just any literature, but that which is on the margin, by both men and women. And so I found it delightfully ironic that I, who was going to come to talk about *la escritura latina* in its most specific sense—that is, written by Latinas—would read the title of the panel, «*Lecturas no-latinas*»—and decide that it meant "no Latin women." Ah me, frail translator that I am!

For this is the task I have taken on: to read, to write about and to share the works of Latina writers with any and with all. It is a political task, accepted in the most positive sense of that word. We are in politics and we are of politics, so we must live our politics. The women's movement said: the political is personal and so it can be for me as I rejoice and thrive in the class I give in Spanish on Latin Women's Writing and then rail and fume because my colleagues see this as an excellent excuse not to have to include even one woman in their courses on Modern Latin American Novel. And it is political/personal as I bring book after book to my colleagues in English and Comparative Literature so that they can't tell me that there are no Latin women authors to read in English. And it is personal since I share these books because they speak to me, they echo me and point to places I can and cannot go. How could I not share them? They are speaking literature!

What is on my "share" list at this moment? One book that has been gratefully accepted by several of my CCNY colleagues as well as by some folks in Borough of Manhattan Community College is Sandra Cisneros's *House on Mango Street*. Sandra Cisneros is a Chicana writer, living in Texas, whose work is the search for a voice of her own. This quest for self definition, typical of most writers, is beautifully described in the voice of a young girl growing up and beginning to see writing as an avenue of expression and self realization. I teach at City College, this is a book for students at City College, young men and women of color (whatever that means) who have long been told that they don't count, who don't find models for themselves in the books they read and who haven't yet really contemplated the possibility of writing their own texts. This book is for them. I share it, to tout it to others. I advocate.

I love Sandra Cisneros, whose voice is Chicana and western and yet speaks to all of us. But I am an East Coast, New York City woman (I am sure that you can hear that in my accent), so I have to share people from my *barrio* with people in and around my *barrio*.

New York has a different Latino population than the west. An author that many of you may have heard of is the Puerto Rican writer Nicolasa Mohr. Author of *Nilda*, the story of a Puerto Rican girl growing up in New York (of course my academic colleagues could expound on the whole topic of the *Bildungsroman* or coming of age novels and they might compare it to *A Tree Grows in Brooklyn* or something like that), Mohr has also written many short stories on the Puerto Rican experience. Some of these are gathered in El *Bronx Remembered*. However, the book that I would share at this time is called *Rituals of Survival: A Woman's Portfolio*. These stories, which focus on the lives of working class Puerto Rican women, speak of their struggles to affirm themselves as individuals and to lead lives of fulfillment. Simple and straightforward, they take on difficult and complicated challenges. They deal with gender relations including homosexuality, ageism, sexism and the clash of two cultures in contact. They speak insistently to women and to men and I share them with pleasure knowing they will enrich those who read them.

Still within my *barrio*, in which I have lived all my life and which has changed from including Puerto Ricans, then Cubans and now is predominantly Dominican, I share the work of Julia Alvarez, a Dominican author whom I met last year (her work had been shared with me and others by another Dominican author and critic, Daisy Coco de Fillippis). This first book of Alvarez's poems was recently shared with me by Silvio Torres, coordinator of the literature program at **OLLANTAY** as an enticement to get me to talk about it. Like all groups, Dominicans rightfully want to share and publicize their accomplishments. No problem! *Homecoming* by Julia Alvarez, who now lives in the northeast, is a wonderful book to share! From the first vision of the Dominican wedding where her dark-skinned uncle exhorts her to come back from "that cold place, Vermont" with which I opened this paper, to her bed poems that tell us what we need to know in life, "You are born on a bed, you die on a bed, the most important things happen in bed," we grow in challenge and in beauty as the author learns her womanly tasks, becomes an adult woman, a writer, and fuses her work and her being in possibility and affirmation:

> *Sometimes the words are so close I am more who I am when I am*
> *down on paper than anywhere else as if my life were practicing for*

> *the real me I become unbuttoned from the anecdotal and unneces-*
> *sary and undressed down to the figure of the poem, line by line*
> *the real text a child could understand. Why do I get confused liv-*
> *ing it through? [...]*

She speaks to City College students struggling to build their edifice in a hostile territory and I share her.

And, finally, a new book that I know that I will share even though I haven't finished reading it all: *Making Face, Making Soul*/Haciendo caras, *Creative and Critical Perspectives by Women of Color*, edited by Gloria Anzaldúa who is also the co-editor of another important anthology that I also share, *This Bridge Called my Back. Making Face* is a book that challenges the categories of marginality and allows women of color to confront their own histories. It is a place for others to begin to understand different ways to see the world. It is a large, varied and rich offering that provokes and informs and I will share it gladly.

So I share and will continue to do so because: I acknowledge the presence of our Latino/a students and their right to see themselves reflected in the books they read. I share in order to diffuse resistances and racisms held by a faculty that is not sure if it likes all of these new challenges to its canon. I share because with my sharing I help create a space that will permit these texts to validate themselves as they speak their literature. And I share because I locate myself alongside the peoples who, while perhaps more recently arrived, are insisting on a world of justice for all, a world for which I also struggle and in which *I wish to be able to share.*

BOOKS BY LATINAS DISCUSSED IN THIS PAPER

Alvarez, Julia. *Homecoming.* New York: Grove Press, Inc, 1984.

Anzaldúa, Gloria. Editor. *Making Face, Making Soul.* Haciendo Caras. San Francisco: Aunt Lute Foundation Books, 1990.

Cisneros, Sandra. *The House on Mango Street.* Houston, Texas: Arte Público Press, 1988. 2nd rev. ed.

Mohr, Nicolasa. *Rituals of Survival: A Woman's Portfolio.* Houston, Texas: Arte Público Press, 1985.

Biographies

Alfredo Arango Franco is a Colombian lawyer (Universidad Santo Tomás, Santa Fe de Bogotá) and holds a Masters in Latin American and Caribbean Studies (literature and political science) from New York University. His books include: *Pastillitas para la inteligencia y otros cuentos del barrio* (N.Y.: Literacy Assistance Center, 1992); *Folk Tales from the Caribbean* (London: Penguin Books, 1989); *Mambrú* (novel); and *The Coquí and Gabriel: Under the Storyteller's Spell* (short stories for children).

Gabriel Jaime Caro was born in Medellín, Colombia. Poet and painter. His works are: *Orvalho* (1991); *El libro de los seres inútiles* (1990; personal anthology of his poetry); *La risa de Demóstenes, rara* (1985); and *21 poemas* (1983). He was included in *Disidencia del limbo* (1982, anthology of new Colombian poets, Santa Fe de Bogotá). He is co-editor of *Realidad aparte*, a poetry journal, in New York City.

David Cortés Cabán was born in Arecibo, Puerto Rico in 1952. He is the author of *Una hora antes* (1991), *Al final de las palabras* (1985) and *Poemas y otros silencios* (1981). His poems have appeared in literary journals in the United States, Puerto Rico, Spain and Latin America. He currently lives in New York where he works as a teacher and adjunct professor at Hostos Community College of the City University of New York.

Miguel Falquez-Certain (editor) was born in Barranquilla, Colombia. His books include: *Usurpaciones y deicidios/Doble corona* (forthcoming); *Proemas en cámara ardiente* (México: Impresos continentales, 1989); *Reflejos de una máscara* (Nueva York: Editorial Marsolaire, 1986); and *Habitación en la palabra*. Several fiction, poetry and drama awards. B.A. in Romance Languages (Hunter, 1980); Ph.D. course work in Comparative Literature at N.Y.U. He is the associate editor of **OLLANTAY Theater Magazine**.

Alvin Joaquín Figueroa was born in San Juan, Puerto Rico. Has published *La prosa de Luis Rafael Sánchez: texto y contexto* and *Kaligrafiando: conversaciones con Clemente Soto Vélez*. He is presently working on a book about "The Poetics of Liberation Theology." He graduated from the University of Puerto Rico and holds a Ph.D. in Spanish from the Graduate Center of City University of New York. He teaches at Trenton State College in New Jersey.

Lourdes Gil was born in Cuba and holds an M.A. from New York University in Latin American Literature. She was co-editor of *Románica* (N.Y.U.'s literary journal) and a co-founder of *Lyra*. She was awarded the Cintas Fellowship in 1979 and 1991. She is the author of five books of poetry and many essays on Cuban literature. Her current project is on the transcendence of exile in Cuban art and literature.

Edith Grossman is a critic and translator of contemporary Latin American literature. She is the author of *The Anti-Poetry of Nicanor Parra*, as well as articles and book reviews that have appeared in a variety of publications. She has most recently translated Gabriel García Márquez's *Love in the Times of Cholera* and *The General in his Labyrinth*, and last year appeared her translation of *Maqroll* by Alvaro Mutis.

Elena M. Martínez, Ph.D., is an assistant professor of Spanish at Baruch College (City University of New York). She has published two books on Latin American literature: *Onetti: estrategias textuales y operaciones del lector* (Madrid: Verbum, 1992); and *El discurso dialógico en La era imaginaria* (Madrid: Betania, 1991).

Pedro R. Monge-Rafuls (publisher) was born in Central Zaza, Cuba. Most of his plays have been produced or had staged readings. The Very Special Arts Award 1991, Artist of New York category, was granted to him by the Mayor of New York City for his play *Noche de ronda*. He founded **OLLANTAY Theater Magazine** in 1993 and **OLLANTAY Center for the Arts** in 1977.

Ada Ortúzar-Young was born in Cuba and lives in the United States since 1963. She studied at the University of Wisconsin and holds a Ph.D. from New York University. Has been teaching at Drew University, New Jersey, since 1973 where she currently is the Chairperson of the Spanish Department. She is the author of *Tres representaciones literarias de la vida política cubana* and of several articles on Caribbean and U.S. Hispanic writers.

Lizabeth Paravisini-Gebert, Ph.D., is associate professor of Caribbean and Latin American literature at Vassar College. She has written on contemporary fiction and on popular culture in several journals. She is also a translator and editor. She co-authored the forthcoming *Caribbean Women Novelists: An Annotated Bibliography* and is the author of *Phyllis Shand Allfrey: A Caribbean Life*, forthcoming from Rutgers University Press.

José Martín Ramírez was born in Medellín, Colombia. He is the publisher of *Panorama Magazine* and the author of *Percibiendo los silencios*, a book of short stories. He is listed in the *Diccionario de escritores antioqueños* (Medellín, 1982).

Eugene Richie has published translations of works by Latin American writers, such as Matilde Daviú, Jaime Manrique and Isaac Goldemberg, in magazines and in the *Anthology of Contemporary Latin American Literature: 1960-1984* (Fairleigh Dickinson University Press, 1986). A collection of his own poems entitled *Moiré*, with an introduction by John Ashbery, was published by The Groundwater Press, Intuflo Editions, in 1989.

Beatriz J. Rizk, Ph.D., is co-founder of ATINT (*Asociación de trabajadores e investigadores del teatro latinoamericano*). Her critical works have been published in **OLLANTAY Theater Magazine** and in many other theatrical journals. Her books include: *El nuevo teatro latinoamericano: una lectura histórica; Enrique Buenaventura: la dramaturgia de la creación colectiva;* and *Latin American Popular Theatre: The First Five Hundred Years.*

William Rosa has an M.A. and a Ph.D. from the Michigan State University and The Ohio State University respectively. In 1994 the *Instituto de cultura puertorriqueña* will publish his book on Alfredo Collado Martell's short stories. His articles have appeared in *Revista iberoamericana, Revista de estudios hispánicos* (US), *Explicación de textos literarios, Escritura, Ometeca, The Americas Review,* and *Caribbean Studies.* Currently, he is an associate professor of Latin American literature at The William Paterson College of New Jersey.

Alberto Sandoval, Ph.D., is an associate professor of Spanish at Mount Holyoke College, Massachusetts. His areas of interest are colonial discourse, feminism, border culture, and ethnic/racial images in cultural representations. He is presently working on a book on Latino theater in the U.S.A., *José, Can You See? Essays on Theatrical and Cultural Representations of Latinos.* He has also published a bilingual book of poetry *Nueva York tras bastidores/New York Backstage* (Santiago de Chile: Editorial Cuarto Propio, 1993).

Ana Sierra is assistant professor of Spanish and Latin American Literature at Seton Hall University. She is completing a book on Schopenhauer's aesthetic theory and Borges's fiction. She is also working on a research for a book which will offer a feminist reading of Latin American contemporary male writers.

Francisco Soto is assistant professor of Spanish at the College of Staten Island and has published *Conversaciones con Reinaldo Arenas* (Madrid: Betania, 1990). His essays appear frequently in several journals specialized in Latin American literature. *Reinaldo Arenas: Pentagonía* (University of Florida Press) is forthcoming.

Elizabeth Starčević is a professor of Spanish in the Department of Romance Languages at City College, CUNY. She has published a book on the Spanish feminist Carmen de Burgos, co-authored two texts for Spanish speakers and written several articles on Hispanic, Latin American and Caribbean women's writing.

Silvio Torres-Saillant, Ph.D., (coordinator), is a Literature Program panelist for the New York State Council on the Arts and teaches in the English Department at Hostos Community College, C.U.N.Y. Coordinates the Dominican Studies Institute Project at City College, where he currently serves as Visiting Assistant Professor. Co-editor of *Punto 7 Review: A Journal of Marginal Discourse.* His publications include: *A History of Literature in the Caribbean,* ed. A. James Arnold (Amsterdam/Philadelphia: Benjamin Publishers, forthcoming).